D1692067

JÜRGEN MOLTMANN

POLITISCHE THEOLOGIE

DER MODERNEN WELT

Sollte diese Publikation Links auf Webseiten Dritter enthalten, so übernehmen wir für deren Inhalte keine Haftung, da wir uns diese nicht zu eigen machen, sondern lediglich auf deren Stand zum Zeitpunkt der Erstveröffentlichung verweisen.

Penguin Random House Verlagsgruppe FSC® N001967

1. Auflage
Copyright © 2021 Gütersloher Verlagshaus, Gütersloh,
in der Penguin Random House Verlagsgruppe GmbH,
Neumarkter Str. 28, 81673 München

Druck und Bindung: CPI books GmbH, Leck
Printed in Germany
ISBN 978-3-579-06222-8
www.gtvh.de

Dem Gedenken

an JOHANN BAPTIST METZ

gewidmet

INHALT

VORWORT 15

EINFÜHRUNG: WISSENSCHAFT
UND RELIGION IN DER CORONA-
PANDEMIE 2020 ....

1. Vorbemerkung 19

2. Hoffnung zu Zeiten der Corona-Pandemie
   2020 20

3. Das Virus und der Tod (Mai 2020) 23

I. DIE POLITISCHE RELIGION
   DES WISSENSCHAFTLICH-
   TECHNISCHEN ZEITALTERS .....

1. Pico de la Mirandola: Die Mitte der Welt 29

2. Francis Bacon: Wissen ist Macht 30

3. René Descartes: Die vermessene Welt 31

4. Immanuel Kant: Die Welt als Entwurf des
   Menschen 33

5. Theologische Kritik 36

6. Der Mythos von der gottebenbildlichen
   Herrschaft des Menschen 39

II. DIE GEBURT DER NEUZEIT AUS DEM GEIST MESSIANISCHER HOFFNUNG

1. Chiliastische Zukunft und die »goldene Zeit« 47

2. Die »jüdischen Träume« 49

3. Die Wiedergeburt des christlichen Chiliasmus im 17. Jahrhundert 52
   - 3.1 Die Herborner Schule und Johann Amos Comenius 52
   - 3.2 Menasseh Ben Israel und »Spes Israelis« 1650 54
   - 3.3 Die Quintomonarchianer und die spanische Weltmonarchie 57
   - 3.4 Philipp Jakob Speners »Hoffnung zukünftig besserer Zeiten« 60

4. Die Wendung zum »philosophischen Chiliasmus« im 18. Jahrhundert 64
   - 4.1 Gotthold Ephraim Lessing 65
   - 4.2 Immanuel Kant 69

5. Menschheitspathos und »weiße Vorherrschaft« 71

III. ÜBERSICHT: FORTSCHRITT UND ABGRUND. ERINNERUNGEN AN DIE ZUKUNFT DER MODERNEN WELT

1. Das Jubiläumsjahr 2000 73
2. Die Conquista Amerikas und die Entzauberung der Natur 75
3. Die Vision der »neuen Weltordnung« 78
4. Die Vision der »Neuzeit« 80
5. Das Zeitalter der Trümmer: »Der Engel der Geschichte« 85
6. Der Engel der Auferstehung: Im Ende – der neue Anfang 90
7. Auferweckung der Toten: Zukunft für die Vergangenheit 92
8. Die Zukunft der demokratischen Revolution 94
9. Die Zukunft der industriellen Revolution 98
10. Eine bewohnbare Erde 100

IV. VERSÖHNUNG DER NATIONEN FÜR DAS ÜBERLEBEN DER MENSCHHEIT

1. Die »Erlöser-Nation«: Religiöse Wurzel des US-amerikanischen Exzeptionalismus 103
   1.1 Das »auserwählte Volk« 107
   1.2 Die Wiedergeburt der Nation aus dem Opfertod 109
   1.3 »The manifest destiny« 111
   1.4 Das große Experiment 115
   1.5 Zwischenfazit 118

2. Das »Reich der Mitte«: Harmonie und Fortschritt in China 119
   2.1 Harmonie im Konzept »Natur« 120
   2.2 Fortschritt im Konzept »Geschichte« 121
   2.3 Auf der Suche nach einem lebensfähigen Ausgleich von »Natur« und »Geschichte« 123
   2.4 Die humanen Grenzen des kapitalistischen Fortschritts, oder: »What money can't buy« 124
   2.5 Kontrolle ist gut, Vertrauen ist besser 126
   2.6 Weltmacht durch Attraktivität oder durch Aggressivität? 129

3. Die Christenheit und Europa 131
   3.1 Christliche Europaideen und die ökumenische Weite des Christentums 133
   3.2 Religionsfreiheit: Laizistisch oder freikirchlich? 141

3.3 Christliche Identität im Bereich der Religionsfreiheit 144

4. Der neue Nationalismus und die Versöhnung der Nationen 149
    4.1 Drei politische Versöhnungen 149
    4.2 Der neue Nationalismus 154
    4.3 Die Versöhnung Gottes 155
    4.4 Kirche Christi und die Menschheit 158

V. DIE GROSSEN ALTERNATIVEN

1. Übersicht: Eine Kultur des Lebens in den tödlichen Gefahren dieser Zeit 161
    1.1 Terror des Todes 162
    1.2 Eine Kultur des gemeinsamen Lebens 168

2. Gottwerdung der Menschen – Menschwerdung Gottes. Atheistische Selbstvergottung des modernen Menschen 174
    2.1 Ludwig Feuerbach: Anthropologie ist Theologie 174
    2.2 Michael Bakunin: Weder Gott noch Staat 177
    2.3 Wissenschaft und Technik als Meta-Religion (Noah Harari) 180
    2.4 Ernst Blochs Religionskritik und messianischer Atheismus 182
    2.5 Warum wurde Gott Mensch (cur Deus homo)? 185

3. Der Tod: Unsterblichwerden oder Auferstehen des Lebens? 190
   3.1 Die Gemeinschaft der Lebenden und der Toten. 190
   3.2 Seinen Tod in die eigene Hand nehmen 194
   3.3 Die Kunst der Lebensverlängerung 195
   3.4 Tiefgefroren, um wieder aufgeweckt zu werden 197
   3.5 Unsterblich werden durch Algorithmen 198
   3.6 Kritik 202
   3.7 Eine Alternative 204

4. Die große Alternative: Globales Raumschiff oder Gemeinschaft des Lebens? 208

VI. MODERNE POLITISCHE THEOLOGIE

1. Voraussetzungen 219
   1.1 Säkularisierung 219
   1.2 Verwirklichung 222

2. Liberale Theologie 224

3. Die soziale Ungleichheit und die »Theologie der Befreiung« 227

4. Der weiße Rassismus und die »Schwarze Theologie« 230

5. Das Patriarchat und die »Feministische
   Theologie« 233

6. Die ökologische Wende in der christlichen
   Theologie 236
   6.1 Von der Weltherrschaft zur kosmischen
       Gemeinschaft 236
   6.2 Die Schöpfungsgemeinschaft 239
   6.3 Eine Theologie der Erde 242
   6.4 Die neue Schöpfung 247
   6.5 Der kosmische Christus: »at home in
       the universe« 249
   6.6 Der neue Himmel und die neue
       Erde 252
   6.7 Welt ohne Tod 253

Namenregister 255

VORWORT

Ich habe immer in politischer Zeitgenossenschaft gelebt. Die langfristigen politischen Bewegungen und die weiträumigen kulturellen Fragen haben mich interessiert. Wie ist es aus der *Christlichen Welt* zur *Westlichen Welt* gekommen? Welche Ereignisse und Faktoren waren wirksam? Wie ist es aus der Westlichen Welt zur *globalisierten Modernen Welt* gekommen? Welche internen und externen Gründe waren für diese Paradigmenwechsel maßgeblich?

Mich interessierte historisch immer das nachreformatorische und voraufklärerische 17. Jahrhundert. Vorbild war für mich *Paul Hazard* und insbesondere sein Buch »Die Krise des europäischen Geistes 1680–1715« aus dem Jahr 1935, in dem er die Entstehung der Aufklärung in Frankreich behandelt. Der Dreißigjährige Krieg 1618–1648 war die erste europäische Urkatastrophe, die alles veränderte. Die Weltreiche der Spanier, Portugiesen, Engländer und Holländer breiteten sich aus. Zugleich begann zu dieser Zeit – zwischen Kopernikus (1473–1543) und Isaac Newton (1643–1727) – die Entzauberung der Welt durch die Naturwissenschaften, von der Max Weber sprach und aus der letztlich die *Westliche Welt* hervorging.

Welche christliche, theologische Perspektive auf dieses Geschehen ist angemessen? Ist das die *Säkularisierung*, die von der sakralen Welt des Mittelalters zur säkularen Welt der Moderne führte? Oder ist das die geschichtliche *Verwirklichung* der im Christentum verheißenen Welt, wie das messianische Wort »Neuzeit« für dieses Zeitalter, das auf »Antike« und »Mittelalter« folgen sollte, es nahelegt?

Die Muster der *Westlichen Welt* sind in der globalen *Modernen Welt* klar ersichtlich. Doch sind auch die Muster der *Christlichen Welt* in der *Westlichen Welt* erkennbar?

Ich gehe von der These aus: Die Westliche Welt lebt von einer *impliziten Theologie*, auch wenn sie in Europa humanistisch und atheistisch erscheint. Ich verstehe den europäischen Humanismus als versuchte Verwirklichung der christlichen Reich-Gottes-Hoffnung und den abendländischen Atheismus als Anthropotheismus, als »Gotteskomplex« des modernen Menschen (Horst Eberhard Richter).

Erleiden wir heute die ökologische Katastrophe der *Modernen Welt* global, dann ist die christliche Theologie zur Kritik an der impliziten Theologie der Modernen Welt aufgefordert und zur selbstkritischen Veränderung. Christliche Theologie ist nicht nur kirchliche Theologie und nicht nur Theologie des privaten Glaubens, sondern auch öffentliche Theologie der Christenheit in ihrer politischen Verantwortung. Ich nehme damit auf, was *Johann Baptist Metz* 1968 die »Theologie der Welt« nannte. Seine »neue Politische Theologie« schloss an meine »Theologie der Hoffnung« (1964) an und führte sie in die politische Weite.

Im vorliegenden Buch habe ich in erster Linie Artikel und Vorträge versammelt und zu Kapiteln umgearbeitet – man merkt den Kapiteln ihren Ursprung noch an der einen oder anderen Stelle an. Ausgewählt habe ich Texte zur *impliziten Theologie* aus den letzten 20 Jahren: zur Entwicklung der wissenschaftlich-technischen Welt, zur Überholung der Religion durch die »Neuzeit«, zur Überwindung des neuen Nationalismus im Interesse der Menschheit und zur Gemeinschaft des Lebens mit dieser Erde. Hier habe ich zwei Übersichtsvorträge eingeordnet: »Fortschritt und Abgrund«, den ich als Milleniums Lecture im Jahr 2000 in St. Andrews, Schottland, hielt, und »Eine Kultur des Lebens gegen die tödlichen Gefahren dieser Zeit«, den ich im März 2020 in Westminster Abbey,

England, präsentierte. Dann setze ich mich auseinander mit der neuen Wissenschaftsgläubigkeit und ihren Heilsversprechen, dass wir Menschen unsterblich werden wie die künstlichen, intelligenten Roboter.

Meine Texte enden mit der Schicksalsfrage von Bill McKibben: Wollen wir diesen Planeten »Erde« zu einem globalen Raumschiff umbauen, oder integrieren wir Menschen uns in die Gemeinschaft des Lebens dieser Erde?

Zuletzt stelle ich die politischen Theologien dar, die sich mit der modernen Westlichen Welt im Ganzen und mit wichtigen Dimensionen im Speziellen auseinandersetzen: die protestantische Liberale Theologie im 19. Jahrhundert, die katholische »Theologie der Befreiung«, die »Schwarze Theologie« in den USA, die »Feministische Theologie« und die ökumenische »Theologie der Erde«.

Ich danke Herrn Diedrich Steen und den Mitarbeitenden im Gütersloher Verlagshaus für die Betreuung meines Buches.

Tübingen, im Februar 2021 *Jürgen Moltmann*

EINFÜHRUNG: WISSENSCHAFT UND RELIGION IN DER CORONA-PANDEMIE 2020

1. VORBEMERKUNG

Ich beginne, dieses Buch in den Zeiten der Corona-Pandemie zu schreiben. Es wurden alle meine Vortragseinladungen bis Jahresende abgesagt. Am 3. März 2020 war ich noch in Westminster Abbey für die Charles Gore Lecture, aber danach war ich im Haus. Die Epidemie hat die besten und die schlechten Seiten der betroffenen Menschen öffentlich gemacht. Die Epidemie hat die Spaltungen unserer Gesellschaft in arm und reich sowie in alt und jung offenbart. Doch die Epidemie hat auch gezeigt, was die Wissenschaft, in diesem Fall die Virologie, kann und was der Glaube vermag.

Ich steige mit einem Gutachten ein, das ich in der ersten Phase der Pandemie im März 2020 für die evangelische Kirche in Württemberg geschrieben habe. Danach beurteile ich die öffentlichen Reaktionen der Menschen in der zweiten Phase, der Lockerung der staatlichen Maßnahmen.

Ich setze mich mit dem Wissenschaftsoptimismus von *Noah Harari* in seinem SPIEGEL-Artikel »Das Virus und der Tod« (25.04.2020) auseinander, sozusagen als Auftakt zu dem ersten Kapitel über »Die Politische Religion des wissenschaftlich-technischen Zeitalters«.

2. HOFFNUNG ZU ZEITEN DER CORONA-PANDEMIE 2020

Die Corona-Katastrophe ist wie das »finstere Tal« von Psalm 23: Niemand übersieht sie, niemand weiß, wie lange sie dauert, niemand weiß, wann sie jemanden trifft. Gott erspart uns nicht das »Tal des Todes«, aber Gott ist bei uns in unseren Ängsten. Gott geht mit uns in die Dunkelheit. Er erspart sich selbst nicht das »finstere Tal«. Gott durchleidet unsere Ängste mit uns und weiß doch den Weg für uns. Darum fürchte ich kein Unglück, denn seine Treue ist da in meinem Unglück. »Nah ist und schwer zu fassen der Gott«, dichtete Hölderlin. Gott ist uns näher, als wir wissen können. Darum ist er so schwer zu fassen, aber man kann auf seine Nähe vertrauen. Gottvertrauen trägt das Selbstvertrauen, wenn es angegriffen wird. Alle wissenschaftlichen Zukunftsprognosen sind unsicher geworden, und die Zukunftsgewissheit der Modernen Welt ist gebrochen, jetzt kommt es auf die Hoffnung an.

Christliche Hoffnung ist Reich-Gottes-Hoffnung für die Zukunft der Welt »wie im Himmel so auf Erden«, und wir erwarten »die Auferstehung der Toten in das Leben der kommenden Welt«. Lange Zeit hat diese Ewigkeitshoffnung in den Kirchen die Vorwärtshoffnung auf das Reich Gottes verdrängt. In der Modernen Welt hat der Fortschrittsglaube die Ewigkeitshoffnung verdrängt. Beides ist falsch: Jesu Botschaft vom »nahen Reich« für die Armen, Kranken und Kinder wird von seiner Auferstehung vergegenwärtigt. Die Auferstehungshoffnung gegen den Tod und die Mächte der Vernichtung wird zum Beweggrund für die geschichtliche Hoffnung auf das Reich Gottes.

Im Ende – der neue Anfang: Das ist christliche Hoffnung. Sie gründet in der Erinnerung an das Ende Christi –

es war sein wahrer Anfang – und richtet sich auf was immer wir als »Ende« erfahren. Der Gott der Hoffnung schafft immer neu einen Anfang im Leben, und im Tode weckt er uns auf zum neuen Leben in seiner kommenden Welt.

Warum lässt Gott das zu?, ist eine nachträgliche Frage oder eine Zuschauerfrage, nicht die Frage der unmittelbar Betroffenen. Sie fragen nach Heilung und Trost. Sie wollen, dass ihre Leiden aufhören, nicht, dass sie ihnen erklärt werden. Jene alte Warumfrage ist damit nicht abgetan. Sie sucht nach einer Rechtfertigung Gottes angesichts des Leidens ohne Ende. Das ist die Theodizeefrage. Die Antwort lautet: Entweder ist Gott allmächtig oder gut: Gott kann nicht beides zugleich sein. Eine andere Möglichkeit aber ist: »Nur der leidende Gott kann helfen«, wie Dietrich Bonhoeffer in seiner Gefängniszelle geschrieben hat. Im gekreuzigten Christus erleidet Gott auch unsere Leiden und nimmt auf sich unsere Schmerzen, um bei uns zu sein in unseren Ängsten. Der gekreuzigte Christus ist der göttliche Trost im Leiden und der göttliche Protest gegen das Leiden, denn Christus ist auferstanden. Übrigens: Wir leben nicht in einer »heilen Welt«. Die Schöpfung ist auch erlösungsbedürftig.

Ist die Corona-Pandemie eine Strafe Gottes für die Menschheit? Manche amerikanischen Evangelikale behaupten das. Die alten heidnischen Opferkulte wollten den Zorn der Götter besänftigen: Die Götter segnen das Wohlverhalten der Menschen und bestrafen ihr Fehlverhalten. Die alte Werkgerechtigkeit sollte die Strafe Gottes abwenden und wollte den Himmel verdienen. Die »Strafe« Gottes mit dem Corona-Virus ist die Kehrseite des evangelikalen »Gospel of Prosperity«.

»Die Strafe liegt auf ihm, auf dass wir Frieden hatten, und durch seine Wunden sind wir geheilt« (Jes 53,5). Die frühe Christenheit hat den »leidenden Gottesknecht« von Jesaja auf das stellvertretende Leiden Christi am Kreuz bezogen. Wer nach dem Kreuzestod Christi noch von »Strafen Gottes« in der Menschheitsgeschichte spricht, kennt Christus nicht und macht aus der Frohbotschaft der Vergebung der Sünden eine Drohbotschaft vom »strafenden Gott«.

Wer gewinnt in diesen Zeiten der Corona-Pandemie? Die Menschen: Der tägliche Konkurrenzkampf ist stillgelegt. Da alle betroffen sind, lernen wir jetzt, was Solidarität ist. Solidarität gegen einen gemeinsamen Feind wie das Corona-Virus ist gut, Solidarität aus Freude an der gemeinsamen Menschlichkeit – ohne einen Feind – ist besser.

Die Natur: Die Natur der Erde durchlebt eine »Verschnaufpause« von der menschengemachten Umweltkatastrophe: Der Frühling ist in diesem Jahr besonders schön. Die naturgemachte Corona-Katastrophe hat auf die Menschenwelt zu Solidarität und einschneidenden sozialen Maßnahmen geführt. Die Umweltkatastrophe sollte eine ähnliche Solidarität und ähnliche Maßnahmen der Staatengemeinschaft hervorrufen.

Wer verliert in der Corona-Katastrophe? Das Selbstbewusstsein der modernen Menschen: Wir haben die Krise nicht »im Griff«. Die Covid-19-Viren stellen unsere »Machbarkeit aller Dinge« durch Wissenschaft und Technik in Frage. Wir kommen an unsere Grenze. Der Virus wird in den USA zum »Feind« erklärt und seine Bekämpfung wird als »Krieg« gewertet. Ist die Natur wieder der »Feind« des Menschen?

Die Virologen des Robert-Koch-Instituts erschienen in jeder Tagesschau im deutschen Fernsehen und sagten jedes Mal etwas Anderes über ihren wissenschaftlichen

Befund über das Virus und seine Verbreitung. Der Befund hatte sich geändert, aber die Zuschauer wollten stabile Ergebnisse haben, und die kann die exakte Wissenschaft in diesem Fall nicht liefern: Einmal sieht die Kurve der Neuinfektionen so aus, als wäre die Epidemie Ende August 2020 in Deutschland zu Ende, dann sieht sie wieder so aus, als zöge sie sich noch bis Jahresende dahin. Auf die Wissenschaft, als Prophetie genommen, ist auch kein Verlass.

Die Sterbenden werden nur in Zahlen erwähnt. Sie sterben aber auf den Intensivstationen in äußerster Isolation und ohne menschliche Nähe. Um die Gesunden zu retten, lassen wir sie allein. Keiner kann sagen, ihn oder sie betreffe solches Sterben nicht. Der modern verdrängte Tod ist wieder ins Zentrum getreten. Das ist für das moderne Selbstbewusstsein schlecht. Statt Arroganz ist Demut gefragt. Die christlichen Kirchen sollten einen Volkstrauertag ausrufen und die Gottesklage über die Corona-Toten öffentlich machen.

3. DAS VIRUS UND DER TOD (MAI 2020)

Der Menschheitshistoriker Yuval Noah Harari[1] hat in seinem SPIEGEL-Artikel »Das Virus und der Tod«[2] recht: In der gegenwärtigen Corona-Krise rufen die Menschen nach Wissenschaft und Technik, um das Covid-19-Virus »in den Griff« zu bekommen, und nicht nach Religion und Trost, um es zu ertragen. Der Deutschlandfunk hatte zeitweise seine halbe Stunde »Aus Religion und Gesellschaft«

---

1 Unter anderem bekannt durch: Noah Harari, Eine kurze Geschichte der Menschheit, 23. Aufl., München 2015.
2 Noah Harari, »Das Virus und der Tod«, in: DER SPIEGEL, Nr. 18/2020, 25.04.2020, 114–116. Seitenzahlen im Folgenden in Klammern.

von 9:30 bis 10:00 morgens umfunktioniert in »Aus Wissenschaft und Technik«.

Die am Virus Gestorbenen werden nur noch in Zahlen gemessen, und die um sie Trauernden werden auf Abstand gehalten. Es gibt nur das krankmachende Virus, nach dem Wissenschaft und Technik fahnden; die kranken Menschen sind aus der Öffentlichkeit in die Krankenhäuser verschwunden.

Das Gesundheitssystem moderner Gesellschaften ist der Virus-Pandemie nicht gewachsen. Die Ökonomisierung des Medizinalwesens, die Profitorientierung der Krankenhäuser und die Privatisierung der Pflegeheime sind die Ursachen. Die Globalisierung hat internationale Lieferketten für Medizin hervorgebracht. Die Grundstoffe unserer deutschen Medikamente werden in China und Indien hergestellt, weil das billiger ist, so als sei der Schutz der Gesundheit des Volkes nicht Staatsziel, sondern dem freien Markt überlassen.

Harari vertritt eine selbstbewusste, aber nicht selbstkritische Aufklärung und erklärt Religion, ihre Mythen und Rituale einfach zur Vergangenheit der Menschheit und Wissenschaft und Technik zu ihrer Zukunft. Sakralität bestimmte die Vergangenheit und Säkularität bestimme die Zukunft. Wissenschaft und Technik bezögen sich auf »das Leben vor dem Tod«, Religion auf »das Leben nach dem Tod«, darum müsse die Wissenschaft auch noch den Tod abschaffen, wenn sie an die Stelle der Religion treten wolle.

> »Für Wissenschaftler ist der Tod kein göttliches Dekret, sondern ein technisches Problem. Menschen sterben nicht, weil Gott es gesagt hat, sondern wegen einer technischen Panne. Das Herz hört auf, Blut zu pumpen, Krebs hat die Leber zerstört, Viren vermehren sich in der Lunge ... nichts Metaphy-

sisches. Und die Wissenschaft glaubt, dass jedes technische Problem eine technische Lösung hat. Wir müssen nicht auf die Wiederkunft Christi warten, um den Tod zu überwinden. Ein paar Wissenschaftler in einem Labor können das« (114).

»Die moderne Welt glaubt, dass der Mensch den Tod überlisten und besiegen kann« (114). »Transhumanisten« arbeiten an einer »Lebensverlängerung« durch Abschaffung des Todes, sodass Menschen nicht mehr sterben müssen, indem sie menschliches Gehirn an Computern anschließen.[3] »Die Kunst der Lebensverlängerung«, die Professor Hufeland 1796 empfahl, hatte nichts mit der Abschaffung des Todes zu tun, sondern nur damit, wie man im Alter gesund isst und gut schläft.

Kritik
Endlosigkeit hat nichts mit Unendlichkeit zu tun. Ewiges Leben ist nicht endlos verlängertes Leben, sondern eine neue Qualität des Lebens. Insofern ist der Vergleich Hararis zwischen der »Wiederkunft Christi« und »einem Labor« unlogisch. Wenn allerdings die moderne Welt »den Tod besiegt«, hört die Menschheitsgeschichte auf. Das »Ende der Geschichte« des Lebens? – Wenn das das Ziel der »Lebensverlängerung« ist, ist es dann nicht gleichbedeutend mit der Abschaffung der Menschheit, wie wir sie kennen?

Harari hat die Dialektik der Aufklärung übersehen:

1. Vernunft wird im Zeitalter der Aufklärung nur noch als »instrumentelle Vernunft« verstanden. Vernunft als »vernehmendes Organ« wird durch den Verstand

---

[3] M. O'Connell, Unsterblich sein. Reise in die Zukunft des Menschen, München 2017.

ersetzt, der sich auf Machbares »versteht«. Das entfremdet die menschliche Vernunft von sich selbst. Wissen ist ursprünglich Teilnahme an anderem Leben, wie jeder Mensch in seiner Kindheit erfährt.
2. Die Beziehungen zu anderem Leben werden allein der Macht über sie unterworfen, der Beherrschbarkeit und dem Machen. Das verarmt die Beziehungen des Menschen zur Natur und vereinsamt das menschliche Subjekt.
3. Die Natur wird als Objekt angesehen, das es zu unterwerfen und auszunutzen gilt. Das entfremdet die Lebenswelt der Natur draußen und auch die Natur des Menschen drinnen. Das Ergebnis ist »L'Homme machine«, der Maschinenmensch.

»Die Menschen bezahlen die Vermehrung ihrer Macht mit der Entfremdung von dem, worüber sie Macht ausüben. Die Aufklärung verhält sich zu den Dingen wie der Diktator zu den Menschen. Er kennt sie, insofern er sie manipulieren kann. Der Mann der Wissenschaft kennt die Dinge nur, sofern er sie machen kann.«[4]

»Unsere Superhelden sind die Wissenschaftler im Labor«, preist Harari, weil sie alles machen können, weil sie potenziell allmächtig sind. Der Wissenschaftler, der alles Physische prinzipiell beherrschen kann, transzendiert das Physische und ist selbst das metaphysische Subjekt. Soviel zu Hararis Statement: »nichts Metaphysisches«. Je mehr die Wissenschaftler die Welt beherrschen, umso gottebenbildlicher ihr Status.

---

[4] M. Horkheimer/Th. W. Adorno, Dialektik der Aufklärung, Frankfurt a.M. 1969, 15.

Damit sind wir bei dem »Mythos« der jüdischen und christlichen Religion, den Harari übernimmt.

> »Gott schuf den Menschen zu seinem Bild, zum Bild Gottes schuf er ihn; ... macht euch die Erde untertan« (Gen 1,27–28).

Weil Gott der Schöpfer der Welt ist und der Herrscher des Alls, so ist sein Ebenbild der Herrscher der Erde. Des Menschen Erdherrschaft entspricht der Weltherrschaft Gottes. »Die Gottesebenbildlichkeit des Menschen besteht in der Souveränität übers Dasein, im Blick des Herrn, im Kommando.«[5]

Die moderne Welt hat von Beginn an diesen »Mythos« aus dem Schöpfungsbericht Israels verwirklicht. Je mehr die Natur der Erde durch Wissenschaft und Technik beherrscht werden konnte, desto gottähnlicher wurde der moderne Mensch. Der Atheismus der Neuzeit ist in Wahrheit ein Anthropotheismus. Heute erleben wir die ökologische Katastrophe im »Klimawandel« und »Artensterben«. Daran ist das Menschenbild aus Genesis 1,27 schuld. Der Anthropozentrismus der modernen Welt ist dem biblischen Menschenbild »imago Dei – dominium terrae« geschuldet.

Um auf Harari zurückzukommen: Er preist zwar die moderne Welt, die den Tod zu besiegen glaubt. Aber noch ist es nicht so weit, »wir müssen uns unserer Vergänglichkeit stellen«. Diese »Last unserer Sterblichkeit zu tragen« ist »Sache des Einzelnen« (116). Religion ist Privatsache, sie soll die moderne Welt in ihrem »Gotteskomplex« nicht stören: Homo Deus.

---

5   Ebd.

I. DIE POLITISCHE RELIGION DES WISSENSCHAFTLICH-TECHNISCHEN ZEITALTERS

Durch Naturwissenschaft und Technik trat die moderne Welt die Weltherrschaft an. Die Theologie bot dafür die Gottebenbildlichkeit und Herrschaft über die Erde als Deutungskategorie an:

> »Gott schuf den Menschen zu seinem Bilde, zum Bilde Gottes schuf er ihn; und schuf sie als Mann und Frau. Und Gott segnete sie und sprach zu ihnen: Seid fruchtbar und mehret euch und füllet die Erde und *macht sie euch untertan* und *herrschet über die Fische im Meer und über die Vögel unter dem Himmel und über das Vieh und über alles Getier, das auf Erden kriecht*« (Gen 1,27.28).

Das ist die berühmte »Sonderstellung des Menschen im Kosmos«, wie *Max Scheler* sie nannte. Dieser Bibeltext ist vermutlich 2.500 Jahre alt, wurde aber erst vor ungefähr 400 Jahren »modern« und wird bis heute zur politischen Theologie der Weltherrschaft verwendet.

1. PICO DE LA MIRANDOLA: DIE MITTE DER WELT

In der Zeit der Renaissance wurde dieses biblische Menschenbild zum Anthropozentrismus der modernen Welt gesteigert: Der Mensch steht in der Mitte der Welt, nicht nur der Erde, sondern auch zwischen Himmel und Erde, zwischen Engeln und Tieren. Den klassischen Text lieferte *Pico della Mirandola* 1486 in seiner Schrift »Über die Würde des Menschen« (De dignitate hominis). Er beginnt mit einem Zitat des islamischen Gelehrten Abdallah: »Nichts gibt es in der Welt, das bewunderungswürdiger ist als der Mensch« – für den Menschen, darf man hinzufügen. Mirandola sieht den Menschen »aus der Reihe des Universums hervorschreiten: beneidenswert nicht nur für die Tiere, sondern auch für die Sterne, ja sogar für die überweltlichen Intelligenzen [die Engel]«.

> »Ich habe dich in die Mitte der Welt gesetzt, damit du als dein eigener, vollkommen frei schaltender Bildhauer und Dichter dir selbst die Form bestimmst, in der du zu leben wünschst.«

Als Ebenbild des Schöpfers der Welt ist der Renaissancemensch ein »Schöpfer seiner selbst« oder, wie heute oft gesagt wird, »seine eigene Erfindung«. Die Welt steht unter dem gesetzlichen Zwang der Notwendigkeit, nur der Mensch ist frei und ihr Herrscher. Er schafft sich selbst und seine Welt. Er macht sich selbst zum »Maß aller Dinge«. Der Mensch ist das einzige Subjekt des Herrschens, alle anderen Geschöpfe der Erde sind ihm unterworfen und sind seine Objekte. Die Beziehung der Menschen zu ihren Mitgeschöpfen ist die einseitige Beziehung des Herrschens. Die anderen Geschöpfe kommen nur in den Blick als beherrschbare Objekte, als menschliche Objekte als »Sklaven« oder »Leibeigene«.

2. FRANCIS BACON: WISSEN IST MACHT

Von dem Engländer *Francis Bacon* (1561–1626) stammt der Ruf, der das deutsche Schulwesen bis in meine Jugend hinein prägte: »Wissen ist Macht«. Des Menschen naturwissenschaftliches Wissen wurde als Macht über die Natur verstanden und als Ausweis seiner Gottebenbildlichkeit. Weil er die Erlösung vom Sündenfall als die Wiederherstellung der ursprünglichen Gottebenbildlichkeit verstand, erklärte Francis Bacon es zum Ziel der wissenschaftlichen Erkenntnis der Natur; »the restitution and reinvesting (in great part) to the souvereignty and power which he had in the first state of creation«. Die Wiederherstellung der ursprünglichen Weltherrschaft des Menschen durch Naturwissenschaft und Technik soll den Menschen wieder zum Ebenbild Gottes machen und den Sündenfall überwinden. Wissenschaftliche Macht über die Natur ist ein Schöpfungsauftrag und darum unschuldig. Das ist eine genaue Umkehrung des biblischen Denkens: Nach der Bibel begründet die Gottebenbildlichkeit die Weltherrschaft des Menschen, nach Francis Bacon begründet die Weltherrschaft des Menschen seine Göttlichkeit. Welches Gottesbild steht dahinter? Von den Eigenschaften Gottes ist nur die Allmacht übrig geblieben. Will der Mensch diesem Gott entsprechen, muss er die Macht über diese Erde und alle Erdgeschöpfe gewinnen. Welches armselige Gottesbild! Wir gehen am Schluss des Kapitels auf die Kritik an der Bibelstelle Genesis 1,26.27 ein.

3. RENÉ DESCARTES: DIE VERMESSENE WELT

Bei *René Descartes* (1596–1650) erreicht die Subjekt-Objekt-Spaltung der Welt zum Zwecke ihrer Beherrschung durch den Menschen ihren Höhepunkt und ihre moderne Form. Dabei war er der Meinung, »dass die beiden Fragen nach Gott und Seele die wichtigsten von denen sind, die eher mit Hilfe der Philosophie als der Theologie zu erörtern sind«, wie er im Widmungsschreiben der »Meditationen« schrieb. Er vollendete den Übergang von der platonischen Seelensubstanz zu dem Seelensubjekt, der mit Augustin begann. Der alte Leib-Seele-Dualismus wich der modernen Subjekt-Objekt-Dichotomie. Das menschliche Subjekt wird sich durch Denken seiner selbst bewusst, nicht durch sinnliche Wahrnehmung. Die Sinneswahrnehmungen täuschen einen, doch dass ich mich täusche, ist gewiss. Descartes bemüht ein augustinisches Argument. Also tritt der menschliche Leib mit seinen Sinnesorganen in den Bereich der objektiven Dinge, auch das Gehirn. Es koexistieren im Menschen ein nichtausgedehntes, denkendes Subjekt und nichtdenkendes, ausgedehntes Objekt. Descartes dachte an die Zirbeldrüse als Verbindungsglied, aber er war sich sicher, »von meinem Körper wahrhaft verschieden zu sein und ohne ihn existieren zu können«. Das denkende Ich – cogito ergo sum – ist unsterblich, da nichts ausgedehntes Körperliches an ihm haftet. Der objektiven Welt schreibt Descartes als einziges Merkmal die Ausdehnung zu: res extensa. Das ist die moderne »vermessene Welt«, die nach Länge, Breite und Höhe vermessen und nach Gewicht gewogen wird. Es ist die Welt der mathematischen Formeln, der Algorithmen. Es ist nicht die Lebenswelt der Erde und nicht die Lebenswelt der Menschen.

Werden Seele und Körper als Subjekt und Objekt durch gegenseitige Ausgrenzung definiert – denkend/nichtdenkend, ausgedehnt/nichtausgedehnt –, dann ist die Verknüpfung nicht mehr denkbar. Der auf Ausdehnung reduzierte Körper hat keine sinnlichen Empfindungen und Wahrnehmungen mehr. Die auf Denken reduzierte seelische Subjektivität ist in ihrer Selbstbezüglichkeit gefangen. Die Gottesgewissheit kann allein in der Selbstgewissheit wahrgenommen werden. Das ist die neuzeitliche

Variante des augustinischen Paradigma »Gott und Seele«. Doch im autonomen Ich verschmelzen Gott und Seele, und dieses Ich wird zum Mittelpunkt des modernen atheistischen Anthropozentrismus.

Wie die psychosomatische Einheit des Menschen durch die Subjekt-Objekt-Aufspaltung aufgelöst wird, so wird auch die Beheimatung des Menschen in der Natur der Erde preisgegeben. Das denkende Ich steht einer vermessenen Welt gegenüber als »Herr und Eigentümer der Natur«, wie Descartes in seiner Schrift »Über die Methode« sagt. Er fügte der Herrschaft das »Eigentum« hinzu. Die »Natur« der Erde ist »Eigentum« des Menschen. Das passt zum beginnenden Imperialismus der europäischen Mächte. Das »herrenlose Gut« der Natur gehört dem, der es zuerst in Besitz nimmt. Damit begann die Kolonisierung der Welt durch die europäische »white supremacy«. Man sagt nicht zu viel, wenn man in Descartes Philosophie die geistige Wurzel für die Selbstentfremdung der modernen Menschen und für die Zerstörung der Natur durch die moderne Welt sieht.

4. IMMANUEL KANT: DIE WELT ALS ENTWURF DES MENSCHEN

In seiner »Kritik der reinen Vernunft« hat *Immanuel Kant* (1724–1804) auch eine Kritik der modernen, wissenschaftlichen Vernunft geboten. In seiner »Vorrede« zur 2. Auflage stellt er fest,

> »dass die Vernunft nur das einsieht, was sie selbst nach ihrem Entwurfe hervorbringt, dass sie mit Prinzipien ihrer Urteile nach beständigen Gesetzen vorangeht und die Natur nötigen müsse, auf ihre Fragen zu antworten«.

Das aber heißt, dass die »objektive Wahrheit« der Wissenschaft erst dann möglich wird, wenn die menschliche Vernunft zuvor einen Horizont, einen Entwurf oder eine Fragestellung entwickelt, in dem das Seiende als Objekt unter bestimmten Perspektiven zur Erscheinung gebracht wird. Auf diese Bedingungen wissenschaftlicher »Objektivität« ist die Vernunft genötigt sich zu besinnen. Unter einem solchen Entwurf verstand Kant dasjenige, »was die Vernunft selbst in die Natur hineinlegt«. Um nicht dem Relativismus der Willkür zu verfallen, setzte Kant hinter das »Ding in Erscheinung« das »Ding an sich«. Dieses metaphysische Postulat macht es, dass Wissenschaftler die Dinge, wie sie ihnen erscheinen, nicht für die Dinge an sich halten, und auf diesem Wege von einer Erscheinung zur anderen eilen. Der Entwurf legt die Fragestellung fest, mit der die Natur zur Antwort »genötigt wird«, und schließt andere Fragestellungen als nicht relevant aus. Er legt den Bedeutungshorizont fest, in dem die befragte Natur verständlich wird und man zu sinnvollen Urteilen kommt. Naturwissenschaftliche Experimente verglich Kant mit der Folter, mit der Geständnisse erpresst werden: Sie versuchen, der Natur ihre Geheimnisse zu entreißen. Doch damit wird die Natur nur in ihren Reaktionen auf menschliche Aktionen erkennbar.

Die alte metaphysische Auffassung einer an sich seienden Welt wird heute verworfen. Wissenschaftliche Theorien können nicht mehr als Kopien der an sich seienden Welt gelten. Nicht ein Bild von der Natur können die Naturwissenschaftler liefern, sondern ein Bild bestimmter Beziehungen der Menschen zur Natur. Damit gewinnen die Naturwissenschaften den Charakter der »Objektivierungskunst«. Die »Natur« der Naturwissenschaften gleicht einer Kunstnatur nach der Idee der Mathematik (H. Hensel).

Die wissenschaftlich-technische Zivilisation entstand aus der *Christlichen Welt* zur Zeit der Renaissance, breitete sich durch industrielle Revolution und Kolonisation im 19. Jahrhundert als *Westliche Welt* aus und ist durch die Globalisierung im 20. und 21. Jahrhundert die weltweite *Moderne Welt* geworden. Die Moderne Welt wirkt auf die verschiedenen Völker und Kulturen seltsam uniform: Flughäfen gleichen sich; die Taxe, die einem zum Hotel fährt, ist von bestimmten Weltmarken gebaut; die Hotels – meist Teil globaler Hotelketten – sind alle ähnlich; die Hochhäuser – entworfen von internationalen Architekturbüros – gleichen sich; mit »basic english« – also einer imperialen Sprache aus Europa – kommt man überall durch; CNN wird auf allen Samsung-TV-Apparaten empfangen; die lokalen Kulturen werden als »Folklore« betrachtet oder abgelichtet. Die Uhren gehen überall gleich, die Messeinheiten sind die gleichen. Die »instrumentelle Vernunft« hat sich in China, Japan und in Afrika durchgesetzt. Überall wird Natur objektiviert, beherrscht und ausgebeutet. Die Menschen verstehen sich als gleiche Subjekte.

Auch die Krisen der Modernen Welt sind global: die atomare Selbstmordfalle, die ökologische Katastrophe, die Überbevölkerung und pandemische Epidemien. Die Völker sind zu einer Schicksalsgemeinschaft der Menschheit zusammengewachsen: Sie gehen gemeinsam unter oder überleben gemeinsam. Diese wissenschaftlich-technische Weltkultur ist entweder »das Ende der Welt« oder das Ziel der Weltgeschichte, der menschlichen Erd-Geschichte, des Anthropozän. Zu Optimismus gibt es keinen Anlass: Die Menschheit hat bisher die atomare Katastrophe nur durch Zufall oder Glück überstanden. Es ist ganz ungewiss, ob die ökologische Katastrophe die Völker eint wie in dem Pariser UNO-Abkommen von 2015 oder die Völker spaltet wie Ex-Präsident Trump in den USA und Präsident Bolsenaro in Brasilien. Die wissenschaftlich-technische Vernunft macht beides möglich, den Untergang wahrscheinlich möglicher.

Die instrumentelle Vernunft muss umkehren und zur teilnehmenden Vernunft werden: Nicht Macht und Machtausübung sind das Ziel der menschlichen Vernunft, sondern das Leben, das Interesse am Gesamtleben und allen einzelnen Lebewesen, die Gemeinschaft des Lebens und die Liebe zum Leben.

5. THEOLOGISCHE KRITIK

Wir beginnen mit zwei Fragen:
1. Muss naturwissenschaftliches Wissen allein der Herrschaft der Menschen über die Natur dienen?
2. Hat die Moderne Welt ethische Macht über ihre naturwissenschaftliche Macht?

Die Naturwissenschaften stehen in der modernen Gesellschaft unter Zwang, dem Zwang zum Fortschritt. Dieser Zwang zum Fortschritt wird ausgelöst durch den Konkurrenzkampf der modernen Gesellschaften. Durch die Globalisierung der modernen Wirtschaft setzte eine Beschleunigung des Fortschritts ein. Das naturwissenschaftliche Wissen verdoppelt sich alle fünf Jahre. Niemand scheint den beschleunigten Fortschritt aufhalten zu können. Die Studie des Club of Rome 1972 »Die Grenzen des Wachstums« haben den Zwang zum Wachstum nicht aufgehalten. Die ökologischen Grenzen wurden nicht beachtet: Die Vergiftung der Luft mit Kohlenstoffdioxid und die Verschmutzung der Meere mit Plastik gehen weiter, die Unfruchtbarkeit der Erde nimmt zu.

Die erste Formel der Macht sitzt in den Naturwissenschaften und meint die physische Beherrschbarkeit der Welt. Die zweite Formel der Macht wäre die Formel der ethischen Freiheit über diese physische Macht; sie sitzt in der Weisheit. Man muss nicht alles machen, was man machen kann. Gewonnene Macht muss auf das Lebensdienliche in der Menschenwelt und der Welt der Natur angewendet und zur Verhinderung der Vernichtungen des Lebens benutzt werden.

Nach mehr als 400 Jahren der wissenschaftlich-technischen Machtergreifung der Modernen Welt über die Natur und über das Leben brauchen wir eine andere Zeit zur Integration der menschlichen Welt in die Lebensbedingungen der Erde, denn auch wir Menschen sind »ein Teil der Natur«, wie die Earth-Charta von 2000 sagt, und nicht ihre gottähnlichen Herren.

Wie entsteht Weisheit? Aus Gottesfurcht, sagt die biblische Geschichte. Das klingt althergebracht, ist aber ganz modern. Ehrfurcht vor Gott befreit den modernen Menschen vom »Gotteskomplex«. Gottesfurcht führt den Menschen zur Selbstunterscheidung von Gott. Befreit vom Gotteskomplex, verliert sich auch der Machtrausch und der Machbarkeitswahn der Modernen Welt. Aus Ehrfurcht vor Gott entsteht jene ethische Weisheit, mit der der Mensch seine Grenzen erkennt und anerkennt und damit ethische Macht über seine wissenschaftliche und technische Macht gewinnt.

Der Mensch ist mitnichten »die Krone der Schöpfung« oder der Höhepunkt der Evolution des Lebens, er ist das allerabhängigste Geschöpf. Es gibt den Menschen nur, weil es die Erde und die anderen Lebewesen gibt. Der Mensch ist für sein Leben auf die Existenz der Pflanzen und Tiere, auf die Erde, die Luft und das Wasser und das Licht angewiesen. Sie alle können ohne den Menschen existieren, aber der Mensch kann nicht ohne sie leben. Also kann man sich den Menschen nicht als einsamen Herrscher über die Natur der Erde vorstellen. Was immer seine »Sonderstellung im Kosmos« sein mag, zuerst und im Grunde ist der Mensch ein Teil der Erdgemeinschaft und ein symbiotisches Lebewesen. Gottesfurcht befreit von der Arroganz des Herrschens zur »kosmischen Demut« (Richard Bauckham) und macht gemeinschaftsfähig für die Schöpfungsgemeinschaft. Wie wäre es, wenn wir die Natur- und anthropologischen Wissenschaften für das gemeinsame Leben der Erde einsetzen? Das wäre ein neues Interesse der Menschheit, das die Erkenntnis leiten würde. Das wäre ein neues ökologisches Zeitalter.

Vergleichen wir die große Schöpfungsrede Hiob 38–40 mit der Schöpfungsgeschichte aus Genesis 1: In Genesis 1 wird die Gottebenbildlichkeit des Menschen mit dem Untertanmachen der Erde und dem Herrschen über die Tiere verbunden. Hiob 38–40 liest sich wie eine Kritik daran:

> »Wo warst du, als ich die Erde gründete?« (38,4)
> »Wer hat das Meer mit Toren verschlossen, als es heraustrat?« (38,8)
> »Wer ist des Regens Vater? Wer hat die Tropfen des Tau gezeugt?« (38,28)
> »Kannst du der Löwin ihren Raub zu jagen geben?« (38,29)
> »Wer bereitet den Raben die Speise?« (38,30)
> »Meinst du, der Wildstier wird dir dienen wollen?« (39,9)
> »Fliegt ein Adler so hoch auf deinen Befehl?« (39,27)

Hiob verliert alle Göttlichkeit und Arroganz und sagt:

> »Siehe, ich bin zu gering. Was soll ich antworten? Ich will meine Hand auf meinen Mund legen«. (40,4)

Das ist der Weg von der Hybris der Weltherrschaft zur *kosmischen Demut*, den jeder Blick in das Weltall bei Nacht uns weist.

6. DER MYTHOS VON DER GOTTEBENBILDLICHEN HERRSCHAFT DES MENSCHEN

1. Man kann die Schöpfungsgeschichte auch ohne die Gottebenbildlichkeit und Herrschaft der Menschen lesen. Dann ergibt sich das Bild einer friedlichen Mahlgemeinschaft aller Lebewesen.

> »Und Gott sprach: Es lasse die Erde aufgehen ... Und die Erde ließ aufgehen Gras und Kraut, das Samen bringt, ein jedes nach seiner Art, und Bäume, die da Früchte tragen, in denen ihr Same ist, ein jedes nach seiner Art.« (Gen 1,11.12)

Nach der Schöpfung der Fische im Meer, der Vögel unter dem Himmel, des lebendigen Getiers auf der Erde, der Tiere des Feldes und des Menschen bereitet Gott die »Speise« und die »Nahrung«, die Lebensmittel:

> »Und Gott sprach: Ich habe euch gegeben alle Pflanzen, die Samen bringen auf der ganzen Erde, und alle Bäume mit Früchten, die Samen bringen, zu eurer Speise. Aber allen Tieren auf Erden und allen Vögeln unter dem Himmel und allem Gewürm, das auf der Erde lebt, habe ich alles grüne Kraut zur Nahrung gegeben. Und es geschah so.« (Gen 1,29.30)

2. Die Schöpfung der Menschen fällt aus diesem friedlichen Rahmen. Das merkt man an dem neuen Einsatz des Schaffens Gottes:

»Und Gott sprach: Lasst uns Menschen machen ...« (Gen 1,26)

Und anders als zuvor fehlt in Vers 26–28 nach der Schöpfung der Menschen das Urteil Gottes: »Und Gott sah, dass es gut war«. Die »Herrschaft« der Menschen über alle Tiere und das »Untertanmachen der Erde« ergibt sich nicht aus dem Zusammenhang der Schöpfungsgeschichte. Die Menschen sind ein Fremdkörper in der Schöpfung.

3. An sich ist die Gottebenbildlichkeit der Menschen zu rühmen. Altorientalische Herrscher beanspruchten für ihre totale Herrschaft die Gottähnlichkeit und die Verehrung. Der Genesistext spricht die Gottebenbildlichkeit *allen Menschen* zu, Männern und Frauen *gleichermaßen* (was Paulus infrage stellte; vgl. 1 Kor 11,7). Das ist revolutionär: Die amerikanische Unabhängigkeitserklärung und die Französische Revolution haben sich für die Demokratie darauf berufen. Es ist die *erste Menschenrechtserklärung*: Alle Menschen sind gleich und frei. Ein ferner Nachklang findet sich im Art. 1 Abs. 1 des deutschen Grundgesetzes: »Die Würde des Menschen ist unantastbar«, d.h. heilig.

4. Allerdings besteht die Gottebenbildlichkeit der Menschen nach dem ersten Schöpfungsbericht im »Herrschen« und das Herrschen besteht im »Untertanmachen«. Das verarmt die Beziehungen der Menschen zu den anderen lebendigen Geschöpfen und zur Erde zu einseitigen Beziehungen. Menschen leben aber in Ökosystemen der Erde mit Gras, Sträuchern, Bäumen und vielen Tieren zusammen. Also sind die Beziehungen im Zusammenleben wechselseitig. Menschen leben vom Sauerstoff, der bei der Photosynthese von Gras und Bäumen entsteht. Menschen sind von Natur aus nicht zur Photosynthese fähig.

Würden Menschen ihre Beziehungen zur Lebenswelt der Erde auf »Herrschen und Untertanmachen« beschränken, wären sie schon längst ausgestorben. Wenn die Moderne Welt durch Wissenschaft und Technik die Weltherrschaft antreten will, dann zerstört sie die Erde und sich selbst.

5. Das »Herrschen und Untertanmachen« raubt den Lebewesen ihre Subjektivität und behandelt sie als Objekte. Das entfremdet die Lebewesen von ihrer wahren Natur. Der Herrscher versteht nichts von den Menschen, die er unterwirft. So ist auch die »vermessene Welt« der modernen Wissenschaft und Technik nicht die wahre Welt, sondern die von Menschen zurechtgemachte Welt. Der moderne Mensch begegnet überall seinen eigenen Spuren und sich selbst. Das »Herrschen und Untertanmachen« vereinsamt die Menschen und zerstört die Schöpfungsgemeinschaft und den Schöpfungsfrieden.

6. Sollte die Gottebenbildlichkeit allein im »Herrschen und Untertanmachen« bestehen, so wirft das ein zweifelhaftes Licht auf Gott zurück: Sollte Gott die Welt geschaffen haben, um sie zu »beherrschen und untertan zu machen«? »Der Allmächtige« ist ein zweideutiger Gott. Der »Schöpfer« teilt doch seine Güte seinen Geschöpfen mit, sonst konnte es nicht heißen: »Es war sehr gut«. Ich denke, dass Gott ein »Liebhaber des Lebens« ist, und sein »unvergänglicher Geist ist in allen« (Weisheit 11,21–12,1).

7. Das Göttliche zeigt sich vielleicht in der Welt nicht in bestimmten Subjekten (Menschen), sondern in bestimmten, Leben schaffenden und lebensförderlichen Beziehungen wie Liebe, Gerechtigkeit, Barmherzigkeit:

»Du nimmst weg ihren Odem, so vergehen sie und werden wieder zu Staub. Du sendest aus deinen Odem, so werden sie geschaffen und du machst neu die Gestalt der Erde.« (Ps 104,29.30)

Gott ist nicht durch Subjekte in seiner Schöpfung gegenwärtig, sondern durch den »Geist des Lebens«. Dieser macht nicht nur lebendig und schafft nicht nur lebensförderliche Beziehungen, sondern formt auch Symbiosen durch perichoretisches In-einander-Sein. Perichoretisch sind der symbiotische Kreislauf des Lebens und die komplexen Systeme der Lebendigkeit, z.B. in den Regenwäldern, aber auch unsere Wiesen. Das abendländische Denken hebt jedoch die Subjekte hervor und behandelt die Beziehungen zweitrangig. Dabei gehen alle Subjekte aus Beziehungen hervor. Sie sind Knotenpunkte von Beziehungen.

8. Die Gottebenbildlichkeit der Menschen steht in der Schöpfungsgeschichte ziemlich einsam im Alten Testament da. Meistens wird Gottebenbildlichkeit angemahnt, um den Nächsten zu schützen (Gen 9,6; Jak 3,9), nie jedoch, um das Selbstbewusstsein zu erhöhen. Psalm 8 ist die singuläre Auslegung von Genesis 1,26–28:

> »Du hast ihn wenig niedriger gemacht als Gott, mit Ehre und Herrlichkeit hast du ihn gekrönt. Du hast ihn zum Herrn gemacht über deiner Hände Werk, *alles hast du unter seine Füße getan*: Schafe und Rinder allzumal, dazu auch die wilden Tiere, die Vögel unter dem Himmel und die Fische im Meer und alles, was die Meere durchzieht.« (Ps 8,6–9)

Das »Herrschen und Untertanmachen« wird vertieft durch das »alles hast du unter seine Füße getan«. Ich habe in Ägypten die Pharaonen in Stein auf ihrem Thron sitzend gesehen, alle ihre besiegten Feinde waren »unter ihren Füßen«. Die Sieger versklavten die besiegten Völker, so wie es Israel im »Knechthaus« Ägypten geschah. Das ist ein feindseliges Bild des Herrschens der Menschen über die Schöpfung Gottes: »Die wilden Tiere, Vögel und Fische« gehören »unter die Füße« der Menschen. Die »Herrschaft« der Menschen wird im Noahbund wiederholt und verschärft: »*Furcht und Schrecken vor euch* sei über allen Tieren auf Erden und über allen Vögeln unter dem Himmel, über allem, was auf dem Erdboden wimmelt, und über allen Fischen im Meer; *in eure Hände seien sie gegeben*.« (Gen 9,2) Das bedeutet Krieg mit der Natur, und das kann nur in einer Katastrophe der Schöpfung enden. Das Verhältnis der Menschen und der Tiere kann nicht als monopolares und monokausales »Herrschen« beschrieben werden. Diese Verhältnisse sind multimodal. Das »Herrschen« in der ersten Schöpfungsgeschichte liegt auch nicht in Nahrungsbeschaffung, dafür ist nach Gen 1,29 vegetarisch gesorgt. Was sollen die Menschen mit den »Mitgeschöpfen« anfangen, die in ihre Hände gegeben sind? Das »Herrschen« von Gen 1,26 ist zweckfrei und sinnlos, es hängt sozusagen in der Luft.

Michael Welker versucht, den harten Herrschaftsauftrag der Menschen mit der Fürsorge für die Schwachen abzuschwächen: »Herrschaft durch Fürsorge«.[6] Ob das an den Texten, die ich zitiert habe, zu halten ist, ist zweifelhaft, aber in Anbetracht des realen, millionenfachen Artensterbens durch die Herrschaft des Menschen ist ein radikaleres Umdenken notwendig.

---

6   Vgl. das Kapitel »Schöpfung, Gottebenbildlichkeit und Herrschaftsauftrag« in: M. Welker, Schöpfung und Wirklichkeit. Biblische contra natürliche Theologie, Neukirchen-Vluyn 1995, 89–106.

9. Im Unterschied zu Psalm 8 ist der *Psalm 104* die integrale Auslegung der Schöpfungsgeschichte. Die Schöpfung wird gerühmt. Die Menschen sind voll integriert in die Schöpfungsgemeinschaft:

> »Wenn aber die Sonne aufgeht, heben sie [die Löwen] sich davon und legen sich in ihre Höhlen. So geht dann der Mensch aus an seine Arbeit und an sein Werk bis an den Abend.« (Ps 104,22–23)

Die Mahlgemeinschaft aller Lebewesen wird bestätigt:

> »Es warten alle auf dich, dass du ihnen Speise gibst zur rechten Zeit.« (Ps 104,27)

Gott ist durch seinen Lebensatem allen Lebewesen gegenwärtig:

> »Du sendest aus deinen Odem, so werden sie geschaffen, und du erneuerst die Gestalt der Erde.« (Ps 104,30)

Nicht nur der Mensch empfängt den »Odem des Lebens« (Gen 2,7), sondern alles Lebendige, jedes in seiner Art. Die Beziehungen der Lebensgemeinschaft der Schöpfung sind von der »Geistkraft Gottes« gewirkt: »die Gestalt der Erde«.

10. Die Reue Gottes:

> »Aber als der Herr sah, dass der Menschen Bosheit groß war auf Erden und alles Dichten und Trachten ihres Herzens nur böse war immerdar, *da reute es ihn, dass er die Menschen gemacht hatte* auf Erden und es bekümmerte ihn in seinem Herzen. Und er sprach: Ich will vertilgen die Menschen, die ich geschaffen habe, von der Erde ...« (Gen 6,5–6)

Die Menschen eine verunglückte Schöpfung Gottes? Der »Schmerz Gottes« in seinem Herzen und das Bedauern Gottes, die Menschen geschaffen zu haben, führen zur Vernichtung alles Lebendigen auf Erden durch die »Sintflut«. Warum? Was war vorgefallen? So wie die Geschichte dasteht, wurden von »Göttersöhnen« mit Menschenfrauen »Helden der Vorzeit« gezeugt: halb Götter — halb Menschen. Fragt man, wer sie waren, kommt man auf die Herrscher und Tyrannen, die sich gottähnlich anbeten und verehren ließen. Weil die Menschen das zuließen, war »die Bosheit der Menschen groß«. Die Vergottung bestimmter Menschen hat Gott nicht gewollt. Darum vernichtet er die gottebenbildlichen Menschen. Nur Noah fand Gnade bei Gott. Mit Noah und den Tieren seiner Arche macht Gott einen Bund. Der *Gottesbund* tritt an die Stelle der *Gottebenbildlichkeit* der Menschen. Gott hat seine Reue, Menschen geschaffen zu haben, überwunden durch seine Treue zu seinem Schöpfungsratschluss. Das kann man »den Schmerz Gottes« nennen: Gott muss in Zukunft die Menschen ertragen. Die Gottebenbildlichkeit der Menschen gehört in die vorgeschichtliche *Urzeit*. Die *Geschichte* der Menschen, die Genesis 12 mit der Berufung Abrahams beginnt, wird durch die Verheißung des *Gottesbundes* geprägt.

11. Ich schlage vor, theologisch die Gottebenbildlichkeit der Menschen vom Herrschaftsauftrag über die Erde abzukoppeln und den Herrschaftsauftrag zu verwerfen – oder an Gott zurückzugeben. Gott ist nicht nur der Allmächtige, sondern auch der Gerechte und die Liebe, der Friede und die Barmherzigkeit, der Freie und die Schönheit, das summum bonum und das Sein. All das soll sich in den Menschen und ihrem Verhalten in der Schöpfungsgemeinschaft widerspiegeln und seine Resonanz finden.

»Jesus Christus spricht: Seid barmherzig, wie euer Vater barmherzig ist.« (Lk 6,36)

II. DIE GEBURT DER NEUZEIT AUS DEM GEIST MESSIANISCHER HOFFNUNG

1. CHILIASTISCHE ZUKUNFT UND DIE »GOLDENE ZEIT«

Unter »Chiliasmus« versteht man die Erwartung eines »tausendjährigen Reiches« Jesu Christi vor dem Ende dieser und vor dem Anfang der neuen Welt Gottes. Die gegenwärtige partikulare Kirche Christi wird zum universalen Reich Christi werden, das identisch ist mit dem messianischen Reich für Israel. Der Teufel wird für tausend Jahre gebunden, so dass sich das Gute in der Menschheit ungehindert ausbreiten kann.[7] Diese chiliastische Erwartung eines Ziels und einer Vollendung der Geschichte gehört in die geschichtliche Dimension, die die personale und die kosmische Seite der universalen Eschatologie miteinander verbindet. »Die letzten Dinge« haben eine immanente und eine transzendente Seite: Die geschichtliche Erwartung einer Vollendung des Reiches Christi und der Erfüllung der Verheißungen Israels gehört zur immanenten Seite der Eschatologie und ist auf die transzendente Seite der Eschatologie – Totenauferweckung und neue Schöpfung von Himmel und Erde – angewiesen. Chiliastische Erwartungen richten sich auf das Vorletzte und sind im Glauben an das Letzte verwurzelt.

Chiliastische Vorwärts-Hoffnung und transzendente Ewigkeits-Hoffnung sind die zwei Seiten derselben christ-

---

[7] Ausführliche Belege für Fakten und Thesen dieses Kapitels finden sich in J. Moltmann, Das Kommen Gottes. Christliche Eschatologie, Gütersloh 1996, III: Reich Gottes. Geschichtliche Eschatologie, 150–286.

lichen Hoffnung. Die geschichtszugewandte Seite und die geschichtsüberwindende Seite der christlichen Hoffnung gehören zusammen, denn »die letzten Dinge« setzen nicht nur dem Weltlauf ein Ende, sondern sind auch sein Ziel und geben ihm Sinn und Ordnung. Chiliastische Eschatologie spricht nicht nur vom »Ende der Geschichte«, sondern auch von ihrem Ziel und Zweck. Sie erschließt die Weltwirklichkeit als einen zukunftsoffenen Prozess und überwindet die irrationalen Mächte wie fortuna und fatum, die ihr undurchschaubares Spiel mit den Menschen treiben.[8]

Transzendente Eschatologie ohne die chiliastisch in der Geschichte vorwärtsdrängende Hoffnung wird abstrakt und doketisch. Sie macht gleichgültig gegenüber bösen und besseren Zeiten.

Chiliastische Hoffnung ohne Transzendenz verliert sich in den geschichtlichen Enttäuschungen und der Vergänglichkeit der Zeiten.[9]

Ich spreche von *messianischer Hoffnung*, um die prophetische Hoffnung Israels und die apostolische Hoffnung der Christenheit miteinander zu verbinden. Ich will sie historisch verifizieren durch

1. die Darstellung der reformatorischen Verdammungen dieser »jüdischen Träume«,

2. den Nachweis der nachreformatorischen Wiedergeburt des christlichen Chiliasmus und der Hoffnung Israels,

3. den Beweis der Übersetzung des theologischen Chiliasmus in den »philosophischen Chiliasmus« der Aufklärung und der »Neuzeit«, in das Humanitätsideal und den Menschenrechtsstaat. Diese weltgeschichtliche Wende

---

8 K. Löwith, Weltgeschichte und Heilsgeschehen. Die theologischen Voraussetzungen der Geschichtsphilosophie, Stuttgart 1953, 26.
9 Für das Erste ist P. Althaus, Die letzten Dinge, Lehrbuch der Eschatologie, Gütersloh 1957, typisch. Für das Zweite ist E. Bloch, Das Prinzip Hoffnung, Frankfurt a.M. 1961, typisch.

vom konfessionellen Zeitalter in das Menschheitszeitalter und von konfessionell einheitlichen Glaubensstaaten zu Menschheitsstaaten auf der Basis der Menschenrechte (1776, 1789) wurde durch die chiliastische Theologie vorbereitet. Die Emanzipation der Juden in den modernen Menschenrechtsstaat war eine Erfüllung der »spes Israelis«.

2. DIE »JÜDISCHEN TRÄUME«

Nach Adolf von Harnack war der Chiliasmus ein »Hauptstück der ältesten Verkündigung« der frühen Christen und »ein Teil der Kraft des Christentums im 1. Jahrhundert«.[10] Doch dann kam die sog. »konstantinische Wende«: Das Christentum wurde im Römischen Reich aus einer verfolgten Kirche Christi zu einer anerkannten Religion und dann zur verpflichtenden Reichsreligion, und das Römische Reich wurde zum Heiligen Reich des Christentums.[11] Eusebius von Caesarea deutete diese Wende als Übergang vom Martyrium zum Millennium. Paulus war überzeugt: »Wer mit ihm leidet, wird auch mit ihm herrschen.« (1 Kor 6,2-4; 2 Tim 2,12) Es war eine chiliastische Wende von der Kirche Christi zum Reich Christi. Das ist das Reich des Menschensohns aus Daniel 7 und das tausendjährige Reich Christi aus Offenbarung 20.

Das »Heilige Römische Reich deutscher Nation« war juristisch durch die translatio imperii[12] aus dem Heiligen Reich Konstantins und seiner Nachfolger hervorgegangen und war selbstverständlich das Reich Christi.

---

10 A. von Harnack, Lehrbuch der Dogmengeschichte I, Tübingen ⁴1909, 187.
11 J. Moltmann, Das Kommen Gottes. Christliche Eschatologie, Gütersloh 2. Aufl. 1995, III, § 3: Politischer Millennarismus: Das »Heilige Reich«. Kaiser Konstantin und die Folgen, 182–192.
12 W. Goez, Translatio Imperii. Ein Beitrag zur Geschichte des Geschichtsdenkens und der politischen Theorien im Mittelalter und in der frühen Neuzeit, Tübingen 1958.

Das Christentum war die Reichsreligion und das Reich war das Sacrum Imperium. Als die »Täufer« in der Reformationszeit die Hauptpfeiler des Corpus Christianum angriffen – die Kindertaufe und den Kriegsdienst –, taten sie dies kraft einer chiliastischen Hoffnung auf ein alternatives Reich Christi. Darum wurden sie auch »Schwärmer« genannt. Sie wurden von katholischen und protestantischen Fürsten im Namen des Sacrum Imperium auf Grund eines alten Dekrets Kaiser Justinians aus dem 5. Jahrhundert verfolgt und hingerichtet.[13] Das war Reichsrecht, dem katholische und protestantische Fürsten verpflichtet waren. Das aber heißt: Es wurde von den Reformatoren nicht das »tausendjährige Reich« verdammt, sondern nur die Hoffnung auf ein solches Reich, das eine Alternative zum bestehenden sein sollte.

Conf. Aug. von 1530 Art XVII:

»Damnant et alios, qui nunc spargunt iudaicas opiniones, quod ante resurrectionem mortuorum pii regnum mundi occupaturi sint, ubique oppressis impiis.«

»Item werden hie verworfen auch etlich judisch Lehren, die sich auch itzund eräugen, dass vor der Auferstehung der Toten eitel Heilige, Fromme ein weltlich Reich haben und alle Gottlosen vertilgen werden.«

Conf. Helv. Posterior von 1566 XI:

»Damnamus praeterea judaica somnia, quod ante judicii diem aureum in terris sit futurum seculum, et pii regna mundi occupaturi, oppressis suis hostibus impiis.«

---

[13] H. Fast, Der linke Flügel der Reformation. Glaubenszeugnisse der Täufer, Spiritualisten, Schwärmer und Antitrinitarier, Bremen 1951; H.-J. Gärtz, Die Mennoniten, Stuttgart 1971.

»Wir verdammen außerdem die jüdischen Träume, dass es vor dem Tag des Gerichts auf Erden ein goldenes Zeitalter geben werde und die Frommen die Reiche der Welt einnehmen und ihre gottlosen Feinde unterdrücken werden.«

Verdammt wird nebenbei auch das »mohamedanische Lust- und Freudenreich«. In beiden Bekenntnissen werden die chiliastischen Erwartungen als »jüdisch« bezeichnet. Sind es Juden, die »jüdische Träume« haben, oder Christen, die »jüdisch« träumen, oder Christen, die für Juden träumen? Oder soll »jüdisch« alttestamentlich bedeuten, weil die chiliastische Hoffnung, wie die Bekenntnisformulierungen zeigen, auf Daniel 7 fußen? Für Luther waren die Juden mit den Türken und Papisten Agenten des Antichristen.

Die Schweizer Reformierten fügten ihrer Verwerfung des »jüdischen Traums« auch noch die Verwerfung des römischen Traums vom »goldenen Zeitalter« hinzu, der von den Humanisten der Reformationszeit verbreitet wurde. Die Heilandsgeburt im »eisernen Zeitalter« vergegenwärtigt diese Zukunft.[14] Aus dem Traum vom »goldenen Zeitalter« ist später die endzeitliche Vorstellung von der »Neuzeit« entstanden, die als das »dritte Zeitalter« nach Altertum und Mittelalter folgt.

1759 veröffentlichte Friedrich Christoph Oetinger seine »Sammlung wichtiger Betrachtungen« zum tausendjährigen Reich Christi unter dem Titel »Die güldene Zeit« und fasste darin die römischen Zeugnisse der cumäischen Sybille und die Offenbarung des Johannes in der Auslegung von Albrecht Bengel zusammen.

Die Wiedergeburt chiliastischer Hoffnungen in England, Holland und den deutschen Ländern im 17. Jahrhundert zeigt, dass es nicht um »jüdische Träume« ging, sondern um

14 Das ist Virgils römische Vision.

die christliche Hoffnung für Israel nach Röm 9–11 und der Offenbarung des Johannes. Die Juden wurden aus Agenten des Antichristen zu Protagonisten des kommenden Reiches Christi, des Messias Israels, auf das Christen hoffen.

Die chiliastischen Hoffnungen ergriffen die Menschen ausgerechnet in den Jahren der ersten europäischen Urkatastrophe im Dreißigjährigen Krieg 1618–1648. Noch lange danach war diese katastrophale Erinnerung lebendig. Im 18. Jahrhundert schrieb Johann Albrecht Bengel: »Je gefährlicher eine Zeit ist, je größer ist die Hilfe, die dagegen in der Weissagung erreicht wird.«[15] Die Zeitgenossen verstanden den Dreißigjährigen Krieg als »eiserne Zeit« und hofften nach der römischen Weissagung auf die »goldene Zeit« danach.

3. DIE WIEDERGEBURT DES CHRISTLICHEN CHILIASMUS IM 17. JAHRHUNDERT

3.1 Die Herborner Schule und Johann Amos Comenius

Die Hohe Schule von Herborn – die Johanna – spielte in der Frühzeit (1580–1660) eine führende Rolle nicht nur im deutschen, sondern auch im gesamten europäischen Calvinismus.[16] Durch die Fürsten von Nassau ergaben sich politische Verbindungen zu den Niederlanden. Der geistige Austausch erstreckte sich von England bis nach Siebenbürgen. Studenten kamen aus vielen europäischen Ländern. Die Herborner Theologie wirkte auf den Puritanismus unter

---

15 Der bekannte Spruch Fr. Hölderlins »Wo aber Gefahr ist, wächst das Rettende auch« geht auf die chiliastische Eschatologie Bengels zurück, die in diesem Satz zum Ausdruck kommt.
16 G. Menk, Die Hohe Schule Herborn in ihrer Frühzeit (1584–1660). Ein Beitrag zum Hochschulwesen des deutschen Kalvinismus im Zeitalter der Gegenreformation, Wiesbaden 1981.

dem Lordprotektor Oliver Cromwell, und die Curricula aus Herborn wurden in Europa von vielen Hohen Schulen und akademischen Gymnasien, gymnasium illustre, übernommen. Es war schon die Zeit der ersten Enzyklopädisten. Die Große »Encyclopedia scientiarum omnium« von J. H. Alsted beeinflusste viele protestantische Hochschulen von den Niederlanden bis nach Ungarn, später über England auch die Colleges von Harvard und Yale in Neuengland. Seine Kompendien und Kurse in verschiedenen Fächern waren weitverbreitet. Alsted galt als »omnis eruditionis thesaurus«.[17] Die philosophischen Lehrbücher waren nicht vom Aristotelismus, sondern vom Ramismus beherrscht, der auf den usus Wert legte und eine ganzheitliche Sicht förderte.[18] Doch mehr noch als die Encyclopedia stellte die »Diatribe de mille annis apocalypticis« Alsteds große Wirkung her. Dieses Buch über das »tausendjährige Reich« wurde zuerst 1627 veröffentlicht, dann gab es viele Nachdrucke. Sebastian Frank übersetzte es 1630 mit »Christlicher und wohlbegründeter Bericht von der künftigen tausendjährigen Glückseligkeit der Kirchen Gottes auf Erden«. Eine englische Übersetzung erschien 1643 unter dem Titel »The beloved City« und beförderte die reiche chiliastische Literatur in England. Alsted stellte zum ersten Mal die von den Reformatoren verketzerte Täuferbewegung in ein positives Licht. Die Diatribe beeinflusste nicht nur die puritanische Eschatologie in England, sondern durch Cotton Mather, Präsident des Yale College, auch die amerikanische Apokalyptik.[19]

---

17 A. a. O., 78.
18 W. F. Ong, Ramus. Method, and the Decay of Dialogue, Harvard University Press, Cambridge Mass. 1958; J. Moltmann, Zur Bedeutung des Petrus Ramus für Philosophie und Theologie im Calvinismus. ZKG 68, 1957, 295–318.
19 A. Zakai, Exile and Kingdom. History and Apocalypse in the Puritan Migration to America, Cambridge University Press 1992, 4; ders., The Poetics of History and the Destiny of Israel: The Role of the Jews in English Apocalyptic Thought during the sixteenth and the seventeenth centuries, in: The Journal of Jewish Thought and Philosophy, 1996, vol. 5, 313–350.

Der bedeutendste Schüler Alsteds war zweifellos der aus Mähren stammende Johann Amos Comenius. Er trug nicht nur die Idee der Enzyklopädie in die Schulen und Hochschulen der europäischen Länder, sondern auch Alsteds neue chiliastische Hoffnung auf eine Reformatio mundi, die auf die Reformatio ecclesiae im kommenden Reich Christi folgen werde. Alsted hatte die Zukunft des tausendjährigen Reiches auf 1695 berechnet.

Comenius schrieb:

»Ich wage es, wahren Chiliasmus als wahres Christentum zu erklären. Antichiliasmus dagegen als Antichristentum. Die allgemeine Besserung der Dinge wird das Werk Jesu Christi sein, der alles in den Zustand erneuert, aus welchem es entglitten ist. Trotzdem fordert er unsere Mitarbeit, aber die wird nicht mehr schwierig sein unter dem jetzigen Stand der Dinge.«[20]

3.2 Menasseh Ben Israel und »Spes Israelis« 1650

Der israelische Historiker Avihu Zakai hat darauf aufmerksam gemacht, wie unter dem Einfluss der neuen chiliastischen Eschatologie die Stellung der Juden in England radikal verändert wurde.[21] 1290 hatte Edward I. mit königlichem Dekret die Juden von den Britischen Inseln vertrieben. 350 Jahre später wurden sie unter dem Protektorat Oliver Cromwells wieder zugelassen.

---

20 J. M. Lochman, Comenius, Hamburg 1982, 60; P. Biehl, Johann Amos Comenius (1592–1670), in: H. Schröer/D. Zilleßen (Hg.), Klassiker der Religionspädagogik, Frankfurt a.M. 1989, 46–72; K. Schaller (Hg.), Comenius. Erkennen – Glauben – Handeln, St. Augustin 1985. Biehl nennt Comenius gar einen »Theologen der Hoffnung« (60) und nennt diese Hoffnung mit Recht chiliastisch: »Nun beginnt das siebte Jahrtausend, der Sabbat der Kirche, das große gnadenreiche Weltenjahr, in dem der neue Adam, der zur Erneuerung ausgesandt wurde, die Verbesserung aller verderbten Dinge auf der Welt beginnt (Panorthosia).«
21 A. Zakai, From Judgement to Salvation: The Image of the Jews in the English Renaissance, MJ 59 (1997), 213–230.

Was hatte sich geändert? »With the rise of a unique apocalyptic tradition during the Protestant Reformation negative attitudes in England towards the Jews changed considerably, and this trend culminated during the Puritan Revolution in the mission of Menasseh Ben Israel and the Whitehall debates of 1655 on the readmission of the Jews.«[22] Protestantische und puritanische Theologen veränderten die Sicht auf die Juden von den »Agenten des Antichrist« zu »Protagonisten des wiederkommenden Christus«. Schon das berühmte Buch von John Foxe »Acts and Monuments«, allgemein als »Buch der Märtyrer« bekannt, verbreitete eine prophetisch-apokalyptische Sicht der Weltgeschichte: Gegenwärtige Geschichte besteht im Kampf zwischen Christus und dem Antichrist, und England, die erwählte Nation des wahren Glaubens, ist der Hauptfeind des Antichrist und von Gott erwählt, ihn zu überwinden.[23]

Als Elizabeth l. den Thron 1558 bestieg und der Protestantismus siegte, sah man das Ende des Antichrist kommen: Nach der Öffnung von sechs Siegeln steht jetzt die Öffnung des siebten Siegels bevor (Offb 8 und 11). Der Untergang der spanischen Armada vor den Küsten Englands 1588 wurde als weltgeschichtlicher »Ton der siebten Posaune« nach Offb 11,15 gedeutet. Es entstand eine »prophetische Auslegung der Weltgeschichte«. Vom vierfachen Schriftsinn des Mittelalters blieb nur der Literalsinn übrig, der politisch/weltgeschichtlich und zugleich heilsgeschichtlich angewendet wurde: Die Bibel ist der göttliche Kommentar zur Weltgeschichte und die Weltgeschichte erfüllt die biblischen Verheißungen. Prophetie ist »historia anticipata«. Was für die Juden das Buch Daniel mit

---

22 A. a. O., 213.
23 R. Bauckham, Tudor Apocalypse. Sixteenth century apocalypticism, millennarianism and the English Reformation. Oxford 1975, 177: »The apocalyptic role of England«.

seinem »Monarchienbild« Kapitel 7 bedeutet, war für die Christen die Offenbarung des Johannes. Da sie das letzte Buch der Bibel ist, geht es von ihren Weissagungen direkt in die zukünftige Weltgeschichte über. Darum wurden im England des 15. bis 17. Jahrhunderts mehr Kommentare zur Offenbarung geschrieben als zu irgendeinem anderen Buch, von König Jakob l. bis Sir Isaac Newton.[24]

Der aus dem Buch Daniel und der Offenbarung ermittelte Heilsplan Gottes für die Zukunft sah grob folgendermaßen aus:

1. Kampf Christi gegen den Antichristen;
2. Sturz des Antichristen;
3. Bekehrung Israels zum kommenden Christus;
4. Aufrichtung des tausendjährigen Friedensreiches Christi aus Christen und Juden und allgemeine Glückseligkeit der Menschheit.

Die erwartete »Bekehrung der Juden« wurde als Zeichen genommen, dass die Wiederkehr Christi in Herrlichkeit gekommen sei. Was mit der Bekehrung der Juden gemeint war, ist unklar. Sie steht zwischen der Kirche und dem Reich Christi und stellt den Übergang von der Kirche Christi zum Reich Christi, des Messias, dar. Also sollen, wörtlich genommen, die Juden nicht Kirchenchristen, sondern ihre zukünftigen Reichsgenossen werden. Sie werden den kommenden Christus in der Herrlichkeit Gottes als ihre Annahme von Gott und ihr »Leben aus den Toten« (Röm 11,15) begrüßen. Sie sind auf jeden Fall nicht mehr Agenten des Antichrist, sondern das erwählte Volk des in Herrlichkeit kommenden Messias. Es ging nicht um Einzelbekehrungen, sondern um eine »eminent and general conversion«.

---

[24] W. Bousset, Die Offenbarung Johannis, Göttingen ⁶1906, führt die lange Liste der Apokalypsenkommentare auf.

Der Oberrabbiner von Amsterdam schrieb 1650 sein Buch »Spes Israelis«, um die Wiederzulassung der Juden auf den Britischen Inseln zu erreichen. Dafür beschwor er die Stimmung der neuen chiliastischen Eschatologie: »Wir können nicht exakt die Zeit unserer Erlösung anzeigen, aber wir urteilen, dass sie sehr nahe ist, ungefähr am Ende des Jahrhunderts (age).« Dann bezog er sich auf die Weissagungen der Propheten, dass, bevor der Messias kommt, die Juden verstreut sein werden unter *alle Nationen*. Die Wiederzulassung der Juden auf den Britischen Inseln wäre also ein Schritt näher in Richtung zum Kommen des Messias/Christus.[25]

Die jüdischen Gemeinden im osmanischen Reich, in Polen und den Niederlanden waren in messianischer Aufregung: 1648 war der »Messias« *Sabbatai Zwi* in Smyrna erschienen und hatte mit *Nathan von Gaza* eine Bußbewegung in den jüdischen Gemeinden ausgelöst: die sabbatianische Bewegung. *Gershom Scholem* nennt ihn den »mystischen Messias«. Er vollzog 1666 die »Apostasie« und konvertierte in Konstantinopel zum Islam. Die Einflüsse auf die chiliastischen Bewegungen im Protestantismus sind nicht nachweisbar, aber die Parallelen sind typisch für die Zeitstimmung im 17. Jahrhundert vor der Aufklärung und vor der »Emanzipation der Juden« in die bürgerliche Gesellschaft.

3.3 Die Quintomonarchianer und die spanische Weltmonarchie

Das »Monarchienbild« von Daniel 7 war die Grundlage politischer Theologie im Corpus Christianum. Es war die

---

[25] A. Zakai, From Judgement to Salvation, 229. Vgl. zum Folgenden Gersom Scholem, Sabbatai Zwi. Der mystische Messias, Frankfurt a.M. 1992.

erste weltgeschichtliche Vision, denn sie verband Heil und Politik.[26]

Vier große Tiere stiegen aus dem Chaosmeer auf. Das erste war ein Löwe mit Flügeln wie ein Adler; das zweite ein Bär mit drei Rippen zwischen seinen Zähnen; das dritte glich einem Panther mit Flügeln und vier Köpfen. Das vierte Tier war furchtbar und schrecklich mit eisernen Zähnen und zehn Hörnern. Diese vier großen Tiere sind vier Königreiche, die auf Erden kommen werden. Das vierte Tier wird alle Länder fressen, zertreten und zermalmen (vgl. Dan 7,3-7). »Einer, der uralt war« (V. 9), hält das Gericht. Das vierte Tier wird getötet »und mit der Macht der anderen Tiere war es auch aus« (V. 12). »Siehe, es kam einer mit den Wolken des Himmels als wie eines Menschen Sohn« (V. 13), der kam vor dem Uralten und der gab ihm »Macht, Ehre und Reich«. Seine Macht ist ewig und sein Reich hat kein Ende. Und »die Heiligen des Höchsten werden das Reich empfangen und besitzen« (V. 18).

Auch in Daniel 2 werden die vier Königreiche genannt – mit der Variante, dass Gott ein Reich aufrichtet. Dieses »wird alle diese Königreiche zermalmen und zerstören; aber es selbst wird ewig bleiben« (Dan 2,44). Das geschieht durch den »Stein Daniels« (V. 34), der alle diese Weltreiche zerstören wird.

Die jüdisch-christliche Weltreiche-Lehre hat die vier Tiere mit dem Reich der Assyrer, der Perser, der Griechen und der Römer identifiziert.[27] Das Römische Reich wurde als das »eiserne« angesehen. Das »Heilige Römische Reich

---

26 K. Koch, Spätisraelitisches Geschichtsdenken am Beispiel des Buches Daniel, HZ 193, 1961, 7–32. W. Pannenberg hat dieses Geschichtsdenken zur biblischen Grundlage seiner universalgeschichtlichen Theologie gemacht. Vgl. ders., Offenbarung als Geschichte. Implikationen und Konsequenzen eines theologischen Programms, Göttingen 1961.

27 M. Delgado, Die Metamorphosen des Messianismus in den iberischen Kulturen. Eine religionsgeschichtliche Studie, Immensee 1964, der ich hier folge

deutscher Nation« wurde mit Hilfe der Rechtsfigur der »translatio imperii« mit dem römischen, dem vierten Reich verbunden.[28] Das endzeitliche Reich des Menschensohns wurde mit dem entstehenden christlichen Reich identifiziert. Mit der Christianisierung des Römischen Reiches seit Kaiser Konstantin entsteht also ein »fünftes Reich«, das ist die christliche Universalmonarchie, die missionarisch und imperialistisch bis an die Enden der Erde ausgebreitet werden muss.

Das ist die politische Heilslehre der »Quintomonarchianer« und der »Fifth-Monarchy-Men«. Das christliche Schwert empfängt seinen Segen als der »Stein Daniels«, der alle anderen Weltreiche zerstört. Das »fünfte Reich« ist endgeschichtlich, es reicht bis ans Ende der Welt. Wenn es zu seinem Ende kommt, beginnt das große Weltgericht Gottes. Die Danielauslegung Luthers und Melanchthons stärkte das Kaisertum Karls V., »denn die bibel lehret uns klärlich, dass der jüngste Tag bald kommen soll nach der Zerstörung dieses teutschen Reichs«.[29] Als die Portugiesen Afrika umsegelten und die Spanier Amerika entdeckten, entstand der politische »Messianismus in den iberischen Kulturen«: »Der Stein Daniels« zerstörte die Reiche der Azteken, der Maya und der Inka. Das Reich Christi erreichte im spanischen Weltreich globale Horizonte. Als Karl V. sagte, in seinem Reich gehe die Sonne nicht unter, war das nicht astronomisch gemeint, sondern messianisch: Die endzeitliche Universalmonarchie war erreicht. Der frühe europäische Imperialismus in Spanien, England und in Amerika wurde quintomonarchianisch gerechtfertigt und geprägt.

Sofern das Reich Christi, des »Menschensohns« nach Daniel 7, auf Erden ist und die anderen Weltreiche zer-

---

28 W. Goez, Translatio Imperii. Ein Beitrag zur Geschichte des Geschichtsdenkens und der politischen Theorien im Mittelalter und in der frühen Neuzeit, Tübingen 1958.
29 A. a. O., 261.

stört und ersetzt, kann man von einem »fünften« Reich sprechen. Wenn man jedoch den Ursprung und die Qualität beachtet, kann man nicht weiterzählen, weil das Reich Christi die qualitative Alternative zu den vier Weltreichen darstellt: Es kommt nicht aus dem Chaosmeer, sondern aus dem Himmel. Es ist kein Gewalt-, sondern ein Friedensreich.[30]

3.4 Philipp Jakob Speners »Hoffnung zukünftig besserer Zeiten«

Philipp Jakob Spener (1635–1705) gilt als »Vater« des deutschen lutherischen Pietismus. Er war zeit seines Lebens ein vielgesuchter und bewunderter Prediger, zuerst in Straßburg, dann in Frankfurt a.M., zuletzt in Dresden und Berlin. Johann Arnds »Wahres Christentum« regte ihn 1675 zu seiner bekannten Reformschrift »Pia Desideria oder herzliches Verlangen nach gottgefälliger Besserung der wahren evangelischen Kirchen« an, die weite Verbreitung fand.[31] Er beklagte die römisch-katholische Gegenreformation, den verwirrten Zustand vieler evangelischer Kirchen, die Separatisten in den verschiedenen Frömmigkeitsbewegungen und machte Vorschläge zur »Besserung« in seiner »Behauptung der Hoffnung zukünftig besserer Zeiten«. Seine Kirchenkritik und seine Reformdynamik wurden von der messianischen Spannung der neuen chiliastischen Eschatologie getragen. Er sagte der Kirche Christi eine herrliche Zukunft voraus: Sie wird erstens nicht zerfallen, denn es

---

30 J. Moltmann, Das Kommen Gottes, III, § 3.
31 Ich benutze die neue Bearbeitung der »Pia Desideria« von E. Beyreuther, Wuppertal 1964. Die Zitate finden sich unter der Überschrift »Was hat Gott uns für die Zukunft der Kirche verheißen?«, 46–50. Vgl. J. Wallmann, Philipp Jakob Spener und die Anfänge des Pietismus. Beiträge zur historischen Theologie, Band 42, Tübingen ²1986; P. Zimmerling, Das sozialethische Engagement Halles und Herrnhuts – zwischen Utopie und Ortsgemeinde, in: Pietismus und Neuzeit. JB zur Geschichte des neueren Protestantismus, 29, 2004, 67–79.

gilt die Verheißung, dass »die Pforten der Hölle sie nicht überwinden werden«. Sie wird zweitens im Licht der verheißenen Wiederkunft Christi »besseren Zeiten« entgegensehen, denn: »Der Herr ist nahe!«

Darum erwartete Spener den baldigen Sturz des antichristlichen Papsttums, das jetzt noch das Evangelium unterdrückt und die evangelischen Christen verfolgt. Die römisch-katholische Bedrohung der evangelischen Christenheit geschieht nach Spener durch grausame Verfolgungen und »die stille Gegenreformation«. Die Befreiung aus dieser »babylonischen Gefangenschaft« hat mit der Reformation begonnen und wird bald vollendet werden: »Wir haben noch einen größeren Fall des päpstlichen Roms zu erwarten.« Das Ärgernis des antichristlichen Roms wird abgetan werden, wenn die Weissagungen aus Offenbarung 18 und 19 ganz erfüllt sein werden. Diejenigen, die jetzt unter dieser schweren Tyrannei leben, werden frei von ihren Banden mit Freuden zu der Freiheit des Evangeliums hingeführt werden. Spener versprach sich vom Sturz des antichristlichen Roms auch eine Besserung der evangelischen Kirchen, denn »von der katholischen Kirche haben wir einen großen Teil unserer Fehler geerbt«. Im Grunde aber ist der Sturz dieser »antichristlichen Macht« ein Sturz des Antichristen selbst und damit ein Zeichen des siegreich wiederkehrenden Christus. Das zeigt auch der zweite Topos der neuen chiliastischen Eschatologie bei Spener: die Heimkehr Israels. »Wir haben nicht zu zweifeln, dass Gott einen besseren Zustand seiner Kirchen hier auf Erden versprochen hat. Wir haben die herrliche Weissagung des Apostels Paulus und das von ihm geoffenbarte Geheimnis: Nachdem die Fülle der Heiden eingegangen ist, soll ganz Israel selig werden.« (Röm 11,25-26) Spener versteht das so: »Wenn eben nicht das ganze, gleichwohl ein offensichtlich großer Teil der bis dahin noch so verstockt gewesenen Juden zum

Herrn bekehrt werden soll«. Auf jeden Fall erwartet Spener eine »einmal aus Juden und Heiden gesammelte Kirche«. Der Zustand der jetzigen Kirche stellt das größte Hindernis für die Bekehrung der Juden zum Herrn dar.

Spener ist unschlüssig, ob deren geforderter »heiliger Wandel« oder »Gott durch seine Kraft« die Juden bekehren wird. Wenn die Juden sich zum Herrn bekehren, wird jedenfalls der jetzige Zustand der Kirche gründlich verändert werden. Die Besserung unserer Kirchen, die Schwächung des Papsttums und die Bekehrung der Juden gehören für Spener zusammen, denn »das in der Schrift Vorausgesagte wird sich erfüllen«.

Mit seiner chiliastisch begründeten »Behauptung der Hoffnung zukünftig besserer Zeiten« antwortet Spener auf die pessimistische Frage: »Wird Christus noch Glauben finden, wenn er wiederkommen wird?« Er vertritt auch ein biblisch begründetes Vollkommenheitsstreben in der persönlichen und gemeinschaftlichen Frömmigkeit, indem er das lutherische »simul justus et peccator« ergänzt um das »peccator in re – justus in spe«: »Zuerst ist es nicht verboten, die Vollkommenheit zu suchen, im Gegenteil, wir werden dazu angetrieben. Wäre es nicht zu wünschen, dass wir sie erlangen? Doch andererseits gestehe ich gern, dass wir es hier im Leben nicht dazu bringen werden.« In einer diesseitsorientierten, chiliastischen Eschatologie sind die Grenzen zwischen diesem Leben und dem jenseitigen Leben geöffnet, so dass dieses Leben sich schon jetzt nach dem ewigen Leben ausstrecken kann. Nur im Blick auf Vollkommenes wird in diesem Leben Unvollkommenes erreicht.

Wir gehen hier nicht auf seine kirchlichen Reformvorschläge ein. Nur ein Hinweis soll gegeben werden: Indem er die landeskirchliche Staatskirche mit einer Gemeindekirche durchdringt, in der bibellesende Gruppen die Gemeinschaften der Gemeinde bilden, stellt er die Kirche wieder in die eschatologische Spannung, wie er sagen würde, der neutestamentlichen Weissagungen. Die »ecclesiolae in ecclesia« macht Gemeinden lebendig für das zukünftige Reich Christi.

Speners spätere Schrift »Behauptung der Hoffnung künfftiger besserer Zeiten«, Frankfurt a.M. 1693, dient, wie der Untertitel sagt, der »Rettung des insgemein gegen dieselbe unrecht angeführten Spruchs Luc. XIIX, v. 8: Doch wann des menschen Sohn kommen wird maynest Du dass Er auch werde glauben finden auf erden?« Spener nennt Christus »den Propheten« und spricht von »mehreren Zukünfften Christi«: Er kam im Fleisch, er kommt im Geist und in den Herzen, er wird »in gerichtlicher Zukunft« zu seinem Reich kommen. Spener spricht an keiner Stelle von einer »Wiederkunft« Christi. Die Zukunft des »Reiches Christi« wird gegenüber seinem Kommen im Fleisch und im Geist neu sein. Das »tausendjährige Reich Christi« hat einen Anfang in der Zeit, das ist der Sturz des Antichristen, und ein Ende in der Zeit, das ist der Ansturm von Gog und Magog (Offb 20,7-10). Spener spekuliert nicht viel über den Glanz des tausendjährigen Reiches Christi, weiß aber viel über die Umstände, mit denen es kommt. Da ist zum einen »der völlige Fall Babels« (336): »Das ist Rom«, sagt er. Er rechnet mit dem Fall des antichristlichen Papsttums. Luther hat dem Papsttum schon »einen Stoß versetzt«, jetzt kommt der »völlige Fall«. Das heißt, Spener rechnet mit einem chiliastischen Sieg der Reformation. Und da ist zum anderen die Bekehrung von »ganz Israel« in der »letzten Zeit« (316). Mit ganz Israel ist nicht die Summe aller Israeliten gemeint, sondern das von Gott erwählte Volk, denn seit der Zeit der Apostel sind immer einzelne Juden Christen geworden.

Im Reich des Messias-Menschensohns Christus erfüllt sich der Heilsberuf und die Erwählung Israels. Spener führt dafür alle einschlägigen Bibelstellen an. Gegenüber den wenigen Bemerkungen in der »Pia Desideria«-Schrift merkt man, wie viel ihm an dieser chiliastischen Bekehrung des Judentums liegt.

Speners chiliastische Eschatologie wirkte auch auf August Hermann Francke (1663–1727) und die pietistischen Gründungen in Halle. 1701 entwarf Francke ein »Project« der Verbesserung der Zustände in Deutschland, in Europa und »allen übrigen Teilen der Welt«: von der Reformation der Kirche zur Reform der Welt in Erwartung der Wiederkunft und des universalen Reiches Christi. Die pietistische Reform der Kirche hatte die »Generalverbesserung der ganzen Welt« zum Ziel. Es ist kein Wunder, dass der »philosophische Chiliasmus« und Lessings »Erziehung des Menschengeschlechts« daran anschloss.

4. DIE WENDUNG ZUM »PHILOSOPHISCHEN CHILIASMUS« IM 18. JAHRHUNDERT

Im 17. Jahrhundert geschah die Wiedergeburt des theologischen Chiliasmus im Protestantismus, im 18. Jahrhundert folgte dessen Umformung in den philosophischen Chiliasmus der Neuzeit, in das universale Humanitätsideal, die Menschenrechte und den Fortschrittsglauben.[32] Man sagt nicht zu viel, wenn man von einer Geburt der Modernen Welt in Europa und den USA aus dem Geist messianischer Hoffnung spricht. Auf dem Siegel und jeder

---

[32] J. Taubes, Abendländische Eschatologie, Stuttgart 1983, Neuauflage München 1991, verhandelt das unter der Überschrift: »Der Aufbau der philosophischen Eschatologie«, 125–190.

Ein-Dollar-Note der USA steht der chiliastische Anspruch: »Novus ordo saeclorum«: die neue Ordnung der Weltzeitalter. In ihrer politischen Ideologie haben die USA immer eine chiliastische Rolle für den »Rest der Welt« gespielt. Im amerikanischen Millennarismus fehlt auch nie die jüdische Komponente der »Erlösung Israels«.[33] Wir gehen hier der Wendung zum philosophischen Chiliasmus bei G. E. Lessing und I. Kant nach.

4.1 Gotthold Ephraim Lessing

»Auch die Umformung der christlich-chiliastischen Idee von der Wiederkehr des Messiasreiches in eine philosophische von der Verwirklichung der moralischen Weltordnung ist nicht das Werk Lessings oder irgendeines ›freien Geistes‹, sondern sie ist das Werk eines chiliastischen Pietisten«, schrieb *Fritz Gerlich*, der diese Umformung genauer untersucht hat, und weist mit Recht auf den lutherischen Philosophen Christian August Crusius in Leipzig hin.[34] Crusius war ein Schüler des schwäbischen chiliastischen Pietisten und Bibelauslegers Johann Albrecht Bengel und ein Lehrer Lessings. Als Philosoph vermied er zwar den Ausdruck »das tausendjährige Reich«, aber er war durch die prophetische Bibelauslegung Bengels davon überzeugt, dass der Menschheitsgeschichte ein »göttlicher Heilsplan« zugrunde liege. Das Ziel der Vorsehung ist das universale Friedensreich Christi, auf das alle Entwicklungsstufen der Heilsgeschichte hinweisen. Die Kirche Christi ist im Blick

---

33 E. L. Tuveson, Redeemer Nation. The Idea of America's Millennial Role, Chicago 1968.
34 Es ist das Verdienst von Fr. Gerlich, Der Kommunismus als Lehre vom tausendjährigen Reich, München 1920, 142–179, diesen Umformungsprozess im Einzelnen nachgewiesen zu haben. Seine Marxismusdeutung ist schwächer. Karl Marx hat vermutlich nicht an das »tausendjährige Reich« gedacht. Ernst Bloch ist Fritz Gerlich jedoch in dieser chiliastischen Deutung des »Wärmestroms« im Marxismus gefolgt. Gerlich wurde 1933 von den Nazis im KZ Dachau ermordet.

auf das Reich Christi nur eine »Interimskirche«. Für Crusius kann die moralische Vollkommenheit in der Menschheitszukunft erreicht werden. Darin kommt nicht nur ein moralischer Optimismus zum Ausdruck, sondern auch die apokalyptische Weissagung, dass der Satan für tausend Jahre gebunden wird (Offb 20,2), so dass sich das Gute in der Menschheit ungehindert ausbreiten kann.

G. E. Lessings letzte Schriften »Die Erziehung des Menschengeschlechts« und »Ernst und Falk. Gespräche für Freimaurer«, 1780, gelten als Grundlagenschriften der deutschen Aufklärung.[35] Die »Erziehung« ist eine gelungene Übersetzung der chiliastischen Erwartungen in das Humanitätsideal und den Fortschrittsglauben der Modernen Welt. An die Stelle des göttlichen »Heilsplans« tritt die erziehende Vorsehung, die aus den Fortschritten der Menschheit erkannt werden kann. »Erziehung ist Offenbarung, die dem einzelnen Menschen geschieht; und Offenbarung ist Erziehung, die dem Menschengeschlechte geschehen ist und noch geschieht.« (§ 2) »Die Ausbildung geoffenbarter Wahrheiten in Vernunftwahrheiten ist schlechterdings notwendig, wenn dem menschlichen Geschlechte damit geholfen sein soll. Als sie geoffenbart wurden, waren sie freilich noch keine Vernunftswahrheiten; aber sie wurden geoffenbart, um es zu werden.« (§ 76) Die chiliastischen Wurzeln dieser Verhältnisbestimmung von Offenbarung und Vernunft sind leicht erkennbar: Im Reich Christi ist Christus selbst gegenwärtig, so dass alle ihn erkennen. Die kirchlichen Vermittlungen seiner Gegenwart durch Wort und Sakrament hören auf. In seiner Gegenwart werden alle ihn erkennen und keiner wird die anderen lehren müssen. Lessings »Erziehung« hat zum Ziel, dass alle die

35 G. E. Lessing, Die Erziehung des Menschengeschlechts, Stuttgart 1958.

Wahrheit durch ihre Vernunft erkennen und das Gute von selbst tun.

Lessing nahm als weiteren wichtigen Punkt der chiliastischen Eschatologie auch die Bekehrung Israels auf. In »Nathan der Weise«, 1779, stellt er die drei Religionen Judentum, Christentum und Islam in seiner Ringparabel als gleichwertig dar und relativiert sie auf sein Humanitätsideal:

> »Sind Christ und Jude eher Christ und Jude als Mensch? Ah! Wenn ich einen mehr in euch gefunden hätte, dem es genügt, *ein Mensch zu heißen*!«[36]

Das Humanitätsideal beschrieb nicht nur die Aufklärung der Vernunft, die Reinheit des Herzens und den guten Willen, sondern auch die Verbrüderung der Menschheit. Das war ein altes Freimaurerideal: »Alle Menschen werden Brüder …«, das war aber auch das Ideal der Herrnhuter »Brüdergemeine« des Grafen Zinzendorf in ihrer »philadelphischen Zeit«. Die Missionen in Grönland und Surinam dienten auch der »Brüderlichkeit« aller Menschen.

In der »Erziehung« hat Lessing diese universale Humanitätszukunft durch seine »Drei-Zeitalter-Lehre« begründet: Wer im Fortschritt ist, sieht nur die »Vollendung« vor sich:

> »Sie wird kommen, sie wird gewiss kommen, die Zeit der Vollendung, da der Mensch … das Gute tun wird, weil es das Gute ist, nicht weil willkürliche Belohnungen darauf gesetzt sind.« (§ 85)[37]

---

36 J. Moltmann, Lessing und der religiös »genügsame« Humanist, in: Ders., Der lebendige Gott und die Fülle des Lebens. Auch ein Beitrag zur gegenwärtigen Atheismusdebatte unserer Zeit, Gütersloh 2014, 19–23.
37 Auf dem Grabstein meines freimaurerischen Großvaters Johannes Moltmann steht dieser säkular-chiliastische Spruch.

Er übersetzte die Ideen von Joachim von Fiore in »seine Sprache«:

> »Sie wird gewiss kommen, die Zeit eines neuen, ewigen Evangeliums, die uns selbst in den Elementarbüchern des neuen Bundes versprochen wird.« (§ 86)
> »Vielleicht, dass selbst gewisse Schwärmer des dreizehnten und vierzehnten Jahrhunderts einen Strahl dieses neuen, ewigen Evangeliums aufgefangen hatten, und nur darin irrten, dass sie den Ausbruch desselben so nahe verkündeten.« (§ 87)
> »Vielleicht war ihr dreifaches Alter der Welt keine so leere Grille; und gewiss hatten sie keine schlimmen Absichten, wenn sie lehrten, dass der neue Bund eben sowohl antiquiert werden müsse, als es der Alte geworden. Es blieb auch bei ihnen immer die nämliche Ökonomie des nämlichen Gottes. Immer – sie meine Sprache sprechen zu lassen – der nämliche Plan der allgemeinen Erziehung des Menschengeschlechts.« (§ 88)

Aus Joachims »drittem Reich« des Heiligen Geistes macht Lessing das Zeitalter der Vernunftwahrheiten, die jeder Mensch durch »Aufklärung« erreichen kann. Diese Vernunftwahrheiten leuchten jedem Menschen unmittelbar ein. Aus Joachims Trinitätslehre macht Lessing drei separate und sequente Stufen in der Erziehung des Menschengeschlechts. Aus dem »ewigen Evangelium« (Offb 14,6) macht er die »Zeit der Vollendung«, und aus dem »Heilsplan Gottes« wird der »Plan der allgemeinen Erziehung des Menschengeschlechts«.

Lessing kritisiert an den »Schwärmern«, dass sie sich im Zeitpunkt »irrten«. Sie »übereilten ihn« und wollten »ihren Zeitgenossen, die kaum der Kindheit entwachsen waren, ohne Aufklärung, ohne Vorbereitung, mit eins (zu) Männern machen, die ihres dritten Zeitalters würdig wären« (§ 89). Mit der Aufklärung seiner Zeit, so

Lessing, bricht endlich das neue, ewige Evangelium an: Das »dritte Zeitalter des Menschengeschlechts« beginnt »jetzt« in seiner Gegenwart. Jetzt ist die Zeit gekommen, um vom Glauben zur Vernunft und vom Gehorsam zum selbstgewählten Guten, von der Kirche zum Reich und vom Christentum zur Menschheitsreligion überzugehen. Wie seine frommen Vorgänger im 17. Jahrhundert ihre Zukunft als Wende erwarteten – von der partikularen Interimskirche zum universalen Reich Christi –, so deutete Lessing seine Zeit als Übergangszeit. Die »Zeit der Vollendung«, die jetzt anbrach, sollte auch die Emanzipation der Juden im Menschheitsstaat bringen, wie er in »Nathan der Weise« empfahl.

Und Lessing hatte sich nicht geirrt: Seine Zeit war eine Übergangszeit, ob zum »ewigen Evangelium« oder zur »Dialektik der Aufklärung«, war in seiner Zeit noch nicht ausgemacht.

4.2 Immanuel Kant

Immanuel Kant gilt als Vater und Vordenker der deutschen Aufklärungsphilosophie. In seiner Schrift »Die Religion innerhalb der Grenzen der bloßen Vernunft« von 1793 war er dicht an Lessings Gedanken. Er setzte sich mit den »Wolfenbütteler Fragmenten« auseinander und es finden sich eine Reihe wörtlicher Übereinstimmungen. Aus Lessings geistvollen Einfällen machte er eine ernsthafte Auseinandersetzung mit den Vertretern der chiliastischen Idee in dem »dritten Stück« seiner Religionsschrift »Der Sieg des guten Prinzips über das böse und die Gründung eines Reiches Gottes auf Erden«. Der »Kirchenglaube« vereinigt erst »provisorisch« die Menschen »zur Beförderung des Guten«, doch die »reine Vernunftreligion« ist das Ziel, »damit Gott alles in allem sei«.

»Man kann mit Grunde sagen: ›dass das Reich Gottes zu uns gekommen ist‹, wenn auch nur das Prinzip des allmählichen Übergangs des Kirchenglaubens zur allgemeinen Vernunftsreligion und so zu einem (göttlichen) ethischen Staat auf Erden allgemein und irgendwo auch öffentlich Wurzeln gefasst hat; obgleich die wirkliche Errichtung desselben noch in unendlicher Ferne von uns entfernt liegt.«[38]

Wie Lessing rechnet auch Kant mit drei Zeitaltern: der Kindheit, dem Jünglingsalter und dem reifen Mannesalter, wo »jeder dem Gesetz gehorcht, das er sich selbst vorschreibt, das er aber zugleich als den ihm durch die Vernunft geoffenbarten Willen des Weltenherrschers ansehen muss, der alle unter einer gemeinschaftlichen Regierung unsichtbarerweise in einem Staat verbindet«. Kant nennt es »die neue Ordnung der Dinge«.[39]

Für Kant war die chiliastische Vorstellung von einer Entwicklungsgeschichte des Menschengeschlechts schon selbstverständlich geworden. Er sah über das Allgemeine der »Aufklärung« hinaus in der Französischen Revolution ein »Geschichtszeichen« besonderer Art für die moralische Anlage des Menschengeschlechts zum Besseren. Von einem »verborgenen Plan der Natur« sagte er wörtlich: »Man sieht, auch die Philosophen können ihren Chiliasmus haben.«[40] Dieser liegt für ihn in der »vollkommenen bürgerlichen Vereinigung in der Menschengattung« zu einem »Völkerbund« und einem »Menschheitsstaat«, der »ewigen Frieden« bringen wird.[41] Diese »bürgerliche Vereinigung« ist nicht nur Ziel der Geschichte, sondern der »Endzweck der Schöpfung«.

---

38 I. Kant, Religion innerhalb der Grenzen der bloßen Vernunft, Werke IV, 797. Vgl. J. Christine Janowski, Biblische Spuren und Motive in der Eschatologie I. Kants, in: A. Heit u. a. (Hg.), Kant und die Bibel, Tübingen 2015, 143–196.
39 Kant, Religion, 777.
40 I. Kant, Idee zu einer allgemeinen Geschichte in weltbürgerlicher Absicht, Werke VI, 43.
41 I. Kant, Zum ewigen Frieden, Werke VI, 195–251.

Mit Lessing teilte Kant das endzeitliche Schwellenbewusstsein seiner Gegenwart:

»Fragt man nun: Welche Zeit der ganzen bisher bekannten Kirchengeschichte die beste sei, so trage ich kein Bedenken zu sagen, es ist die jetzige, und zwar so, dass man den Keim des wahren Religionsglaubens, so wie er jetzt in der Christenheit zwar nur von einigen, aber doch öffentlich gelegt worden, nur ungehindert sich mehr und mehr darf entwickeln lassen, um davon eine kontinuierliche Annäherung zu derjenigen, alle Menschen auf immer vereinigende Kirche zu erwarten, die die sichtbare Vorstellung eines unsichtbaren Reiches Gottes auf Erden ausmacht.«[42]

5. MENSCHHEITSPATHOS UND »WEISSE VORHERRSCHAFT«

Kant hat trotz seines Menschheitspathos die menschlichen Rassen getrennt. In seiner Vorlesung über »Physische Geographie« sagt er:

»Die Menschheit ist in ihrer größten Vollkommenheit in der Rasse der Weißen. Die gelben Indianer haben schon ein gerin-

---

42   Kant, Religion, 777. Für K. Barth wurde in Nachfolge Kants die chiliastische Eschatologie für die ethische Frage »Was sollen wir tun?« relevant: »Ohne Chiliasmus, und wenn es auch nur ein Quentchen wäre, keine Ethik.« (K. Barth, Das Wort Gottes und die Theologie, München 1929, 140) »Nicht der eudämonistische Traum eines wiederkehrenden goldenen Zeitalters allgemeiner Glückseligkeit ist der bewegende Sinn der chiliastischen Erwartung, sondern der bewusste Ausblick auf die Wirklichkeit jenes Inbegriffs aller Zwecke, dessen Möglichkeit ja die Frage ist, die in jedem alltäglichen banalen Zweckhandeln verborgen schlummert. Nach Kant ist das ›tausendjährige Reich das Reich der praktischen Vernunft‹, eine Aufgabe, nicht ein Wunschobjekt, ein Ziel, nicht ein Ende des sittlichen Kampfes der christlichen Hoffnung steht hier auf Erden vor Augen: ›Freiheit in Liebe und Liebe in Freiheit als reines direktes Motiv gesellschaftlichen Handelns ... Aufhebung der Ausbeutung und Unterdrückung, Aufhebung der Klassenunterschiede und Ländergrenzen, des Krieges, des Zwanges und der Gewalt überhaupt‹« (a. a. O., 141).

geres Talent. Die Neger sind weit tiefer, und am tiefsten steht ein Teil der amerikanischen Völkerschaften.«

Kultur sei »immer von den Weißen bewirkt worden, und die Hindus, Amerikaner, Neger haben niemals daran Theil gehabt«. Dass die Hautfarbe der Menschen ihre Kulturfähigkeit oder ihren Charakter bewirkt, ist unter Kants Niveau. Er hat es von Anderen oder aus der allgemeinen Meinung in Europa. Aber er hat auch den menschlichen Charakter aus der Männlichkeit oder Weiblichkeit abgeleitet. Er schreibt in seiner »Anthropologie in pragmatischer Hinsicht«:

> »Der Mann ist eifersüchtig, wenn er liebt; die Frau auch, ohne dass sie liebt ... Was die gelehrten Frauen betrifft; so brauchen sie ihre Bücher etwa so wie ihre Uhr, nämlich sie zu tragen, damit gesehen werde, dass sie eine haben.«[43]

Kant lehrte eine »anthropologische Charakteristik: Von der Art, das Innere des Menschen aus dem Äußeren zu erkennen«:

> »Der Deutsche fügt sich unter allen zivilisierten Völkern am leichtesten und dauerhaftesten der Regierung, unter der er ist ... Sein Charakter ist mit Verstand verbundenes Phlegma.«

Es sind populäre Vorlesungen, in denen Kant sich so »rassistisch« und »sexistisch« geäußert hat. Mit seiner »Kritik der reinen Vernunft« hat das nichts zu tun und widerspricht darüber hinaus seiner Vorstellung des Menschen als »Weltbürger«.

---

43 I. Kant, Anthropologie in pragmatischer Hinsicht, PhB 44, Leipzig 1922, 256. Vgl. auch I. Kant, Bestimmung des Begriffs einer Menschenrasse, in: Werke in sechs Bänden, Band VI, Darmstadt 1964, 65–82.

III. ÜBERSICHT: FORT-SCHRITT UND ABGRUND. ERINNERUNGEN AN DIE ZUKUNFT DER MODERNEN WELT

1. DAS JUBILÄUMSJAHR 2000

Was passierte nun eigentlich am 1. Januar 2000: eine »Zeitenwende« mit altdeutscher Schicksalsschwere oder ein neues »Millennium« im Fortschrittsglück der Modernen Welt oder der »Anfang vom Weltende«, oder war es nur ein großartiger postmoderner Silvesterspaß in Berlin, Hamburg, Paris und New York?

Nach normalem Menschenverstand war es eine Nacht wie alle anderen Nächte davor und danach, ohne besondere Bedeutung. Und dennoch liegt ein Zauber auf diesem Jahr 2000 mit den drei Nullen. Welcher? Er hängt am Dezimalsystem, mit dem wir seit Beginn der Modernen Welt die Zeiten messen. Seit dem Beginn der Moderne setzte sich die lineare Zeitrechnung durch, die keine Rücksicht nimmt auf das, was in ihr passiert, sondern immer weiterrechnet. Sie passt zum unaufhaltsamen menschlichen »Fortschritt« von der Vergangenheit in die immer bessere Zukunft. Fortschritt und Rückschritt beherrschen auch unsere Wertesysteme heute. Darum ziehen wir an solchen Zeitenwenden gern Bilanz und ermessen die Gewinne und die Schulden der Fortschritte, die wir gemacht haben. Der Fortschritt selbst steht jedoch nicht in Frage, denn er eilt Jahr für Jahr mit der Zeitrechnung in eine endlose Zukunft – denken wir!

Warum aber das Jahr 2000? Nach dem Dezimalsystem ist offenbar alles ganz wunderbar, was mit Nullen endet, weil wir die Null für eine »runde Zahl« halten, obwohl sie gar keine Zahl ist. Alle zehn Jahre ein Jubiläum, alle hundert Jahre ein Centennial usw. – ob es etwas zu feiern gibt oder nicht. Was ist an der Null attraktiver als an der Sieben oder der Zwölf? Zusammen mit dem Zeichen für »unendlich« ist die »null« erst spät aus Indien über Arabien in unser Zählsystem gekommen.[44] Die Atempause oder der mystische Augenblick, der mit der »Stunde Null«, wie wir sagen, gegeben ist, hat es offenbar in sich. Können wir noch einmal von vorn anfangen, mit der »Nullpunkt-Existenz« sozusagen, die ohne Vergangenheit und frei von Erinnerungen ist? Bei den drei Nullen des Jahres 2000 beginnt ein neues Jahr, ein neues Jahrzehnt und ein neues Jahrhundert und vielleicht sogar ein ganzes Jahrtausend. Das ist faszinierend: vier Neuansätze. Wir gewinnen den Eindruck, die kleinere und größere Zukunft sei offen. Welch eine angenehme Illusion!

Ganz anders sieht es aus, wenn wir uns an dem orientieren, was in der Zeit geschieht, denn das reale Geschehen hält sich gewöhnlich nicht an unsere Zeitrechnung. In welcher Situation befinden wir uns heute nach dem 20. und dem 19. Jahrhundert?

Die Zukunft im 21. Jahrhundert wird durch diese zwei Zeitalter bestimmt, die keineswegs vergangen sind, und diese zwei Zeitalter stellen uns in ungeheure Widersprüche: Da ist das 19. Jahrhundert: Zeitalter der phantastischen Fortschritte auf allen Lebensgebieten, von der Lokomotive zum Flugzeug, vom Telegrafen zum Telefon, von der klassischen Physik zur Relativitätstheorie, Zeitalter der Entdeckungen und Eroberungen. Und hier ist das 20. Jahrhundert: Zeitalter der unvergleichbaren Katast-

---

44 R. Kaplan, Die Geschichte der Null, Frankfurt a. M./New York 2000; (engl.: The Nothing That is: A Natural History of Zero, London 1999).

rophen – Verdun und Stalingrad, Auschwitz und Archipel Gulag, Hiroshima und Tschernobyl mögen als Namen für die unvorstellbaren Menschheitskatastrophen der fortschrittlichen westlichen und Modernen Welt gelten. Beide Zeitalter sind heute präsent: der Fortschritt und die Abgründe. Was einmal möglich wurde, verschwindet nicht wieder aus der Wirklichkeit, sondern bleibt in ihr. Wir globalisieren heute die Fortschrittswelt des Jahrhunderts, und zugleich stehen alle Mittel zur »Endlösung« der Menschheitsfrage durch Massenvernichtungen bereit, die im vorherigen Jahrhundert entwickelt und angewendet wurden.[45]

Ich werde im ersten Teil dieses Kapitels über die »Geburt der Moderne aus dem Geist messianischer Hoffnung« sprechen, um das Zeitalter der *Anfänge ohne Ende* zu verstehen. Im zweiten Teil stelle ich das Zeitalter des *Endes ohne Anfänge* dar, das mit der europäischen »Urkatastrophe« des Ersten Weltkrieges begann. Im dritten Teil frage ich nach der Zukunft der Menschheitshoffnungen: *Am Ende der neue Anfang?*

2. DIE CONQUISTA AMERIKAS UND DIE ENTZAUBERUNG DER NATUR

Die westliche Welt hat vor der Zeit der Aufklärung wenigstens zwei signifikante Ursprünge: erstens die *conquista*, die Entdeckung und Eroberung Amerikas seit 1492, und zweitens die wissenschaftlichtechnische Machtergreifung der Menschen über die Natur.

---

[45] Für eine ähnliche Analyse vgl. Richard Bauckham/Trevor Hart, Hope against Hope. Christian Eschatology in Contemporary Context, London 1999, Chapter 1: The Decline of Secular Hope, 1–26.

Erstens: 1492 wurde der Grundstein zu jener »neuen Weltordnung« gelegt, die noch heute besteht. Mit der Eroberung Amerikas wurde Europa aus einem weltpolitisch peripheren Dasein ins Zentrum der Welt gerückt. 1492 begann die Machtergreifung der Europäer über die Kontinente und Völker. Das war nach Hegel die Geburtsstunde der modernen Welt.[46] Vorher waren die europäischen Mächte im Weltvergleich mit dem osmanischen Reich, dem indischen Mogulreich und dem chinesischen Kaiserreich belanglos. Spanier und Portugiesen, dann Engländer, Holländer und Franzosen haben je für sich Amerika »entdeckt«. Aber was heißt hier schon »entdecken«? Amerika wurde weder entdeckt noch erkannt, sondern in Besitz genommen und nach dem Willen der Eroberer gestaltet.[47] »Amerika«, sagt der mexikanische Historiker Edmundo O'Gorman, »ist eine Erfindung des europäischen Denkens.« Das eigene Leben und die eigenen Kulturen der Azteken, Mayas und Inkas wurden bis heute nicht wahrgenommen, sondern als das Fremde unterdrückt und dem Eigenen zum Opfer gebracht.[48] Inseln, Berge und Flüsse bekamen spanische, meistens christliche Namen. Die Sprachen der eingeborenen Völker wurden verboten. Der Rechtsmythos vom »herrenlosen Gut«, vom »Niemandsland« und »der Wildnis« legalisierte den Raub und die Kolonisation. Mit der Eroberung Amerikas trat auch das Christentum als europäische Religion zur Weltherrschaft an.

46 G. W. F. Hegel, Die Vernunft in der Geschichte. (Phß 171 a), Hamburg 1955, 200: »Amerika ist somit das Land der Zukunft, in welchem sich in vor uns liegenden Zeiten ... die weltgeschichtliche Wichtigkeit offenbaren soll.« Wie belanglos die europäischen Mächte im Weltvergleich um 1492 waren, beschreibt eindrücklich P. Kennedy, The Rise and Fall of the Great Powers, New York 1987.
47 B. Dietschy, Die Tücken des Entdeckens. Ernst Bloch, Kolumbus und die Neue Welt, in: Jahrbuch der Ernst-Bloch-Gesellschaft 1992/93, 234–251.
48 E. Dussel, Von der Erfindung Amerikas zur Entdeckung des Anderen. Ein Projekt der Transmoderne, Düsseldorf 1993. Von älteren Arbeiten ist wichtig: T. Todorov, Die Eroberung Amerikas. Das Problem des Anderen, Frankfurt a. M. 1985.

Zweitens: Die wissenschaftlich-technische Machtergreifung über die Natur ist der andere Grundstein der neuen Weltordnung. In jenem Jahrhundert zwischen Nikolaus Kopernikus und Isaac Newton »entzauberten« – mit Max Weber gesprochen – die neuen empirischen Wissenschaften die Natur und nahmen ihr das göttliche Geheimnis, das bis dahin als »Weltseele«[49] verehrt wurde. Damit fielen die Tabus der Ehrfurcht vor »Mutter Erde« und dem »großen Leben«.[50] Die Naturwissenschaften bringen »Mutter Natur mit ihren Töchtern« zum Menschen – der natürlich der Mann ist –, um diesen zum »Herrn und Eigentümer der Natur« zu machen, wie Francis Bacon und René Descartes in jener Zeit den Vorgang deuteten. Durch Naturwissenschaft und Technik wird die in Aberglauben und Götzendienst verloren gegangene »Gottebenbildlichkeit« des Menschen wiederhergestellt und damit seine »Herrschaft über die Erde« (dominium terrae) etabliert, die der Herrschaft Gottes über Himmel und Erde entspricht. Auch hier wurden und werden »Entdeckungen« gemacht und bis heute mit dem Namen des »Entdeckers« bezeichnet – neuerdings zwecks wirtschaftlicher Ausbeutung sogar patentiert, wie der Genomforscher Craig Venter, der sich das menschliche Genom mit Tausenden von Patenten zu eigen machen will, obwohl er es nicht »erfunden« hat. Denn das naturwissenschaftliche Entdecken hebt nicht nur unsere Unwissenheit auf, sondern macht uns auch zu Subjekten dieser Objekte. Naturwissenschaftliche Vernunft wurde seitdem zur »instrumentellen Vernunft« (Max Horkheimer), d.h.

---

49 Zur Vorstellung der »Weltseele« siehe H. R. Schlette, Weltseele. Geschichte und Hermeneutik, Frankfurt a. M. 1993.
50 C. Merchant, The Death of Nature. Women, Ecology and the Scientific Revolution. San Francisco 1989; M. Suutala, Zur Geschichte der Naturzerstörung. Frau und Tier in der wissenschaftlichen Revolution, Frankfurt a. M. 1999.

zur Vernunft mit dem erkenntnisleitenden Interesse an Macht und Nutzen. Sie verdrängte die antike Vorstellung von der Vernunft als einem vernehmenden Organ und der phronesis, die Wissen mit Weisheit verbindet. Nach Immanuel Kants Rationalisierung der naturwissenschaftlichen Vernunft »sieht« die Vernunft nur noch das »ein, was sie selbst nach ihrem eigenen Entwurf hervorbringt«, indem sie »die Natur nötigt, auf ihre Fragen zu antworten«. »Wissen ist Macht« und naturwissenschaftliches Wissen ist Macht zuerst über die Natur, dann über das Leben, heute über die Zukunft. Aus Naturwissenschaft und Technik gewann Europa jenes Verfügungswissen, um aus den Ressourcen der kolonisierten Welten seine weltumspannende Zivilisation aufzubauen. Mit zunehmender Globalisierung wurde aus der Christlichen Welt die Westliche Welt und aus der Westlichen Welt die Moderne Welt, der man ihre historischen Ursprünge nicht mehr ansieht, weil sie in Tokyo, Singapur, Chicago und jetzt auch Frankfurt a.M. und Berlin überall gleich aussieht.

3. DIE VISION DER »NEUEN WELTORDNUNG«

Welche Hoffnungen motivierten die europäische Entdeckung der Welt? Es war die Vision der »neuen Welt«. Kolumbus suchte offenbar sowohl den Gottesgarten Eden wie die Goldstadt Eldorado.[51] »Gott und Gold« waren denn auch die stärksten Triebkräfte der *conquista*.[52] Das Gold sollte nicht nur der persönlichen Bereicherung dienen, sondern auch, wie Kolumbus' Tagebuch verrät,

---

51 E. Bloch, Das Prinzip Hoffnung, Frankfurt a. M. 1959, 873 ff.; Eldorado and Eden.
52 G. Gutierrez, Gott und Gold. Der befreiende Weg des Bartolomé de Las Casas, Freiburg i. Br. 1990.

der Rückeroberung Jerusalems. Denn nach Joachim von Fiores Weissagung wird »aus Spanien kommen, der die Arche nach Zion zurückbringen wird«. Warum ausgerechnet Jerusalem? Weil die heilige Stadt die Hauptstadt des Tausendjährigen Reiches Christi sein soll, mit dem die Weltgeschichte vollendet wird. Und warum die Spanier? Nach der Politischen Theologie der spanischen Staatstheologen, der sog. Quintomonarchianer, ist die christliche Weltmonarchie nichts Geringeres als die »fünfte Monarchie«, die nach Daniel 7 die vier bestialischen Weltmonarchien, zuletzt die römische, ablösen wird.[53] Sie ist das Reich des Menschensohns, in welchem die Heiligen des Höchsten die Welt beherrschen und die Völker richten werden. Mit dem »Stein Daniels« (Dan 2) oder mit dem »Feuer von oben« (Dan 7) werden alle anderen Weltreiche zerstört, bis endlich die Menschheit »eine Herde unter einem Hirten« ist. Nach dem »Messianismus in den iberischen Kulturen« wird diese christliche Weltmonarchie bis ans Ende der Geschichte dauern. Sie ist die »neue Weltordnung«, wie die Spanier lange vor der Gründung der USA sagten. Das ist im messianischen Sinne »Die Neue Welt«. Das ist der »messianische Glaube unserer Väter« und die »neue Weltordnung«, die jeder US-Präsident in seiner Inauguralrede beschwört.[54] Die USA haben die beiden Weltkriege entschieden und waren nach dem Zerfall des Sowjetimperiums sogar die einzige bestehende Supermacht. Mit gewissem Recht nannte Henry Luce das 20. Jahrhundert darum »das amerikanische Jahrhundert«.

---

53 M. Delgado, Die Metamorphosen des Messianismus in den iberischen Kulturen. Eine religionsgeschichtliche Studie, Immensee 1994, 39–50.
54 Vgl. E. L. Tuveson, Redeemer Nation. The Idea of America's Millennial Rule, Chicago 1968.

4. DIE VISION DER »NEUZEIT«

Welche Hoffnungen motivierten die moderne Zivilisation in der »alten Welt«? Es war und ist die Vision der »Neuzeit«.

Der mobilisierende und orientierende Deutungsrahmen für den Aufstieg Europas zur Weltherrschaft ist in zwei Symbolen der Zukunftshoffnung zu erkennen: erstens der Erwartung einer Vollendung der Geschichte im »Tausendjährigen Reich«, in welchem Christus mit den Seinen herrschen und die Völker richten wird, und zweitens in der Erwartung einer Vollendung der Geschichte im »Dritten Reich« des Geistes, welches nach der Prophetie Joachim von Fiores das Reich des Vaters und das Reich des Sohnes ablösen und vollenden soll. Beide Geschichtserwartungen nennt man »chiliastisch« oder »millennaristisch«, ihre Motivierung der Gegenwart »messianisch«.[55] Es ist ihnen gemeinsam, dass dort, wo sie wirksam werden, nicht mehr die Vergangenheit über die Gegenwart herrscht wie in den traditionellen Gesellschaften, sondern die Zukunft die Priorität in der Zeiterfahrung erhält. Damit wird die »moderne Gesellschaft« geboren. Beiden gemeinsam ist ferner, dass sie die geschichtliche Zukunft in einer Vollendung der Geschichte sehen, nicht in einer Katastrophe, welche die Geschichte abbricht. Damit wird in der Tat die Vergangenheit zum »Prolog der Zukunft«, und die Zeiten lassen sich auf ihre Vollendung hin in Stufen oder Fortschritte gliedern. »Einem Kompass vergleichbar, der uns im Raum Orientierung gibt und uns befähigt, ihn zu erobern, gibt der eschatologische Kompass Orientierung

---

55   Dazu ausführlicher J. Moltmann, Das Kommen Gottes. Christliche Eschatologie, Gütersloh 1995, Kapitel III: Geschichtliche Eschatologie.

in der Zeit, indem er auf das Reich Gottes als das letzte Ziel und Ende hinweist.«[56]

Seit dem 17. Jahrhundert gingen Wellen chiliastischer, messianischer und apokalyptischer Hoffnungen durch Europa.[57] Wir finden sie im jüdischen Messianismus des Sabbatai Zwi, in der puritanischen Apokalypse bei Oliver Cromwell, in der »prophetischen Theologie« der Holländer und in der »Erwartung zukünftiger besserer Zeiten« im beginnenden deutschen Pietismus bei Amos Comenius, Philip Jakob Spener und den Württembergern Johann Albrecht Bengel und Friedrich Oetinger. Sie alle verschmolzen die Hoffnung auf das in Bälde anbrechende Millennium Christi mit der antiken Erwartung des »Goldenen Zeitalters«, das nach Vergil das »eiserne Zeitalter« ablösen soll. Solche Enderwartungen hat es im Christentum immer gegeben. Mit dem Beginn der Moderne im 17. Jahrhundert aber entsteht die neue Zeitansage: *Jetzt* ist die Zeit der Erfüllung gekommen, *heute* kann diese Hoffnung verwirklicht werden. Nach »Altertum«

---

56 K. Löwith, Weltgeschichte und Heilsgeschehen. Die theologischen Voraussetzungen der Geschichtsphilosophie, Stuttgart 1953, 26. Löwith wollte nachweisen, dass der moderne Fortschrittsglaube eine Säkularisierung der christlichen Eschatologie darstellt. Er hat aber nicht erkannt, dass es sich dabei nur um die Säkularisierung des christlichen Chiliasmus, nicht aber der ganzen christlichen Eschatologie handelt. Nur wenn man auf eine »Vollendung« der Weltgeschichte hofft, kann man von ihren »Fortschritten« sprechen. Löwith hat die christliche Apokalyptik nicht beachtet, in der man die Kehrseite des christlichen Chiliasmus sehen muss. Darum heißt sein Buch auch nicht »Weltgeschichte und Unheilsgeschehen«, obgleich diese Zusammenstellung nach 1945 doch viel plausibler gewesen wäre.

57 Siehe J. Taubes, Abendländische Eschatologie (1947), München 1991. Da er nur deutsche Quellen bearbeitet, weise ich hin auf R. Bauckham, Tudor Apocalypse. Sixteenth Century Apocalyticism, Millennarism and the English Reformation. From John Bale to John Foxe and Thomas Brigthman, Oxford 1975. Marjorie Reeves, Joachim of Fiore and the Prophetie Future, London 1976, zeigt, wie stark auch der englische Protestantismus und die englische Aufklärung von Joachims messianischem Geist beeinflusst waren. Von beträchtlicher Wirkung war nicht zuletzt das Buch des Oberrabbiners von Amsterdam Manasseh ben Israel (Spes Israelis. 1650), das Oliver Cromwell gewidmet war und die Wiederzulassung der Juden auf den Britischen Inseln bewirkte. Dazu: A. Zakai, Exile and Kingdom. History and the Apocalypse in the Puritan Migration to America, Cambridge 1992; ders., From Judgement of Salvation. The Image of the Jews in the English Renaissance, in: WTJ 59 (1997), 213–230.

und »Mittelalter« beginnt jetzt die »Neuzeit«, das ist die Vollendungszeit. Jetzt wird die Weltgeschichte vollendet. Jetzt wird die Menschheit vollkommen. Jetzt beginnt der Fortschritt ungehindert auf allen Gebieten des Lebens, es wird keine qualitativen Umbrüche mehr geben.

Lessings berühmte Abhandlung »Die Erziehung des Menschengeschlechts« aus dem Jahr 1777 wurde zur Grundlagenschrift der deutschen Aufklärung. Lessing fühlte sich als Prophet des von Joachim von Fiore angesagten »Dritten Zeitalters des Geistes«. »Es kommt die Zeit«, in der jeder Mensch die Wahrheit selbst, ohne Vermittlung der Kirche, erkennt und das Gute tut, weil es das Gute ist, nicht aus Furcht vor Strafen. Diese »Neuzeit« beginnt »jetzt« mit dem Übergang von Menschen aus dem »historischen Kirchenglauben« zum »allgemeinen Vernunftglauben«. Gottes historische Offenbarung wird zur Verheißung dessen, was Menschen jetzt selbst erkennen können. Gottes verborgene »Vorsehung« wird zum offenbaren pädagogischen Erziehungsplan für die aufsteigende und vorwärtsstrebende Menschheit.[58]

Auch bei Immanuel Kant finden wir dieses chiliastische Pathos des Übergangs der Menschheit in die Neuzeit des reinen Vernunftglaubens.[59] Die Französische Revolution, für fromme Christen und Juden ein Zeichen der Apokalypse des Antichristen, war für ihn ein »Geschichtszeichen« für die Entwicklung des Menschengeschlechts zum Besseren. Was man einst »Reich Gottes« nannte, wurde für Kant zum Symbol für das ethische Ziel, dem sich die Menschheit unendlich annähern sollte. Dazu gehört auch

---

58 K. Aner, Die Theologie der Lessingzeit, Halle 1929; W. Philipp, Das Werden der Aufklärung in theologiegeschichtlicher Sicht, Göttingen 1957.
59 I. Kant, Das Ende aller Dinge (1794); Ob das menschliche Geschlecht im beständigen Fortschreiten zum Besseren sei? (1798). In »Idee zu einer allgemeinen Geschichte in weltbürgerlicher Absicht« (1784) schreibt er: »Man sieht: die Philosophie könne auch ihren Chiliasmus haben« (Achter Satz).

seine Vision von der »vollkommenen bürgerlichen Vereinigung in der Menschengattung« zu einem »Völkerbund«, der »ewigen Frieden« garantieren wird. Denn Frieden ist die Verheißung der Menschenrechte.

Beachtet man diesen Messianismus der Neuzeit in Europa, dann wundert es nicht, dass für Kant die religiöse Frage nicht heißt: Was verbindet uns mit dem Ursprung in der Vergangenheit? Oder: Was gibt uns Halt in der Ewigkeit? Sondern: *Was darf ich hoffen?* Allein eine Zukunft, auf die man »hoffen darf«, kann dem Leben in der geschichtlichen Zeit den geschichtlichen Taten und Leiden Sinn geben: »Ende gut – alles gut«. »Zukunft« in diesem pathetischen, religiös aufgeladenen Sinn wurde für die moderne Welt zum neuen Paradigma der Transzendenz.

Das 19. Jahrhundert, das nach den markanten Zäsuren in Europa 1789 begann und 1914 endete, war ein Zeitalter der Anfänge, der Utopien und der Revolutionen. Was früher nur erhofft werden konnte, sollte jetzt »verwirklicht« werden. Zum ersten Mal sah man die Alternativen zum bestehenden schlechten Zustand der Welt nicht im Jenseits, sondern im zukünftigen Diesseits, nicht in einer anderen Welt, sondern in den realen Veränderungen dieser Welt.

Aus der Französischen Revolution entstand die demokratische Vision der Volkssouveränität auf der Basis der Menschen- und Bürgerrechte und das große Versprechen »Freiheit, Gleichheit, Brüderlichkeit« (die »Schwesterlichkeit« musste später hinzugefügt werden). Aus England kam die industrielle Revolution, Schwester der demokratischen Revolution,[60] mit dem Versprechen allgemeinen Wohlstands und des größten Glücks für die größtmögliche

---

[60] Diese These hat im Blick auf Hegel schon Joachim Ritter vertreten in: ders.: Hegel und die französische Revolution, Köln-Opladen 1957.

Zahl von Menschen. Die sozialistische Revolution sollte die demokratische Revolution durch die »klassenlose Gesellschaft« im »Reich der Freiheit« vollenden, das sich auf dem industriellen »Reich der Notwendigkeit« aufbaut.

Durch immer neue wissenschaftliche Entdeckungen und technische Erfindungen beflügelt, vertraute das Fortschrittsbewusstsein auf einen *Anfang ohne Ende.* Große Geschichtstheorien, wie die von Auguste Comte, Hegel und Marx, stellten die geschichtlichen Fortschritte in das Licht der Weltvollendung, während die europäischen Großmächte sich den Rest der Welt in ihren Kolonialreichen aufteilten, sicher mit der bösen Absicht, die Welt zu beherrschen, aber auch mit der wohlgemeinten Absicht, der Erziehung und Entwicklung der rückständigen, unterentwickelten Menschheit zu dienen.

Durch das ganze 19. Jahrhundert pflegten die gebildeten Schichten in Europa den Traum der moralischen Verbesserlichkeit der Menschen. Dieser moralische Optimismus hatte auch eine alte chiliastische Voraussetzung. Nach der geheimen Offenbarung 20,2–4 wird im Tausendjährigen Reich Christi der »Satan für 1000 Jahre gebunden«, so dass sich das Gute ungehindert ausbreiten kann. Um das Jahr 1900 erschien die Erfüllung dieser europäischen Großmachtträume in greifbarer Nähe: Nach dem Boxer-Aufstand gingen sie daran, sich das letzte noch unabhängige Land, China, aufzuteilen. Alle christlichen Missionen stürzten sich auf das angeblich rückständige Volk der Chinesen mit der endzeitlichen Hoffnung der »Evangelisierung der Welt in dieser Generation« (John Mott). Die Signatur dieses Zeitalters waren Fortschritt und Evolution, Wachstum und Expansion, Utopien und Revolutionen der Hoffnung.

5. DAS ZEITALTER DER TRÜMMER: »DER ENGEL DER GESCHICHTE«

Eines der bewegendsten Symbole für den Umschlag vom hoffnungsvollen Fortschritt zu den grauenhaften Katastrophen der Modernen Welt stammt von Walter Benjamin. Es ist sein Engel der Geschichte:

> »Es gibt ein Bild von Klee, das Angelus novus heißt. Ein Engel ist darauf dargestellt, der aussieht, als wäre er im Begriff, sich von etwas zu entfernen, worauf er starrt. Seine Augen sind aufgerissen, sein Mund steht offen, und seine Flügel sind ausgespannt. Der Engel der Geschichte muss so aussehen. Er hat das Antlitz der Vergangenheit zugewendet. Wo eine Kette von Begebenheiten vor uns erscheint, da sieht er eine einzige Katastrophe, die unablässig Trümmer auf Trümmer häuft und sie ihm vor die Füße schleudert. Er möchte wohl verweilen, die Toten wecken und das Zerschlagene zusammenfügen. Aber ein Sturm weht vom Paradies her, der sich in seinen Flügeln verfangen hat und so stark ist, dass der Engel sie nicht mehr schließen kann. Dieser Sturm treibt ihn unaufhaltsam in die Zukunft, der er den Rücken kehrt, während der Trümmerhaufen vor ihm zum Himmel wächst. Das, was wir Fortschritt nennen, ist dieser Sturm.«[61]

Wo finden wir diese »Trümmer auf Trümmer«, die unser Fortschritt in der Geschichte hinterlassen hat?

Erstens: Die schöne messianische Oberseite der europäischen Geschichte hat ihre hässliche apokalyptische Unterseite. Der siegreiche Fortschritt der europäischen Völker im 19. Jahrhundert hat zum verlustreichen Rück-

---

61 W. Benjamin, Illuminationen. Ausgewählte Schriften, Frankfurt a. M. 1961, 272f.; dazu G. Schalem, Walter Benjamin und sein Engel Frankfurt a. M. 1983; St. Moses, Der Engel der Geschichte. Franz Rosenzweig, Walter Benjamin, Gershom Scholem, Frankfurt a. M. 1994.

schritt der anderen Völker geführt. Die Moderne Welt ist nur zu einem Drittel die moderne erste Welt, zu zwei Dritteln ist sie die moderne dritte Welt. Die »Neuzeit« hat beide produziert, die Moderne und die Submoderne, wie ich sie nennen möchte. Für die unterdrückten, lange Zeit versklavten, in jedem Fall ausgebeuteten Völker der Dritten Welt ist der Messianismus der europäischen Neuzeit nie etwas anderes gewesen als die Apokalypse ihrer Vernichtung. Erst die massenhafte Versklavung der Afrikaner von 1496 bis 1888 hat die koloniale Latifundienwirtschaft in Amerika möglich gemacht. Zucker, Baumwolle, Kaffee und Tabak galten als »Sklavenernten«. Erst das Gold und das Silber aus Lateinamerika haben die Kapitalien geschaffen, mit denen die Industriegesellschaft Europas aufgebaut wurde.[62] Aus dem transatlantischen »Dreieckshandel« – Sklaven aus Afrika nach Amerika, Rohstoffe und Edelmetalle aus Amerika nach Europa, Waren und Waffen aus Europa nach Afrika – erwuchs der Reichtum der europäischen Länder. Aber er zerstörte durch Menschenhandel die Reiche und Kulturen in Afrika und durch Exportwirtschaft die Subsistenzwirtschaft in Amerika und brachte die Völker dort der europäischen Entwicklung zum Opfer.

Zweitens: Nicht viel anders ist es der Natur der Erde ergangen. Der Beginn der modernen Industriegesellschaft war auch der Anfang vom »Ende der Natur«.[63] Die Ausbreitung der wissenschaftlich-technischen Zivilisation, wie wir sie bisher kennen, hat zur Ausrottung von immer mehr Arten von Pflanzen und Tieren geführt. Durch die

---

[62] Dafür immer noch grundlegend: E. Galeano, Die offenen Adern Lateinamerikas. Die Geschichte des Kontinents von der Entdeckung bis zur Gegenwart. Erw. Neuauflage, Wuppertal 1981. Zur Geschichte der Sklaverei: D. P. Mannix/M. J. Cowley, Black Cargoes. A History of the Atlantic Slave Trade, New York 1962.

[63] W. Leiss, The Domination of Nature, New York 1972; B. McKibben, The End of Nature, New York 1989.

Abgase der Industrie entsteht jener »Treibhauseffekt«, der das Erdklima in den nächsten Jahren folgenschwer verändern wird. Regenwälder werden abgeholzt, Wiesen überweidet, die Wüsten wachsen. Die Weltbevölkerung hat sich in den letzten 60 Jahren – meiner Lebenszeit – vervierfacht und wird weiter wachsen. Lebensmittelbedarf und Müllausstoß werden proportional wachsen. Die Ökosysteme des blauen Planeten geraten aus der Balance. Es handelt sich nicht nur um eine Krise der natürlichen Umwelt, sondern auch um eine Krise der industriellen Welt selbst. Die Zerstörung der Natur, die wir täglich mit eigenen Augen sehen, gründet in einem gestörten Verhältnis der modernen Menschen zur Natur: Es ist nicht möglich, sich zum Herrn und Eigentümer der Natur zu machen, wenn man selbst nur ein »Teil der Natur« und auf diese angewiesen ist. Die moderne Herrschaftskultur hat ihre eigene Unterseite produziert, die durch das Verschwinden der natürlichen Lebensräume deren Katastrophe anzeigt. Hier sind Benjamins »Trümmer auf Trümmer gehäuft« klar zu erkennen: Sehen wir auf die Entwicklung der neuesten Industrieprodukte, bekommen wir Fortschrittsgefühle, sehen wir die wachsenden Müllhalden in Erde, Meer und Luft, dann beschleichen uns Katastrophenängste. Rechtfertigt unser Fortschritt diese Opfer?

Drittens: Im Ersten Weltkrieg 1914–1918 zerstörten sich die europäischen, christlichen Großmächte gegenseitig. Es war ein Vernichtungskrieg ohne erkennbare Kriegsziele auf irgendeiner Seite, Symbol dafür wurde die Schlacht um Verdun 1916.[64] Sie sollte nach deutscher Vorstellung eine »Abnutzungsschlacht« werden. Der Vernichtungsgedanke beherrschte das militärische Denken

---

64 G. Werth, Verdun. Die Schlacht und der Mythos, Bergisch Gladbach 1982, 53.

der deutschen Heeresführung, nicht die Hoffnung auf den Sieg. Nach sechs Monaten gab es über 600.000 Tote und fast keine Geländegewinne oder -verluste. Die Deutschen begannen den Gaskrieg und gewannen nichts. Aus der patriotischen Kriegsbegeisterung 1914 wurde die nackte Bestialität des reinen Nihilismus. »The lamps are going out all over Europe«, sagte 1914 der englische Außenminister Edward Grey, »and we shall not see them lit again in our lifetime.« Damit gingen auch die Lichter der Aufklärung und des glorreichen Fortschritts in eine bessere Welt aus. Es war, als ob sich der Fortschritt gegen sich selbst gekehrt habe und seine eigenen Kinder auffraß. Was wir im 20. Jahrhundert erlitten haben, ist Apokalypse ohne Hoffnung, Vernichtung ohne Rechtfertigung, pure Lust an Folter, Vergewaltigung und Mord. Der »Untergang des Abendlands« wurde in Europa mit dem Trieb zur Selbstzerstörung betrieben. Das Zeitalter, das 1914 begann und dessen Ende wir nicht kennen, wurde zum »age of anxiety« (W. D. Auden).

Der Zweite Weltkrieg 1939–1945 setzte das nihilistische Vernichtungswerk der modernen Welt fort. Getarnt unter den missbrauchten Hoffnungssymbolen vom »Dritten« oder »Tausendjährigen Reich« wurde in Deutschland die »Endlösung der Judenfrage« in Auschwitz betrieben und die sogenannten »Ostvölker« durch Arbeit und Hunger ausgerottet. Die Selbstzerstörung Deutschlands wurde 1945 mit zynischen Bemerkungen seines »Führers« quittiert. Es begannen die Völkervertreibungen, denen Millionen zum Opfer fielen. Japan wurde im August 1945 mit zwei Atombomben, die Hunderttausende auf der Stelle töteten, bestraft. Die nackte, d. h. keiner Legitimation bedürftige Gewalt und die rücksichtslose »Macht der Durchsetzung« wurden im faschistischen Diktatorenkult gefeiert. In der Sowjetunion vernichtete Stalin ganze

Klassen und Bevölkerungen zunächst durch Hunger, dann durch Erschießung, Arbeit und Krankheit in seinem »Archipel Gulag«. Mao Tse-tung übernahm diesen Partei- und Staatsterrorismus von oben. Zahlreiche kleinere Machtmenschen lernten den Mord an der eigenen Bevölkerung von ihnen. »Ethnische Säuberung« heißt das Unwort dieser Jahre. Der Rückfall in längst überwunden geglaubte Formen persönlicher Grausamkeit gegen Schwächere auf dem Balkan, in Afrika und jetzt auch in Deutschland ist erschreckend. Es wäre zynisch, heute noch von moralischen Fortschritten der Menschheit durch Zivilisation zu sprechen. Hitler und Stalin und alle ihre willigen Helfer haben uns von der ungebrochenen Macht des »radikal Bösen« überzeugt. Darum halten wir Weltuntergangsszenarien, Zerstörungsphantasien und »Apocalypse now«-Filme für realistischer als die schönen Hoffnungsbilder des 19. Jahrhunderts vom goldenen Zeitalter und ewigen Frieden.

Das 20. Jahrhundert hat keine neuen Ideen, Visionen oder Utopien in die Welt gebracht, die der Geschichte einen Sinn geben könnten. Die Leichenfelder der Geschichte, die wir gesehen haben, verbieten jede Sinngebung und jede Theodizee, jede Fortschrittsideologie und jede Globalisierungslust. Der Fortschritt hat in diesem Jahrhundert Trümmer und Opfer zurückgelassen, und keine geschichtliche Zukunft macht diese Leiden wieder gut. Keine bessere Zukunft kann uns versichern, dass ihre Leiden »nicht umsonst« gewesen sind. Eine totale Sinnunfähigkeit angesichts der Geschichte ist im 20. Jahrhundert an die Stelle der Zukunftsgläubigkeit des 19. Jahrhunderts getreten. Wenn die Errungenschaften von Wissenschaft und Technik zur Vernichtung der Menschheit eingesetzt werden können – und wenn sie es können, werden sie es auch einmal –, fällt es schwer, sich für Internet oder Gentechnologie zu begeistern. Jede Akkumulation von Macht akkumuliert auch die Gefahr ihres Missbrauchs. So viel aber sollte uns das 20. Jahrhundert im Rückblick auf das 19. Jahrhundert gelehrt haben: Es ist unmöglich, die Geschichte in der Geschichte zu vollenden. Keine geschichtliche Zukunft trägt das Potenzial dazu in sich. Und es ist unmöglich, die Geschichte zu vollenden, wenn man selbst als Mensch nur ein geschichtliches Wesen ist.

6. DER ENGEL DER AUFERSTEHUNG: IM ENDE – DER NEUE ANFANG

Ich nenne die Hoffnungen, die in die Zukunft des nächsten Jahrtausends weisen, Brücken in die Zukunft, weil sie über den Abgründen der Vernichtung gebaut werden müssen, die wir im 20. Jahrhundert erfahren haben. Es sind praktisch dieselben Hoffnungen, die im 19. Jahrhundert die Moderne Welt ins Leben gerufen haben – die demokratische und die industrielle Revolution –, aber es sind heute Hoffnungen, die aus bösen Erfahrungen klug geworden sein müssen. Sie werden nicht mehr so fortschrittsgläubig und risikoblind sein wie damals, als sie das Licht der Welt erblickten. Sie werden heute Hoffnung mit Vorsicht und Rücksicht sein müssen. Subjektiv ausgedrückt: Hoffen und Arbeiten für die Zukunft ohne Hochmut und ohne Verzweiflung. Mit den Menschheitshoffnungen des 19. Jahrhunderts existieren wir auf den Massengräbern des 20. Jahrhunderts. Ob wir uns hoffnungsfroh oder skeptisch dem nächsten Millennium zuwenden, wir brauchen eine Versöhnung mit der Vergangenheit des 20. Jahrhunderts, damit dieses Jahrhundert für uns zur Vergangenheit wird und uns mit seinen Katastrophen nicht immer wieder einholt.

Bevor ich auf die Anknüpfungen der säkularen Hoffnungen an das 19. Jahrhundert im Angesicht des 20. Jahrhunderts eingehe, möchte ich noch einmal auf Walter Benjamins »Engel der Geschichte« zurückkommen: Er sieht vor sich in der Vergangenheit »Trümmer auf Trümmer« sich häufen, der »Trümmerhaufen« der Geschichte wächst vor seinen weit aufgerissenen Augen zum Himmel: Er ist erstarrt, denn der »Sturm vom Paradies her« hat sich in seinen Flügeln verfangen, so dass er sie nicht mehr schließen kann. Was aber wollte dieser Engel eigentlich tun? Wozu ist er gesandt? »Er möchte verweilen, die Toten wecken und das Zerschlagene zusammenfügen.« Das aber kann er nicht, solange sich jener Sturm in seinen Flügeln verfangen hat. Dieser »Sturm« ist das, »was wir Fortschritt nennen«, sagt Benjamin. Im Umkehrschluss gesprochen: Wenn wir diesen Sturm unterbrechen und vom Wind des Fortschritts ablassen könnten, dann könnte der Engel die Toten erwecken und das Zerschlagene zusammenfügen – und wir könnten uns ihrer erinnern und unsere Erinnerungen heilen.

Das biblische Bild, das dahintersteht, findet sich in Ezechiel 37: Israels Auferstehung und Wiedervereinigung. Der Prophet wird im Geist des Herrn auf das »weite Feld, das voller Totengebeine lag, geführt«. Das ist der Blick zurück in die Leidensgeschichte Israels. Und die Gebeine »waren sehr verdorrt«. Dann hört der Prophet die Stimme: »Siehe, ich will einen Odem (Ruah, Lebenskraft) in euch bringen und ihr sollt wieder lebendig werden, und du sollst zu dem Odem sagen: ›Wind, komm herzu aus den vier Winden und blase diese Getöteten an, dass sie wieder lebendig werden.‹« Nachdem er diese Vision von der Auferweckung der Toten erfahren hat, geht der Prophet zu seinem Volk und verkündet: »Jetzt sprechen sie: ›Unsere Gebeine sind verdorrt und unsere Hoffnung ist verloren. Es ist aus mit uns‹ ... Der Herr aber spricht: ›Ich will meinen Geist in euch geben, damit ihr wieder leben sollt, und will euch in euer Land setzen.‹« (Ez 37,11.14)

»Die Toten erwecken und das Zerschlagene zusammenfügen«, das ist eine Zukunftshoffnung für die Vergangenheit. Es gibt keine geschichtliche Zukunft, in der das geschehen könnte. Es muss eine Zukunft für die ganze Geschichte sein und darin eine transzendente Begründung haben. Denn sterbliche Menschen werden die Toten nicht erwecken, und die es zerschlagen haben, werden das Zerschlagene nicht zusammenfügen können. Um inmitten der Trümmer und der Opfer leben zu können, ohne sie zu verdrängen und ohne sie wiederholen zu müssen, brauchen wir diese transzendente Hoffnung der Totenauferweckung und der Heilung des Zerschlagenen. Aufgrund der Auferweckung des zerschlagenen Christus ist christliche Zukunftshoffnung im Kern Auferstehungshoffnung. Ohne Hoffnung für die Vergangenheit gibt es keine Hoffnung für die Zukunft, denn was wird, das vergeht, was geboren wird, das stirbt, und was noch nicht ist, wird einmal nicht mehr sein.[65] Auferstehungshoffnung ist nicht auf eine Zukunft in der Geschichte ausgerichtet, sondern auf die Zukunft für die Geschichte, in der die tragischen Dimensionen der Geschichte und der Natur aufgelöst werden.

7. AUFERWECKUNG DER TOTEN: ZUKUNFT FÜR DIE VERGANGENHEIT

Wird die Zukunft der Geschichte durch Auferweckung der Toten bestimmt, dann begegnet uns in ihr aber auch

---

[65] Auf einer »Ontologie des Noch-Nicht-Seins« (Ernst Bloch, Philosophische Grundfragen. Band 1, Frankfurt a. M. 1961) kann man keine bleibende Hoffnung gründen.

unsere eigene Vergangenheit. Unter den Toten begegnen uns auch die Gefallenen, Vergasten, Ermordeten und »Verschwundenen«: Die Toten von Verdun, Auschwitz, Stalingrad und Hiroshima erwarten uns. Nur wer sich erinnert, kann dieser Zukunft ins Auge sehen, die »Auferweckung der Toten« heißt. Und nur wer in diese Zukunft blickt, vermag sich der Vergangenen wirklich zu erinnern und in ihrer Gegenwart zu leben. Eine »Kultur der Erinnerung«, nach der heute viele fragen, muss getragen sein von einer »Kultur der Hoffnung«, denn ohne Hoffnung auf eine Zukunft der Vergangenheit und der Vergangenen versinkt das Erinnern in Nostalgie und zuletzt in ohnmächtiges Vergessen oder hält das Erinnerte so fest, dass es nicht mehr von ihm loskommt, weil es nicht loslassen kann. »Erinnern beschleunigt die Erlösung«, steht auf dem Yad Vashem in Jerusalem geschrieben. »Die Toten sind tot, aber wir wecken sie auf«, sagte Leopold von Ranke vom Historiker. »Wir gehen mit ihnen um ›Aug in Auge‹. Sie fordern die Wahrheit von uns.«[66]

Der Sturmwind, den wir »Fortschritt« nennen, bläst, wenn wir Benjamin mit Ezechiel vergleichen, in die entgegengesetzte Richtung. Er bläst »vom Paradies«, sagt Benjamin, d. h. er vertreibt die Menschen immer weiter aus ihrer ursprünglichen Heimat. Der Auferweckungssturm bläst nicht von der Vergangenheit in die Zukunft, sondern von der Zukunft in die Vergangenheit und bringt das Unwiederbringliche wieder: die Toten, und heilt das unheilbar Zerschlagene: die Trümmer. Wir spüren ihn schon im Pfingstgeist, der uns lebendig macht, durch die »Kräfte der zukünftigen Welt« (Hebr 6,5).

---

66 R. Wittram, Das Interesse an der Geschichte. Zwölf Vorlesungen über Fragen des zeitgenössischen Geschichtsverständnisses, Göttingen 1958, 32.

Wie verhalten sich diese beiden Stürme – »Fortschritt« und »Auferweckung« – zueinander? Wie lassen sich die transzendente Hoffnung auf Gott mit den immanenten Hoffnungen von Menschen verbinden? Ich glaube: im Gegensinn.[67] Weil und sofern die Auferstehungshoffnung Zukunft für die Vergangenen sieht, gewinnen die Gegenwärtigen Mut zur Zukunft. Weil es die große Hoffnung auf Überwindung des Todes und der vergänglichen Zeit gibt, gewinnen unsre kleinen Hoffnungen auf zukünftige bessere Zeiten an Kraft und fallen nicht der Resignation und dem Zynismus anheim. Mitten im Zeitalter der Angst hoffen wir »dennoch« und geben uns nicht auf. Wir gewinnen »Mut zum Dasein« dem Nichtsein zum Trotz, wie es Paul Tillich treffend formuliert hat.[68] Unsre begrenzten menschlichen Zukunftshoffnungen werden dann zu einer Reaktion auf die göttliche Zukunft für die Vergangenen.

8. DIE ZUKUNFT DER DEMOKRATISCHEN REVOLUTION

Wir verdanken die Demokratisierung des politischen Lebens der amerikanischen und der Französischen Revolution. Mit ihnen begann das 19. Jahrhundert. Nach ungeheuren Kämpfen und Opfern hat sich in der Westlichen und der Modernen Welt seit 1989 die liberale Demokratie gegen die faschistische Gewaltherrschaft und die kommunistische »Diktatur des Proletariats« durchgesetzt. Aber

---

67 W. Benjamin, Illuminationen. Ausgewählte Schriften, Frankfurt a. M. 1961, 280: »Darum kann nichts Historisches von sich aus sich auf Messianisches beziehen wollen. Darum ist das Reich Gottes nicht das Telos der historischen Dynamis ... Historisch gesehen ist es nicht Ziel, sondern Ende ... Das Profane ist zwar keine Kategorie des Reiches, aber eine Kategorie, und zwar der zutreffendsten eine, seines leisesten Nahens.«
68 P. Tillich, Der Mut zum Sein, Stuttgart 1953, ³1958.

wir haben demokratische Politik heute unter ganz anderen Bedingungen als im 19. Jahrhundert.

Erstens: Moderne Demokratien sind heute weniger von totalitären Parteien auf der Rechten oder Linken bedroht als vielmehr durch die Apathie des Volkes, von dem doch »alle Staatsgewalt« ausgeht. Die nachlassende Wahlbeteiligung ist nur ein Symptom für diese Apathie. Wo liegen die tieferen Ursachen? Ich glaube, sie liegen darin, dass wir Demokratie als einen Zustand ansehen, den wir haben, nicht aber als einen Prozess, in dem wir begriffen sind. Demokratie aber ist ein öffentlicher, sich ausbreitender und in der Geschichte unabschließbarer Demokratisierungsprozess, der aktive Beteiligung, teilnehmendes Interesse und persönlichen Einsatz der Bürgerinnen und Bürger verlangt. Erlahmt dieser Demokratisierungsprozess, dann erlahmt auch das politische Interesse des Volkes. Es tritt an die Stelle der notwendigen Partizipationsdemokratie eine eigenartige Absenzdemokratie. Menschen ziehen sich ins Privatleben oder in ihre wirtschaftlichen Unternehmungen zurück und wollen von Politik nicht mehr behelligt werden. Sie verlieren das Interesse und nehmen nicht mehr teil. Dann entfremdet sich eine »Politikerklasse« vom Volk und das Volk verliert das Vertrauen in die Politiker. Es entsteht eine Parteienherrschaft, wie Richard von Weizsäcker beklagte.

Zweitens: Demokratie als zukunftsoffener Prozess bleibt nur lebendig, solange er von der Hoffnung auf Verwirklichung der Menschenrechte motiviert und mobilisiert wird. Die in den Verfassungen garantierten Bürgerrechte sind gerecht, wenn sie den Allgemeinen Erklärungen der Menschenrechte von 1948 und 1966 entsprechen.[69] Wie an den Kämpfen um die Rechte der Frauen, der Kinder, der Behinderten, der Asylsuchenden und anderer zurückgesetzter Gruppen zu sehen ist, ist die demokratische Umsetzung der Menschenrechte in Bürgerrechte unseres Gemeinwesens keineswegs abgeschlossen. Wir brauchen die Mobilisierung einer Vielzahl von freien und spontanen Bürgerinitiativen auf lokalen und regionalen Ebenen, um die Menschenrechte zu verwirklichen. Für die Verwirklichung der Menschenrechte, meine ich, lohnt sich die Partizipationsdemokratie.

Die Menschenrechte gelten universal für alle Menschen. Sie sind unteilbar. Daraus folgt, dass jeder Mensch nicht nur Glied seines Volkes, Bürger seines Staates, Anhänger seiner Religionsgemeinschaft usw., sondern auch Träger »unveräußerlicher Menschenrechte« ist. Menschenrechte sind heute nicht nur ein »Ideal« der Vereinten Nationen, wie es in der Präambel heißt, sondern einklagbar, soweit internationale Gerichtshöfe bestehen. Was auf dem Balkan geschah, war entsetzlich, aber dass Verantwortliche für Menschheitsverbrechen und Menschenrechtsverletzungen vor dem Gerichtshof in Den Haag angeklagt und von ihm verurteilt werden, ist ein Fortschritt. Menschheitsverbrechen und – wie ich hoffe – auch einmal Umweltverbrechen müssen geahndet werden, damit die Menschenrechte und die Rechte der Natur zu Grundrechten einer globalen Menschheitsgesellschaft werden.

Drittens: Aus der atomaren Bedrohung folgt die Friedenspflicht in den Konfliktregelungen zwischen Staaten. Atom- und andere Massenvernichtungswaffen sind keine militärischen, sondern politische Waffen.

---

69 J. M. Lochman/J. Moltmann, Das Recht Gottes und die Menschenrechte. Studien und Empfehlungen des Reformierten Weltbundes, Neukirchen-Vluyn 1977.

Mit der Vermeidung der jederzeit möglichen – wenn zur Zeit auch nicht sehr wahrscheinlichen – atomaren Weltvernichtung wächst dem modernen Staat und der vereinigten Staatengemeinschaft eine uralte, apokalyptische Aufgabe wieder zu. Die Macht, die die endzeitliche Vernichtung aufhalten soll, wurde »Katechon« genannt. Diese »Macht des Aufhaltens« entstammt der Antichrist-Weissagung aus dem zweiten Brief des Paulus an die Thessalonicher: »Es regt sich bereits das Geheimnis der Bosheit, nur dass, der es jetzt aufhält, muss hinweggetan werden ...« (2 Thess 2,7ff.) Der es jetzt »aufhält«, war für die römische Christenheit der römische Staat, für Carl Schmitt die antirevolutionäre »Heilige Allianz« im 19. Jahrhundert und im 20. Jahrhundert die antibolschewistische Hitlerdiktatur.[70] Wir können diese ideologischen Ängste beider vergessen, denn die Vernichtung der Menschheit und der bewohnbaren Erde ist heute real. Jeder Staat hat darum die vordringliche Aufgabe, die atomare Selbstvernichtung der Menschheit aufzuhalten.

Wir leben in der »Endzeit«, sagte Günter Anders mit Recht, denn er meinte keine Apokalyptik, sondern jene Zeit, in der das Ende jederzeit möglich ist.[71] Darum fällt dem Staat mit der Macht des Aufhaltens der atomaren Katastrophe auch die positive Aufgabe des Zeitgewinnens und der Fristverlängerung zu.[72] Mit jedem Jahr, in dem die Vernichtung aufgehalten werden kann, gewinnen wir Zeit zum Leben und zum Frieden. Wir haben nicht endlos Zeit. Das war eine Illusion des fortschrittsgläubigen

---

70 H. Meier, Die Lehre Carl Schmitts. Vier Kapitel zur Unterscheidung Politischer Theologie und Politischer Philosophie, Stuttgart 1994, 243–249.
71 G. Anders, Die atomare Drohung: Radikale Überlegungen zum atomaren Zeitalter. Vierte und durch ein Vorwort erweiterte Auflage von »Endzeit und Zeitenwende« (1959), München 1983.
72 J. B. Metz, Glaube in Geschichte und Gesellschaft. Studien zu einer praktischen Fundamentaltheologie, Mainz 1977, § 10: Hoffnung als Naherwartung oder der Kampf um die verlorene Zeit, 149–160.

19. Jahrhunderts. Wir existieren in befristeter Zeit und müssen Zeit gewinnen. Eine wahrhaft weltgeschichtliche Aufgabe des modernen Staates im Schatten der atomaren Vernichtung.

9. DIE ZUKUNFT DER INDUSTRIELLEN REVOLUTION

Die industrielle Revolution hat jenen mobilisierenden Fortschrittsglauben erweckt, der das 19. Jahrhundert auszeichnete. Heute brauchen wir solchen »Glauben« nicht mehr zu rechtfertigen, wir müssen ihn auch nicht mehr kritisieren, denn durch das Konkurrenzprinzip ist jede Produktion zum Fortschritt gezwungen. Industrien und Märkte sind sogar zu einem stets beschleunigten Fortschritt verdammt. Wer nicht modernisiert und rationalisiert, hat schon verloren. Der Fortschritt ist in die »Beschleunigungsfalle« geraten: »Wer auf dem Tiger reitet, kommt nicht wieder herunter.«[73]

Es hat darum wenig Sinn, den »Fortschritt« als solchen zu kritisieren. Wohl aber ist es sinnvoll, nach seinen Zielen zu fragen, um seinen Kurs zu korrigieren, wenn das wünschenswert ist. Der Fortschritt selbst ist nur ein Mittel zum Zweck, setzt aber die humanen Zwecke nicht selbst. Gewöhnlich messen wir den Fortschritt am Zuwachs der Macht, der wirtschaftlichen, finanziellen, militärischen und kulturellen Macht. Aber Macht an sich ist kein humanes Ziel, sondern nur eine Anhäufung der Mittel, um humane Ziele zu erreichen. Jedes Jahr sind wir besser gerüstet, das zu erreichen, was wir wollen, aber was wollen wir eigentlich? Die meisten technischen Großpro-

---

[73] W. Stahel, Die Beschleunigungsfalle oder der Triumph der Schildkröte, Stuttgart 1995.

jekte sind nicht durch eine demokratische Willensbildung des Volkes entstanden, sondern an diesem vorbei. Es gab in Deutschland keinen demokratischen Entschluss über den Bau von Atomkraftwerken. Es gab lange keine demokratischen Diskussionen über gentechnisch veränderte Lebensmittel.

Seit dem Ende des Ost-West-Konflikts heißt Fortschritt Globalisierung. Dieser Prozess war schon im 19. und am Anfang des 20. Jahrhunderts im Gange. Nach 1989 knüpften wir wieder an die Zeit vor 1914 an. Wie der Fortschritt aber ist auch die Globalisierung, wörtlich genommen, ein nur quantifizierender Begriff: Was partikular galt, soll universal werden. Das Lokale soll global werden. Wie der Fortschritt ist die Globalisierung darum nur ein Mittel zum Zweck, aber kein humaner Zweck selbst. Solange es nur um Machtgewinn geht, hat der Prozess der Globalisierung keine Qualität. Offenbar geht es zunächst nur um die Beherrschung, Ausbeutung und Vermarktung der Natur dieser Erde. Immer weniger, aber immer größere »global players« teilen sich das Geschäft. Sollen aber nicht die kurzfristigen Gewinne langfristig zum Bankrott der Menschheit und zum Kollaps des Erdsystems führen, dann müssen wir die öffentliche Diskussion über humane Ziele und Zwecke der Globalisierung beginnen.

Um die Zerstörung der Erde durch rücksichtslose Ausbeutung zu vermeiden, ist es gut, sich auf »die Bewahrung der Schöpfung« zu konzentrieren und das Leben durch Bio-Ethik-Konventionen zu schützen. Es ist auch gut, sich für eine »nachhaltige Entwicklung« einzusetzen. Aber man gerät damit unausweichlich in eine konservative Ethik, und konservative Ethik kommt immer zu spät. Es ist besser, ein Gegenmodell zur Globalisierung der Macht zu entwickeln, das sich auf die humanen Ziele und Zwecke derselben konzentriert.

10. EINE BEWOHNBARE ERDE

Wir haben ein solches Modell zur Bestimmung humaner Ziele globalisierter Macht und damit zur Kurskorrektur der Entwicklung der Modernen Welt. Es steckt im unscheinbaren, bisher nur inner-kirchlich verwendeten Begriff der *Ökumene*.[74] Ökumene ist griechisch ein Qualitätsbegriff und meint den »ganzen, bewohnten Erdkreis«, wie es seiner Wurzel im Wort oikos = Haus entspricht. Aus der Feststellung einer von Menschen bewohnten Welt können wir den Zielbegriff einer bewohnten Welt und einer auf dieser Erde zu beheimatenden Menschheit machen. Der Haushalt dieser Erde soll für die Menschheit eine Wohnung bereithalten, und ihrerseits sollen die Menschen in diesem Erdsystem einwohnen wollen und der Natur nicht länger fremd und feindlich gegenüberstehen.[75]

Ist das Ziel des Fortschritts und der Globalisierung menschlicher Macht nicht die Beherrschung und der Besitz der Erde, sondern die Einwohnung in ihr, dann müssen wir uns von dem modernen, westlichen Gotteskomplex verabschieden, »Herren und Eigentümer der Natur« zu werden, wie es René Descartes in seiner Wissenschaftstheorie am Anfang der modernen Zeit versprach.[76] Die Erde kann ohne das Menschengeschlecht leben und hat es durch Jahrmillionen getan, aber die Menschheit kann nicht ohne die Erde existieren, denn von der Erde sind wir

---

74 G. Müller-Fahrenholz, Ökumene – Glücksfall und Ernstfall des Glaubens (epd-Dokumentation 28/1998), Frankfurt a. M. 1998, 3–16.

75 Ist das richtig, dann ist eine neue ökologische Anthropologie fällig. Die moderne Anthropologie von M. Scheler, A. Gehlen, H. Plessner, W. Pannenberg u.a. geht von der »Weltoffenheit« und »Selbsttranszendenz« des Menschen aus, um ihn vom Tier zu unterscheiden. Diese Unterscheidung aber geht auf J. G. Herder zurück: »Die Natur war gegen ihn die härteste Stiefmutter, da sie gegen jedes Insekt die liebreichste Mutter war.« (J. G. Herder, Über den Ursprung der Sprache [1770], Berlin 1959, 21).

76 R. Descartes, Abhandlung über die Methode (1637), Mainz 1948, 145.

genommen. Also sind Menschen von der Erde abhängig, aber die Erde nicht von Menschen. Aus dieser einfachen Erkenntnis folgt, dass sich die menschliche Zivilisation in das Erdsystem integrieren, nicht umgekehrt die Natur der Erde der menschlichen Herrschaft unterworfen werden muss.[77]

Nur Fremde beuten die Natur aus, holzen die Wälder ab, fischen die Meere leer und ziehen dann wie Nomaden weiter. Wer aber dort wohnen und leben will, ist an der Bewahrung seiner Lebensgrundlagen interessiert und wird seine natürliche Umwelt lebensfähig erhalten. Er wird jeden Eingriff in die Natur zu kompensieren versuchen und Gleichgewichte herstellen. Die ökonomisch-ökologischen Konflikte sind heute zum großen Teil Konflikte zwischen Fremden und Einwohnern, Konflikte also zwischen den Interessen an Ausbeutung auf der einen und an Bewohnbarkeit der Natur auf der anderen Seite.

Nach der Globalisierung der Macht brauchen wir logischerweise eine Globalisierung der Verantwortung. Es kann nicht bei dem Zustand bleiben, dass die Wirtschaft globalisiert, aber die Politik national begrenzt bleibt. Die Wirtschaft braucht die politischen Vorgaben, und die Politik braucht die humanen Ziele, auf die sich die Menschheit einigt.

Das weiterzuentwickelnde wissenschaftliche und technologische Potenzial der Menschheit muss nicht zum zerstörenden Kampf um die Macht eingesetzt werden, sondern kann auch zur nachhaltigen Bewohnbarkeit der Erde durch die Menschheit verwendet werden. Dann wird die irdische Schöpfung nicht nur »bewahrt«, wie es bisher so konservativ hieß, sondern auf ihr Ziel hin wei-

---

[77] J. Moltmann, Gott im Projekt der modernen Welt. Beiträge zur öffentlichen Relevanz der Theologie, Gütersloh 1997, 89–110.

terentwickelt. Denn sie ist zum gemeinsamen Haus aller Erdgeschöpfe bestimmt und soll Heimat und Wohnraum für die Gemeinschaft aller lebendigen Wesen werden. In letzter Hinsicht soll die Erde sogar zur Wohnung Gottes werden: »wie im Himmel so auf Erden«. Wenn der Ewige kommt, um auf der Erde zu »wohnen«, dann wird diese Erde zum kosmischen »Tempel Gottes« werden, und der ruhelose Gott der Hoffnung und der Geschichte wird zu seiner Ruhe kommen. Das ist die große biblische, d. h. jüdische und christliche Vision für diese Erde. Es ist die letzte Verheißung: »Siehe da, die Hütte Gottes bei den Menschen, und Er wird bei ihnen wohnen und sie werden sein Volk sein.« (Offb 21,3 nach Ez 37,27) Die endgültige Schechina ist die göttliche Zukunft der Erde. In dieser Erwartung werden wir jetzt und hier schon die Erde als »Tempel Gottes« behandeln und ihre Kreaturen heilighalten. Wir Menschen sind nicht »Herren und Eigentümer« der Erde, sondern vielleicht werden wir eines Tages die Priester und Priesterinnen der Erde werden, um Gott vor der Erde und die Erde vor Gott zu repräsentieren, damit wir Gott in allen Dingen sehen und schmecken und alle Dinge im Glanz seiner Liebe wahrnehmen. Das wäre eine sakramentale Weltanschauung, die in der Lage wäre, die gegenwärtige wissenschaftlich-technische Weltanschauung aufzuheben.

IV. VERSÖHNUNG DER NATIONEN FÜR DAS ÜBERLEBEN DER MENSCHHEIT

Das folgende Kapitel widmet sich Europa nach 1990. Entsteht eine Wertegemeinschaft? Hat das neue Europa eine »Seele«? Nach dem Ende der Sowjetunion muss sich Europa zwischen der alten Supermacht USA und der neuen Supermacht China behaupten. Daher beschreibe ich zunächst, welche religiösen Wurzeln diese Supermächte hervorgebracht haben. Für das neue Europa sind die Versöhnungen zwischen den Nationen wichtig. Sie können ein Vorbild sein für versöhnt-vereinte Nationen, für das Überleben der Menschheit. In diesem Kapitel kommt die alte und die neue Politische Theologie besonders klar zum Vorschein.

1. DIE »ERLÖSER-NATION«: RELIGIÖSE WURZEL DES US-AMERIKANISCHEN EXZEPTIONALISMUS

Wie vor ihm schon Präsident Ronald Reagan – an dessen Politik er anknüpft und dessen Berater er in seinen Stab berufen hat – begründet auch US-Präsident George W. Bush seine politische Aufgabe mit den Obertönen eines exzeptionellen religiösen Sendungsbewusstseins. Aus Reagans »Reich des Bösen« macht er, nach Abhandenkommen des Sowjetimperiums, seine »Achse des Bösen« und nennt die zu bekämpfenden Regime »Schurkenstaaten«. Mit Missionseifer will er die Völker »zur Demokratie erlösen«: »Freiheit ist nicht ein Geschenk der USA an die Völker, sondern ein Geschenk Gottes an die Menschheit«, erklärt er, um seine militärische Strafaktion gegen Saddam Hussein im Irak als göttliche Mission darzustellen.[78] Die weltgeschichtliche Bestimmung der Weltmacht Amerika wird von jenem apokalyptischen Christentum, das Bush unterstützt und das sein Denken beeinflusst, prämillennaristisch gedeutet: Es sei die religiös-politische Aufgabe der USA, dem Tausendjährigen Reich Christi, welches das »Ende der Geschichte« ist, den Weg zu bereiten.

Weil Europäern die religiöse Begründung dieser Politik im Allgemeinen und diese apokalyptisch-politische Vorstellungswelt im Besonderen fremd ist, haben manche versucht, sie aus der persönlichen Bekehrung und der privaten Frömmigkeit von George Bush jr. abzuleiten. Doch eine solche Personalisierung einer breiten politischen Bewegung in den USA ist irreführend.[79] Was in den Ansichten des damaligen Präsidenten offenkundig wird, ist ein wesentlicher Charakter US-amerikanischer Außenpolitik seit ihren Anfängen. Man braucht nur eine Ein-Dollar-Note zur Hand zu nehmen und auf dem Siegel der USA zu lesen: »Novus ordo seclorum«. Die Vereinigten Staaten wurden für die »neue Weltordnung« gegründet: »Freiheit und Selbstregierung des Volkes«. Nach 200 Jahren sind die USA heute tatsächlich in der Lage, diese »neue Weltordnung« global zu verwirklichen. Sie sind ökonomisch, militärisch, technologisch und kulturell zur Hypermacht geworden, mit der sich der gesamte Rest der Welt nicht mehr messen kann. Es gibt den »demokratischen Imperialismus« der USA jedoch nicht erst seit heute. Amerika war immer eine imperiale Nation mit einer universalen Menschheitsbestimmung und einer endzeitlichen Zu-

---

78 Siehe dazu B. Keller, God and George W. Bush. How Religion Influences the President, in: International Herald Tribune, 19. Mai 2003, 8.
79 G. Müller-Fahrenholz, In göttlicher Mission. Politik im Namen des Herrn – Warum George W. Bush die Welt erlösen will, München 2003.

kunftshoffnung. Auch wenn er fremdartig erscheint, so muss man den politischen Messianismus der amerikanischen Politik darum dennoch ernst nehmen. Er hat nämlich einen realen Grund: Europäische sowie später auch hispanische und asiatische Völker haben die USA durch Einwanderung geschaffen, ihre multikulturelle Zivilisation geprägt und sie zum zentralen Land der Welt gemacht. Auch die Afroamerikaner haben durch ihre Versklavung und die Befreiung daraus ganz erheblich dazu beigetragen. Das Land der Indioamerikaner, Euroamerikaner, Afroamerikaner, Hispanoamerikaner und Asioamerikaner wird von einem Volk aus allen Völkern besiedelt und ist damit das einzigartige, moderne Experiment einer universalen Repräsentation der Menschheit.

Von der Zeit der Pilgerväter an war die politische Philosophie Amerikas von messianischem Glauben bestimmt. Was Robert Bellah die »civil religion« der USA genannt und aus den Inauguralreden amerikanischer Präsidenten, den Nationalfeiertagen und den Deutungen der politischen Geschichte erhoben hat,[80] atmet den messianischen Geist der Welterlösung: Präsident Woodrow Wilson versicherte, dass Amerika »das grenzenlose Privileg habe, seine Bestimmung zu erfüllen und die Welt zu retten«; Franklin D. Roosevelt wollte die Welt »für die Demokratie retten«; John F. Kennedy und Lyndon B. Johnson beschworen den »messianischen Glauben« der Vorväter; Richard M. Nixon bestand darauf, dass »unser Glaube mit Kreuzzugseifer erfüllt werden müsse, um die Welt zu verändern und die Schlacht um die Freiheit zu gewinnen«; und auch Bill Clinton rief 1993 aus: »Unsere Hoffnungen, unsere Herzen, unsere Hände sind mit allen Menschen auf jedem Kon-

---

80 R. N. Bellah, Civil Religion in America, in: Daedalus 96 (1967), 331ff.; ders., The Broken Covenant. American Civil Religion in Time of Trial, New York 1975; vgl. auch E. I. Tuveson, Redeemer Nation. The Idea of America's Millennial Role, Chicago 1968.

tinent, die Demokratie und Freiheit bauen. Ihre Sache ist die Sache Amerikas.« Zitate dieses Inhalts lassen sich beliebig vermehren.[81] Sie alle beweisen ein besonderes messianisches Bewusstsein der Sendung Amerikas und seiner endzeitlichen Rolle in der Weltgeschichte. Mit diesem politischen Messianismus der Welterlösung gehen einher eine Weltuntergangsapokalyptik, die Erwartung des Endkampfes der Guten gegen die Bösen und der totalen Zerstörung der Welt am Tag von »Harmaggedon«, wie Präsident Ronald Reagan es »unserer Generation« von der nuklearen Katastrophe weissagte.[82] Nirgendwo sonst in der Welt wird diese »doomsday«-Apokalyptik so weit verbreitet und offenbar auch so fest geglaubt wie in den USA. Der »Doomboom« ist offensichtlich die unausweichliche Kehrseite des politischen Messianismus in der politischen Mythologie der USA.[83]

[81] Umfangreiche Materialsammlungen aus der Geschichte zum politischen Glauben Amerikas finden sich in: God's New Israel. Religious Interpretations of American Destiny, hg. von Conrad Cherry, Englewood Cliff/NJ 1971; The Religion of the Republic, hg. von Elwyn A. Smith, Philadelphia 1971; Nationalism and Religion in America. Concepts of American Identity and Mission, hg. von Winthrop S. Hudson, New York 1970; vgl. ferner die gesammelten Auszüge aus Präsidentschaftsreden in: They Spake for Democracy. Classic Statements of the American Way, hg. von Frederick C. Packard jr., New York 1958.

[82] Ronald Reagan im Interview mit Marvin Kalb für die Jerusalem Post, Oktober 1983; dazu: Armaggedon and the End Time, in: Time, 5. November 1984; sowie Robert Jewett, Coming to termswith the doom boom, in: Michigan Quarterly Review 23 (1984) 3/4, 9–22.

[83] Dies wird mit Recht »the dark side of the myth« genannt; vgl. Robert Benne/Philip Hefner, Defining America. A Christian Critique of the American Dream, Philadelphia 1974, 32. Der berühmte poetische Mythos Amerikas ist Herman Melvilles »Moby Dick«. In »White Jacket« schrieb er 1850: »And we Americans are the peculiar chosen people – the Israel of our time; we bear the ark of the liberties of the world ... Lang enough have we been sceptics with regard to ourselfes, and doubted whether, indeed, the political Messiah had come. But he has come in us, if we would but give utterance to his promptings.« Der weiße Wal ist das Urbild des Bösen und Captain Ahab der tragische Held. Der messianische Traum Amerikas wird zum tragischen Mythos. Das macht die Tiefe dieser Dichtung aus. Siehe R. Jewett, The Captain America Complex. The Dilemma of Zealous Nationalism, Philadelphia 1973, 27: »As Winthrop S. Hudson puts it, the New England story was viewed as a continuation of John Foxe·s narrative of the pitched battles between Christ and Anti-Christ that had marked the curse of human history from the beginning.« Vgl. auch Cherry, God's New Israel, 21f.; sowie neuestens R. Jewett/J.S. Lawrence, Captain America and the Crusade against Evil. The Dilemma of Zealous Nationalism, Grand Rapids 2003.

Wir gehen zunächst auf den politischen Messianismus ein und stellen seine wesentlichen Aspekte dar, sofern sie typisch sind.

1.1 Das »auserwählte Volk«

Das Selbstbewusstsein, Gottes auserwähltes Volk und also das »neue Israel« zu sein, kam durch die frühen Puritaner aus England nach Amerika. Zwischen 1629 und 1740 wanderten mehr als zwanzigtausend Puritaner nach Neuengland aus. Sie brachten die apokalyptischen Bilder vom Kampf zwischen Christus und dem Antichristen, der wahren und der falschen Kirche sowie die Weissagung vom baldigen Kommen des tausendjährigen Reiches Christi mit. Auch waren sie von der unausweichlich militärischen Natur des Endkampfes auf Leben und Tod überzeugt, hatten doch die puritanischen Prediger noch 1644 die Truppen Cromwells als »Soldaten Christi« in den Kampf gegen die Truppen des »Antichristen« ausgesegnet. Es war die »Revolution der Heiligen«.[84] Als die »große Revolution« in England 1660 beendet wurde, hatten die Auswanderer den Eindruck, dass jetzt Amerika Träger der protestantischen Bestimmung geworden sei und widersetzten sich den englischen Restaurationsbemühungen. Durch die Bekehrung der »Neuen Welt« wollte Jonathan Edwards, der große Erweckungsprediger, jener »herrlichen Zukunft« der Kirche den Weg bereiten, in der das »Reich Satans« auf der ganzen bewohnten Erde überwunden wird.[85] Das weiße, angelsächsische, puritanische Amerika (WASP) verstand sich als »the millennial nation«, hinter der sich der Traum von der »Anglo-Saxon

---

84 Tuveson, Redeemer Nation, 55.
85 M. Walzer, The Revolution of the Saints. A Study in the Origins of Radical Politics, Cambridge/Mass. 1965.

superiority« verbirgt.⁸⁶ Die »battle hymn of the Republic« von 1862 sieht denn auch die apokalyptische »Herrlichkeit Gottes« im Marsch der Soldaten: »Our God is marching on«.

Wie Israel von Gott aus der ägyptischen Knechtschaft befreit wurde, so fühlten sich die Auswanderer von der Knechtschaft im feudalistischen, absolutistischen und staatskirchlichen Europa – »Pharaoh's Britain« – zu einem freien Leben in der »Neuen Welt« befreit: »A new nation conceived in liberty«. Europa ist dabei Ägypten, Amerika das »verheißene Land«. »Freiheit und Selbstregierung« sind die neuen amerikanischen Errungenschaften und darum auch das politische Heil, das diese auserwählte Nation der Welt zu bringen hat.⁸⁷ Das biblische Urbild vom Exodus wurde schon von Puritanern vergegenwärtigt und politisch angewendet. »Exodus« wurde seitdem zum Wandermotiv der Befreiungen, der Befreiung der schwarzen Sklaven, der Befreiung der unterdrückten Völker in Lateinamerika, der Befreiung der zurückgesetzten Frauen überall auf der Welt. Das Exodusmotiv hat aber auch noch eine andere Seite: Der Pharao und seine Armee müssen untergehen. Der Gott, der sein Volk befreit, wird die Feinde seines Volkes vernichten. In der apokalyptischen Bilderwelt sind beide Seiten der Exodusgeschichte gut wiederzuerkennen: die Erlösung der Auserwählten zum messianischen Reich und die Vernichtung der widergöttlichen Gewaltreiche Ägypten, Babylon und Rom. Das »auserwählte Volk« kämpft immer die »Schlachten des Herrn«, und darum sind seine Kriege eher »Kreuzzüge« (crusades) in einer göttlichen Mission als bloße Machtkämpfe.⁸⁸

---

86 J. E. Maclear, The Republic and the Millennium, in: Smith, The Religion of the Republic, 183ff.; Cherry, God's New Israel, 23.
87 Hudson, Nationalism and Religion in America, 93ff.; vgl. auch A. Zakai, Exile and Kingdom. History and Apokalypse in the Puritan migration to America, Cambridge/Mass. 1992.
88 Tuveson, Redeemer Nation, VIII.

Zum Selbstbewusstsein des »auserwählten Volkes« gehört nicht zuletzt das Gefühl der politischen Unschuld. Im Vergleich zu den alten, sündigen Nationen in Europa ist Amerika ein junges Land. Jene sind Eroberungsstaaten – Amerika ist ein Einwandererland. Sie vertreiben – Amerika lädt ein und ist deshalb ein politisch unschuldiges Land. Nur dieses Gefühl politischer Unschuld befähigt dazu, über die Völker zu richten. John Adams schrieb 1813 an Thomas Jefferson: »Many hundred years must roll away before we shall be corrupted. Our pure, virtuous, public spirited, federative republic will last forever, govern the globe and introduce the perfection of man.«[89] Jefferson selbst sah die junge Republik ebenfalls als »the innocent nation in a wicked world«.

Natürlich folgt daraus die Vorstellung, dass auch jetzt und hier »die Heiligen die Welt regieren werden«. Sind es zwar nicht unbedingt im religiösen Sinne die »Heiligen«, so sind es heute doch wenigstens die »good guys«, die über die »bad guys« siegen werden. Hier steht die »freie Welt« – dort das finstere »Reich des Bösen«. Die »Guten« sind sauber und hell gekleidet, die »Bösen« schmutzig und dunkel. Von den Western bis zu den Science-Fiction-Filmen wird dieses dualistische und apokalyptische Bild der Geschichte verbreitet. Ob Christus, Superman, Batman oder He-Man, es hat immer dasselbe siegreiche Ende.[90]

1.2 Die Wiedergeburt der Nation aus dem Opfertod

Neben Thanksgiving Day ist Memorial Day der wichtigste Feiertag der bürgerlichen Religion Amerikas. Seine Begehung ist eine heilige Zeremonie, ein religiöses Ritual, ein

---

89 Jewett, The Captain America Complex, 148.
90 J.S. Lawrence/R. Jewett, The Myth of the American Superhero, Grand Rapids 2002.

moderner Totenkult:[91] Die Gräber der Gefallenen werden geschmückt, die Veteranenverbände und die American Legion demonstrieren in den Straßen. Die Nation gedenkt der Menschen, »die ihr Leben gaben, damit die Nation lebt«. Der erste Memorial Day wurde 1864 für den letzten Gefallenen in der Schlacht von Gettysburg gefeiert. Abraham Lincoln deutete den Sinn des Todes in der Schlacht in seiner berühmten Gettysburgaddress am 19. November 1863 in den Worten: »They gave their lives that the nation may live«, und zog daraus die Konsequenz, »(t)hat we here highly resolve that these dead shall not have died in vain; that this nation under God, shall have a new birth of freedom, and that this government of the people, by the people, and for the people shall not perish from the earth«. Wenn diese »Nation unter Gott« die Wiedergeburt ihrer Freiheit aus dem Opfertod der Gefallenen gewinnt, wird sie zur endzeitlich bleibenden Nation. Die Anklänge an Christi Opfertod für die Erlösung der Welt sind unverkennbar, die apokalyptischen Anklänge an die Märtyrer, die für das Reich Christi starben, unüberhörbar. Sie werden aber übertragen auf die Kriegsgefallenen und auf die auserwählte Nation der Freiheit, die die Welt erlösen soll.

Das öffentliche Ritual des amerikanischen Memorial Day vereint denn auch Protestanten, Katholiken, Juden und Atheisten zu einer nationalen religiösen Gemeinschaft. Manche haben die Ermordung Abraham Lincolns als seinen eigenen Opfertod für die Nation und für die Selbstregierung des freien amerikanischen Volkes gedeutet, weil sie am Karfreitag geschah. Die Beerdigungen der ermordeten John F. Kennedy, Robert R. Kennedy und Martin Luther King wurden nach dem Muster dieses Rituals als »Wiedergeburt der Freiheit aus dem Opfer-

---

91 Cherry, God's New Israel, 1ff.: Two American Sacred Ceremonies.

tod« öffentlich veranstaltet.[92] Wie der nachgewiesene Zusammenhang zwischen Martyrium und Millennium in der Offenbarung des Johannes zeigt, können der Tod fürs Vaterland und die Wiedergeburt der Freiheit dieser Nation unschwer im millennaristischen Sinne gedeutet werden. Der Ehrentitel »the Nation under God« legt diese Deutung nahe.

Aus diesem Rahmen fällt nur das Denkmal für die Vietnam-Toten in Washington. Es lässt offene Trauer zu und bietet keine heroische, nationale Sinngebung an. Gerade darum aber wird es von so vielen Menschen besucht. Hier werden die tragischen Grenzen des millennaristischen Optimismus politisch und menschlich offenbar.

1.3 »The manifest destiny«

Im 19. Jahrhundert wurde Amerikas Sendungsbewusstsein durch seine Ausdehnung nach Westen bestimmt. Diese begann 1803 mit dem Kauf des Louisiana-Territoriums von Napoleon durch Thomas Jefferson. Die territoriale Ausdehnung der USA war damit auf einen Schlag verdoppelt, der Mississippi wurde schiffbar gemacht und der große Zug nach Westen begann.

Die christliche Deutung dieser Geschichte griff auf die Einnahme des gelobten Landes durch Israel zurück; nach dem Bilde der Kanaanäer und Amalekiter wurden die Indianer vertrieben. Die Beherrschung der Natur durch Axt, Pflug und Eisenbahn erhöhte das Herrschaftsbewusstsein der Amerikaner. Die alte Idee des »auserwählten Volkes« und seiner religiösen Sendung wurde zum Begriff des »bevorzugten Volkes« und seiner gottgegebenen Erfolge

---

92 F. Merk, Manifest Destiny and Mission in American History, New York 1963.

verwandelt.⁹³ Aus dem Wilden Westen sollte ein Garten Eden, die Barbarei der Ureinwohner durch die überlegene weiße Kultur überwunden werden. Berühmte Prediger gründeten Seminare und Schulen im neugewonnenen Westen. Lyman Beecher erklärte in seiner berühmten Rede »A place for the West«, dass die Vereinigten Staaten bestimmt seien, »to lead the way in the moral and political emancipation of the world«, und dass die Ressourcen dafür im Westen des Kontinents lägen.

Der Begriff des »manifest destiny« wurde im 19. Jahrhundert volkstümlich und bedeutete, dass es zur Erfüllung der göttlichen Mission der USA gehöre, sich den Kontinent zu eigen zu machen.⁹⁴ Demnach machen die Erfolge der Ausdehnung und Eroberung jene Bestimmung manifest, die Amerika von der göttlichen Vorsehung erhalten habe. Als »manifest destiny« wurden die Indianerkriege und der spanisch-mexikanische Krieg, die Eroberung Kubas und die Übernahme der Philippinen gerechtfertigt. Das »manifest destiny« sollte den Expansionismus der USA in Nordamerika, ihre Vorherrschaft über ganz Amerika – »Amerika den Amerikanern«, wie die Monroe-Doktrin sagt – und nicht zuletzt den amerikanischen Imperialismus in der Welt rechtfertigen.⁹⁵ 1941 rief der Zeitungsverleger Henry Luce das »American century« aus, 1988 machte sich Präsident George Bush sr. diesen Anspruch ebenso zu eigen.

Warum aber hat die göttliche Vorsehung dieses Land den Vereinigten Staaten zugedacht? Als Grund dafür wurde immer wieder das erfolgreiche politische Experiment in »li-

---

93 Hudson, Nationalism and Religion in America, 19ff.
94 H. N. Smith, Virgin Land. The American West als Symbol and Myth. New York 1950; A. K. Weinberg, Manifest Destiny, Gloucester/Mass. 1958; Tuveson, Redeemer Nation, Kap. IV: When did Destiny become manifest?, 91ff
95 Cherry, God's New Israel, 111ff., dem ich in diesem Abschnitt folge.

berty and selfgovernment« genannt. Mit der Vorstellung, die göttliche Vorsehung offenbare sich in den Erfolgen und Eroberungen der USA, ging jedoch das alte biblische Bild vom »auserwählten Volk« und seine im Glauben ergriffene und im Leiden festgehaltene Erwählung verloren. An die Stelle der verborgenen, im Glauben ergriffenen Erwählung trat nun die weltgeschichtlich im Erfolg manifeste Bestimmung. Die Berufung auf die göttliche Vorsehung diente denn auch der Apotheose des eigenen Erfolgs. Walt Whitmans großes Gedicht »Passage to India« 1871 pries die Entdeckung Amerikas und seine Ausdehnung nach Westen durch »the mighty railroad«. Gegen Ende des 19. Jahrhunderts wurde dann auch der Ausdruck »Republik« immer häufiger durch den des »American Empire« ersetzt.[96] Nach der Rückkehr von einer Reise zu den Philippinen und in den Fernen Osten verkündete Albert J. Beveridge 1900 in seinen berühmten Reden »Westward the Star of the Empire takes its way«, dass Gott das amerikanische Volk erwählt habe, »to finally lead in the regeneration of the world« und »to civilize the world«.[97]

Amerika wurde aus einem Zufluchtsort der verfolgten Heiligen und einem Experiment in Freiheit und demokratischer Selbstregierung zu einer Weltmacht mit einer Weltmission. In der chiliastischen Formulierung dieser Weltmission liegt natürlich die Gefahr eines messianisch übersteigerten Nationalismus. Es liegen darin aber auch der Ansatz und das Recht zur Kritik und zur Abwehr jeden engstirnigen Nationalismus: Ist Amerika für das Heil aller Völker und der Menschheit auserwählt, dann kann nicht nur, sondern dann muss seine Politik an der Beförderung der Freiheit der Völker, ihrer Selbstregierung und

---

96 American Empire. The Political Ethics of Twentieth-Century Conquest, hg. von J.M. Swomley jr., London 1970.
97 Cherry, God's New Israel, 114.

der Menschenrechte gemessen werden. Die Gefahr des messianisch übersteigerten Nationalismus liegt vor, wenn die Vorstellung vom »manifest destiny« benutzt wird, um zu verdrängen, zu erobern und menschenverachtende Diktaturen zum Zwecke der eigenen »nationalen Sicherheit« zu unterstützen. Der Vorteil liegt darin, diese Macht an ihrem eigenen Anspruch messen zu können. Als ein humaner Traum ist der »American dream« ein guter und notwendiger Traum; als ein bloß »amerikanische Traum« aber wird dieser humane Traum in sein Gegenteil verkehrt. Im Grunde liegt diese Zweideutigkeit schon im Erwählungs- und Sendungsbewusstsein Israels vor: Ist Israel von Gott erwählt, um ein »Licht der Völker« zu sein, oder sind die Völker dazu bestimmt, ihr Licht in Israel zu finden? Geht es Gott mit Israel um die Völker oder mit den Völkern um Israel? Dahinter steht die entscheidende Frage: Wie kann ein universales Anliegen durch etwas Partikulares vertreten werden, ohne dass dieses Partikulare sich entweder selbst für das Universale hält oder sich selbst auflöst? Sind die USA weltgeschichtlich dazu da, »to save the world for democracy«, dann kann die amerikanische Außenpolitik nicht nur den Eigeninteressen dieser Nation dienen wie in Zentralamerika und der Karibik. Diese Humanisierung des amerikanischen Traums hatte John F. Kennedy im Sinn, als er von den Amerikanern als den »citizens of the world« sprach. Viele Völker haben in der Tat Freiheit und Selbstregierung von Amerika empfangen. Die Amerikanisierung dieses humanen Traums von Freiheit und Menschenrecht für alle und jeden Menschen aber macht die USA zur Last für diejenigen Völker, die dieses »Experiment« mittragen und die Kosten dafür aufbringen müssen.[98]

---

[98] Ich habe auf diese Zweideutigkeiten und das Partikular-Universal-Dilemma hingewiesen in: J. Moltmann, Der »Amerikanische Traum« (1977), in: Ders. (Hg.), Politische Theologie – Politische Ethik, München/Mainz 1984, 89ff., bes. 91.

1.4 Das große Experiment

Als »sich selbst regierendes Volk« ist Amerika das große Experiment – »the bold and lasting experiment« (Franklin D. Roosevelt) – der westlichen Neuzeit. Dieses demokratische Gemeinwesen ist in der Tat eine »Erfindung« (Bill Clinton) von Menschen. Die meisten anderen Nationen verstehen sich aufgrund uralter Traditionen als einen Teil der Natur. Ihre Gegenwart steht in den langen Schatten der Ahnen und ist belastet mit den Sünden der Vergangenheit. Die USA aber sind bewusst »gegründet« worden, auf der Basis der Unabhängigkeitserklärung, der Verfassung und der Bill of Rights. Die amerikanischen Bürgerrechte sind von den Menschenrechten abgeleitet und weisen von sich aus darauf hin, dass »alle Menschen gleich geschaffen sind«. Die USA sind in dieser Hinsicht ein – der erste – Menschheitsstaat. Ihr Anspruch und ihr Versprechen ist der auf Menschenrechten für alle und jeden gegründete Menschheitsstaat, der die Nationalstaaten überwindet und den Weltfrieden garantiert. Darum bleiben die USA in der Geschichte unfertig und unvollkommen, bis dieses politische Experiment der Menschheit mit sich selbst gelingt oder misslingt. Die amerikanische Demokratie ist unvollständig, solange nicht die ganze Welt für die Demokratie gewonnen worden ist. Dies macht das politische Experiment zu einem messianischen Experiment. Gelingt es, kommt ein Zeitalter des Friedens für alle Menschen; misslingt es, dann geht nicht nur die menschliche Welt, sondern auch die natürliche Welt in Gewalt, Unrecht und Kriegen unter. Ein solches Experiment der Menschheit ist vermutlich einmalig und unwiederholbar und könnte als das »Ende der Geschichte« aufgefasst werden, wenn nicht vor unseren Augen das gleichfalls universale Experiment, das Menschheitsexperiment des Sozialismus und seine vorweggenommene messianische Verwirklichung in der Sowjetunion, gescheitert wäre, ohne dass die Welt untergegangen ist.

Als Selbstregierung des Volkes ist Amerika ein »kühnes und andauerndes Experiment«, wie Franklin D. Roosevelt im oben angeführten Zitat sagte. Es muss darum immer wieder neu definiert werden, was »Amerika« sein soll, und es muss immer wieder neu interpretiert werden, was »Amerika« ist. Präsident Bill Clinton hat im Januar 1993 diesen Aspekt Amerikas betont und verlangt, Amerika »neu zu erfinden«: »vision and courage to reinvent America«. Zwar betonte er in seiner Inauguralrede die innenpolitische Seite dieser Erneuerung Amerikas für seine Armen und Schwachen, er erneuerte aber auch die Weltmission Amerikas: »America must continue to lead the world we did so much to make«. Die größte Kraft sei die »Macht unserer Ideen, die in vielen Ländern immer noch neu sind«, Demokratie und Freiheit: »America's long, heroic journey must go forever upward.«[99]

Amerika verstand sich lange als das »Land der unbegrenzten Möglichkeiten«, zuerst im offenen Raum des Westens, dann im offenen Vorraum der technisch-industriellen Zukunft, und schließlich im Vorraum der mentalen Möglichkeiten. Mit unbekannten Möglichkeiten muss man experimentieren, um seine Kräfte zu erproben und die besten Möglichkeiten zu verwirklichen. Die experimentelle Lebenshaltung entspricht der Zukunftsoffenheit der eigenen Geschichte, an die man glaubt. Leben als Experiment heißt, seine Zukunftschancen immer neu zu ergreifen. Das Experiment des Lebens muss angesichts veränderter Situationen dann tatsächlich immer neu »erfunden« wer-

---

99 New York Times, Januar 1993; vgl. auch D.J. Boorstin, The Americans. The Democratic Experience, New York 1973.

den. Wissenschaftlich ist das die Trial-and-Error-Methode, menschlich und politisch die Challenge-and-Response-Methode. Leben als Experiment und Politik als Experiment vertrauen auf die Dynamik des Vorläufigen: Alles bleibt in der Schwebe, nichts ist endgültig gewonnen, nichts ist endgültig verloren, man kann alles jederzeit wieder und von Neuem versuchen. Amerikanischer Lebensstil ist zu einem guten Teil ein solcher zukunftsoffener, keiner Vergangenheit nachtrauernder, risikofreudiger, experimenteller Lebensstil. Alles wird darum auf den Erfolg gesetzt und ist vom Erfolg abhängig. Darin ist auch das Vertrauen auf die von Norman Vincent Peale propagierte »Macht des positiven Denkens« typisch amerikanisch. Amerika hat immer mit dem festen Glauben gelebt, dass etwas Besseres geschehen könnte. Amerikaner waren darum glücklich, wenn sie die Dinge wachsen lassen und in Bewegung halten konnten. Wann haben jemals Menschen so viel Vertrauen in das Unerwartete gehabt? Um jedoch beweglich zu bleiben und die Dinge in Bewegung zu halten, muss man seine Wurzeln abschneiden und in nicht allzu festen, sondern jederzeit kündbaren Beziehungen leben. Leben als Experiment verlangt eine gewisse Wurzellosigkeit und ein Sich-Entwerfen auf die Zukunft. Dies macht auch die innere Unruhe der amerikanischen Seele aus: Der Traum jedes Amerikaners ist es, ein eigenes Haus auf eigenem Land zu besitzen – im nationalen Durchschnitt zieht jeder Amerikaner wenigstens alle fünf Jahre um; 42 Millionen wechseln jährlich ihre Adresse.[100]

---

[100] V. Packard, A Nation of Strangers, New York 1974, erkannte, dass die faszinierende Beweglichkeit der amerikanischen Beine die bittere Wurzellosigkeit der amerikanischen Seele zur Folge hat: »While the footlooseness of Americans as pioneers was a source of vitality and charm, several of the new forms that the accelerating rootlessness of Americans is taking, should be a cause for alarm« (10). Vielleicht hat er übersehen, dass footlooseness und rootlessness die notwendigen Preise für die beschriebene experimentelle Lebenshaltung sind, die mehr und mehr zur Lebenshaltung der flexiblen Menschen in der modernen Welt wird.

1.5 Zwischenfazit

Leben als Experiment – das kostet nicht nur den Preis der Einsamkeit des eigenen Lebens, sondern auch das Opfer vieler anderer Leben. Ein Experiment ist nur ein Versuch. Man muss Fehlschläge in Kauf nehmen. Man muss das Experiment aber wiederholen können, sonst ist es kein Experiment. Man muss Fehler machen dürfen, um aus seinen Fehlern zu lernen. Überträgt man diese experimentelle Lebenshaltung auf das reale Leben, dann sieht man seine Grenzen: Medizinische Experimente, die irreparable Schäden oder Tote hinterlassen, sind unverantwortlich. Politische Experimente mit Völkern sollten Politiker unterlassen, weil nicht sie die Folgen zu tragen haben. Militärische Experimente gibt es nicht, weil niemand die Toten wieder lebendig machen kann. Mit Katastrophen kann man nicht experimentieren. Ein »nukleares Harmaggedon« ist kein Experiment, weil niemand mehr übrig bleibt, der aus dem Schaden klug werden könnte.

Das amerikanische Experiment ist nicht wiederholbar, und es ist nicht übertragbar. Es ist nämlich nicht universalisierbar. Politisch kann sich die Menschheit und ökologisch kann sich die Erde nicht mehr als *ein* »Amerika« leisten. Wäre die ganze Welt »Amerika«, dann wäre sie schon zerstört. Das amerikanische Millennium kann auch der Untergang der Welt sein. Diese Zweideutigkeit ist in Amerika insofern auch bewusst, als dem amerikanischen Messianismus die amerikanische Apokalyptik auf dem Fuße folgt.

Beispiele für die typisch amerikanische »Pop-Apokalyptik« sind die Bestseller »The late great Planet Earth«

von Hai Lindsay[101] und die neue »Left Behind«-Serie von »Novels of the Earth's last Days« von Tim Lahaye und Jerry B. Jenkin.[102] Lindsay zeichnete ein militärisch-apokalyptisches Szenario der Endschlacht im Tal von Harmaggedon, in der die antichristlichen roten Armeen aus Russland und China mit US-Atombomben vernichtet werden, danach soll Christus in Jerusalem erscheinen und sein Tausendjähriges Reich errichten – Lindsay war übrigens Nahostberater von Präsident Reagan. In der »Left Behind«-Serie geht es um die »große Entrückung« der wahren Gläubigen in den Himmel, bevor die großen Schrecken der Endzeit, die Seuchen, Erdbeben, Bürgerkriege und der Terror des Antichrist beginnen. Auch hier wird zuletzt Christus in Jerusalem erscheinen, den Antichrist töten und sein Reich mit den Seinen aufrichten, während die Ungläubigen für immer von der Erde verschwinden werden. Brennpunkt beider Endzeitszenarien, des gewalttätigen und des eskapistischen, ist Israel: Die gottlosen Völker stürmen gegen Jerusalem, aber der kommende Christus wird die Stadt zur Hauptstadt seines Reiches machen. Es ist leicht erkennbar, welche amerikanische Politik von fundamentalistischen Gruppen mit diesen Erwartungen unterstützt wird.

2. DAS »REICH DER MITTE«: HARMONIE UND FORTSCHRITT IN CHINA

Nachdem ich 2010 die *keynote address* auf dem internationalen Peking-Forum gehalten hatte, habe ich diesen

---

101 H. Lindsay, The late great Planet Earth, zuerst New York 1970, bis heute in einer Gesamtauflage von mehr als 30 Millionen Exemplaren erschienen.
102 Zuerst Wheaton Illinois 1995, bis heute sind 10 Bände in einer Gesamtauflage von mehr als 50 Millionen Exemplaren erschienen.

Text für ihr Jubiläum 2018 geschrieben und 2020 überarbeitet.

Ich möchte in diesem Essay über den Begriff der »Harmonie« nachdenken, der in China bevorzugt verwendet wird. Natürlich blicke ich mit westlichen Augen auf die chinesische »Harmonie«, aber das gehört zur interkulturellen Begegnung. Ich werde die chinesische Harmonie mit westlichem Fortschrittsdenken konfrontieren und versuchen, beides dialektisch zu verbinden.

2.1 Harmonie im Konzept »Natur«

Betritt man in Peking den alten Kaiserpalast durch »das Tor des ewigen Friedens«, ist man beeindruckt von der perfekten Harmonie der Anlage – vor sich sieht man die »Halle der höchsten Harmonie«, dahinter die »Halle der mittleren Harmonie«, die dritte in der Reihe ist die »Halle der himmlischen Harmonie«. Der Himmelstempel in der Südstadt Pekings zeigt seine Harmonie in der Figur des Kreises und der Zahl »drei«. Der Kreis ist das Symbol des Himmels und das Abbild der Unendlichkeit, wie im Westen auch Plato lehrte. Die Zahl »drei« ist das Symbol der Vollkommenheit. Was in Peking anschaulich sichtbar ist, prägt offenbar auch die chinesische Philosophie seit dem »I-Ging-Buch«. Etwas oberflächlich könnte man sagen: Der Taoismus des »Tao-te-King« stellt die natürliche Harmonie, der Konfuzianismus die soziale Harmonie und der chinesische Buddhismus die seelische Harmonie dar.

Es handelt sich jedoch nicht um eine einfache, starre Harmonie, wie man im Westen seit Leibniz zu denken geneigt ist, sondern um Fließgleichgewichte, in denen das pulsierende Leben in den Rhythmen und Zyklen der Natur erfasst wird und durch welche die Menschen auf das Leben der Erde, des Himmels und des Tao eingestimmt werden. Die Widersprüche und Konflikte des Lebens werden in das bewegte und fließende Gleichgewicht von Yin und Yang gefasst.

Die ökonomische Realität, die hinter diesem Ideal der Harmonie steht, ist »das Reisfeld«, wie der langjährige deutsche Botschafter in China Erwin Wickert beobachtete. Das Reisfeld verlangt genossenschaftliche Arbeit, Pflanzung und Ernte müssen auf Jahreszeiten und Mondzyklen abgestimmt werden, die religiösen Feste sind zugleich Feste der sich erneuernden und lebensspendenden Natur. Die zu bewundernden Reisfeldterrassen in China sind jahrhundertealte Kunstwerke. Der chinesische Kaiser war als »Sohn des Himmels« auch der Hohepriester des Reiches und nicht nur für das Wohl der Menschen, sondern auch für das Wohl des Landes verantwortlich. Darum zog er im Frühjahr als der »erste Landmann« auf dem Feld neben dem Ackerbaualtar die »heiligen Ackerfurchen« und betete für das Gedeihen der Saat und dankte für die Ernten. Man kann die alt-chinesische Herrschaftsidee ein ökologisches Konzept nennen, das die Kultur der Menschen und die Natur der Erde in lebendiger und friedlicher Harmonie umfassen sollte.

2.2 Fortschritt im Konzept »Geschichte«

Als ich 1986 zum ersten Mal in China war, klagte unser Dolmetscher, ein intelligenter Student, China sei »rückständig«, habe aber einen »großen Sprung nach vorn« gemacht und brauche »Fortschritt« und Modernisierung. Das war der marxistisch-maoistischen Idee geschuldet. Diese stammte aus einer Verbindung deutscher Geschichtsphilosophie mit dem Elend des europäischen Industrieproletariats. Inhalt dieser Idee ist das Konzept »Geschichte« mit den Begriffen »Fortschritt« und lineare, zweckbestimmte Zeit. Träger dieser Idee sind die Industriearbeiter in den industriellen Massenstädten. Die Gewissheit dieser Idee ist die Unausweichlichkeit des Fortschritts. Im Proletariat wird die Menschheit zum Subjekt ihrer eigenen Geschichte. Mit diesem Konzept ging die Orientierung der menschlichen Welt an den Rhythmen und Zyklen der Natur verloren. An ihre Stelle trat die Unterwerfung der Natur und die Ausbeutung der Bodenschätze der Erde. Mit der Ablösung der menschlichen Welt von der natürlichen Umwelt wird die zyklische Zeitvorstellung durch die lineare Zeitvorstellung ersetzt. Die Zukunft ist keine Rückkehr zum Anfang, sondern sie ist der offene Vorraum des menschlichen Fortschritts und wird von den Menschen selbst bestimmt. Darum kann sie gelingen oder misslingen, die Zukunft ist auf jeden Fall riskant.

Die ökonomische Realität, die hinter diesem Konzept »Geschichte« mit den Inhalten »Fortschritt« und »Zukunft« steht, ist nicht das »Reisfeld«, sondern der Industriebetrieb. Die industrielle Produktion ist auf die Steigerung der Arbeit und den Profit ausgerichtet. Es muss immer mehr produziert und konsumiert werden. Industrieproduktion ist auf Wachstum und Expansion, auf Innovation und Machtsteigerung angelegt. Heute nennt man das »Globalisierung«. Weil Industrieproduktion auf »freien Wettbewerb« angelegt ist, entstehen die Konkurrenzkämpfe um Rohstoffe und Absatzmärkte. Aus dem Konkurrenzkampf entstehen in der Gesellschaft die Ungleichheiten zwischen den Gewinnern und den Verlierern, den Reichen und den Armen. Die Konsequenzen sind überall auf der globalisierten Industriewelt zu sehen. Wo bleibt die »Harmonie«? Wo bleibt die Gerechtigkeit? Wo bleibt der soziale Frieden?

2.3 Auf der Suche nach einem lebensfähigen Ausgleich von »Natur« und »Geschichte«

Der menschliche Fortschritt findet in den kosmischen Rahmenbedingungen der Erde statt. Darum kann die Natur der Erde von Menschen nicht unterworfen, ausgebeutet und zerstört werden, ohne dass die Menschen ihre eigene Lebensgrundlage und damit sich selbst zerstören. Sie kann auch nicht »humanisiert« werden, wie Karl Marx dachte, ohne zu zerfallen. Die Natur der Erde umgibt das Menschengeschlecht und trägt seine Kultur. Menschen können nur überleben, wenn sie das eigene Recht der Erde respektieren. Mit der »Natur der Erde« meinen wir das Ökosystem des Planeten Erde, das durch seine Atmosphäre und Biosphäre Sonnenenergie aufnimmt und verarbeitet und durch die Erdumdrehungen die Kreisläufe von Tag und Nacht, von Sommer und Winter garantiert. Diese kosmischen Rahmenbedingungen sind bemerkenswert konstant geblieben und die bisherigen menschlichen Kulturen haben sie auch durchweg respektiert. Erst die moderne Fortschrittswelt der »wissenschaftlich-technischen Zivilisation« missachtet ihre natürlichen Rahmenbedingungen. Sie hat nicht nur die »Grenzen des Wachstums«, wie der Club of Rome schon 1972 voraussagte, erreicht, sondern auch die Grenzen ihrer eigenen kosmischen Lebensbedingungen. Die globale Klimakatastrophe wirft in lokalen Naturkatastrophen ihre Schatten voraus.

Die Zukunft der Menschheit und der Natur der Erde liegt darum nicht in der Fortsetzung des modernen Projektes »Fortschritt im Konzept Geschichte«, sondern in den Vermittlungen dieses modernen Konzeptes mit der Weisheit des alten Konzeptes »Harmonie im Konzept Natur«. Es muss zu einem Gleichgewicht zwischen dem menschlichen Fortschritt und der natürlichen Harmonie kommen. Man kann diese neue ökologische Idee auch chinesisch so ausdrücken:

Nach dem modernen, männlichen, aggressiven und analytischen *Yang-Zeitalter* wird ein eher weiblich geprägtes, empfängliches und synthetisches *Yin-Zeitalter* kommen. Der Übergang ergibt sich von selbst aus dem universalen Fließgleichgewicht: »Nachdem das Yang seinen Gipfel erreicht, zieht es sich zugunsten des Yin zurück. Hat das Yin seinen Gipfel erreicht, zieht es sich zugunsten des Yang zurück«, steht im I-Ging-Buch.

Dann ist eine lebendige Harmonie zwischen Fortschritt und Harmonie erreicht, die in den weichen dialektischen Bewegungen des *Yang* und *Yin* besteht. Dies ist heute jedoch ein offener, einmaliger Prozess, er wiederholt sich nicht. Wir können ihn gewinnen oder verlieren. Wir erleben m.E. gerade die Wendezeit zu einem neuen Paradigma, das wir das »ökologische Paradigma« nennen.

2.4 Die humanen Grenzen des kapitalistischen Fortschritts, oder: »What money can't buy«

Die ökologischen Kosten des Fortschritts der wissenschaftlich-technischen Zivilisation sehen wir heute an den irreparablen Umweltschäden überall. Es gibt aber auch humane Kosten. Der Zerstörung der Natur draußen in der Umwelt entsprechen durchaus Zerstörungen in humaner Natur drinnen in Leib und Seele. In einer kapitalistischen Gesellschaft wird alles in Geld umgerechnet, alles muss käuflich sein und sein Wert wird in Geld bemessen, alles wird zur Ware gemacht und muss »sich rechnen«. Das hatte den jungen *Karl Marx* in seiner Frühschrift »Nationalökonomie und Philosophie« 1844 zu einer humanistischen Kritik an der »verkehrenden Macht des Geldes« angeregt. Er zitiert Goethes und Shakespeares Kritik an der Idolatrie des Goldes und nennt das Geld eine täuschende und den Menschen um das wahre menschliche Leben betrügende Macht:

> »Setze den Menschen als Menschen und sein Verhältnis zur Welt als ein menschliches voraus, so kannst du Liebe nur gegen Liebe austauschen, Vertrauen nur gegen Vertrauen etc. Wenn du Kunst genießen willst, musst du ein künstlerisch gebildeter Mensch sein; wenn du Einfluss auf andere Menschen ausüben willst, musst du ein wirklich anregend und fördernd auf andere Menschen wirkender Mensch sein.«[103]

Man kann Sex kaufen, aber nicht Liebe; man kann Gehorsam erzwingen, aber nicht Vertrauen; man kann Kunstwerke kaufen, aber um sie zu verstehen, muss man ein künstlerisches Verständnis haben; man kann wissenschaftliche Produkte kaufen, aber nicht die Leidenschaft zum Wissen; man kann Menschen nach ihrem Marktwert beurteilen, aber ihre Menschenwürde achtet man damit nicht. Wenn das Verhältnis von Mensch zu Mensch und von Menschen zur Natur nichts anderes mehr ist als der »unmittelbare Ausdruck ihres individuellen Daseins«, dann sind Menschen frei von Unterdrückung und Käuflichkeit, dann entsteht eine wahrhaft menschliche Gesellschaft, »in der die freie Entwicklung eines jeden die Bedingung für die freie Entwicklung aller ist«, wie es am Schluss des »Kommunistischen Manifest« 1848 heißt. Aber einen solchen Humanismus des authentischen Menschen kann man nicht verordnen oder herstellen, den müssen die Menschen selbst leben und verteidigen. Man kann Tugenden weder befehlen noch kaufen, sie müssen von Menschen um ihrer Selbstachtung willen entwickelt werden.

---

103 K. Marx, Ökonomisch-philosophische Manuskripte, Hamburg 2008; 3. Manuskript, Geld.

Dies ist es, »what money can't buy«; ein anderes menschliches Gut gibt es, »what money must not buy«. Es ist das Gemeineigentum, das allen Menschen lebensnotwendig ist. Ich meine die »global commons«:

- die Luft, die wir atmen;
- das Wasser, das wir trinken;
- der Boden, auf dem wir gehen;
- das Licht, das uns leuchtet;
- die Sicherheit, die uns leben lässt.

Dieses Gemeingut aller Menschen kann man weder verkaufen noch kaufen. Es sind lebensnotwendige und darum unabtretbare Menschenrechte.

Zur Zeit ist in Europa umstritten, ob es ein *Menschenrecht auf Wasser* gibt. Dass Wasser für jeden Menschen lebensnotwendig ist, ist unumstritten, aber ob die Wasserversorgung in kommunaler oder privater Hand effektiver garantiert wird, ist umstritten. Für viele Menschen gibt es keine »Wassergerechtigkeit«. Ist Wasser ein Gemeingut, auf das kein Besitzrecht erhoben werden kann, um den Missbrauch auszuschließen?

In Deutschland haben vor 20 Jahren viele Kommunen ihre Wasserwerke in private Hände gegeben. Nach 20 Jahren Erfahrungen damit kaufen sie nun ihre Wasserwerke zurück, um in kommunaler Hand allen Bürgern Wasser zu garantieren. Wasser bleibt öffentlich verfügbar als ein Gut der allgemeinen Vorsorge.

2.5 Kontrolle ist gut, Vertrauen ist besser

Das Gegenteil – »Vertrauen ist gut, Kontrolle ist besser« – wird gelegentlich *Lenin* zugeschrieben. Dieser Satz klingt realistisch, ist aber unrealistisch, obwohl viele Betriebe und Staaten ihre Kontrolle immer weiter ausbauen. Jeder klar denkende Mensch muss sich jedoch fragen: Wohin führt die Kontrolle und wann hört sie auf? *Karl Marx* hat das Dilemma des Überwachungsstaates hundert Jahre zuvor vorausgesehen und die unbeantwortbare Frage aufgeworfen: »Und wer kontrolliert die Kontrolleure?«

Nach dem Terroranschlag vom 11. September 2001 in New York ist das allgemeine Sicherheitsbedürfnis in allen Staaten der Welt enorm angewachsen. Vertrauen und Freiheit wurden in den USA durch den *Patriot Act* und umfangreiche, elektronische Überwachungssysteme reduziert. Die NSA kann heute nahezu den gesamten elektronischen Datenverkehr global überwachen. Aus der berechtigten Abwehr des Terrorismus entstand ein globales Überwachungsnetz und damit die Frage: Und wer überwacht die NSA? Und wer überwacht die Überwacher der Überwacher und so weiter?

Sind Sicherheit und Freiheit Gegensätze? Ich glaube nicht, denn ohne Freiheit gäbe es kein Sicherheitsbedürfnis, und ohne Freiheit ist Sicherheit nichts wert. Will man menschlich und frei leben, muss man mit einem gewissen Maß von Verwundbarkeit leben. Nur der Gefangene in seinem Gefängnis ist völlig sicher.

Die neuen elektronischen Überwachungsmittel haben seit einiger Zeit große Firmen zur Kontrolle ihrer Mitarbeiter verführt. Die Skandale großer Firmen in Deutschland zeigen den unvernünftigen Willen der Manager, das Betriebsklima durch Kontrollen zu zerstören. Keine Firma wird durch elektronische Kontrolle ihrer Mitarbeiter effektiver. Das Vertrauen ihrer Mitarbeiter ist vielmehr ihr wahres humanes Kapital. Nur Vertrauen schafft Interesse und freiwillige Mitarbeit. Durch Kontrollen sinkt das Interesse an der Arbeit und die Eigeninitiative der Arbeiter wird gelähmt.

Hinter der Sucht nach totaler Kontrolle steht ein pessimistisches Menschenbild, das die kontrollierten Menschen lähmt und nicht ihre besten Kräfte mobilisiert. Es ist unrealistisch. Wer kontrolliert die elektronischen Überwachungssysteme? Die gesammelten Daten sind offenbar immer weniger zu schützen, sie werden verkauft oder gestohlen und ohne unser Wissen ausgenutzt. Es ist eine »Überwachungsmafia« entstanden, die durch Internet global aktiv wird und kaum verfolgt werden kann.

Ohne Vertrauen funktioniert keine Kontrolle, aber kann man den Kontrolleuren vertrauen? Wir werfen einen Blick auf das *Vertrauen*:

Betrachten wir Vertrauen *psychologisch*, dann werden wir auf das Urvertrauen, basic trust, des Kindes stoßen. Es entsteht im Kind durch die Zuwendung der Mutter und des Vaters ein Vertrauen zum Leben, das stärker ist als die Lebensängste. Aus diesem Urvertrauen wächst das Selbstvertrauen, das wir zum Leben brauchen.

Betrachten wir es *ökologisch*, dann verstehen wir Vertrauen als eine Lebensatmosphäre, ohne die es kein menschliches Leben gibt. Es ist die Atmosphäre, in der das Leben bejaht und ein Mensch anerkannt wird. In einer Atmosphäre des Misstrauens wird Leben abgelehnt und Menschen verkümmern, werden krank und sterben. Vertrauen ist der notwendige Lebensraum der Freiheit.

Betrachten wir Vertrauen *soziologisch*, dann entdecken wir das Versprechen als Grundlage einer stabilen Beziehung. Verglichen mit dem Tier, ist der Mensch das Wesen, das versprechen kann und seine Versprechen auch halten muss. Halte ich meine Versprechen, mache ich mich zuverlässig und vertrauenswürdig, breche ich meine Versprechen, misstraut man mir mit Recht, ich werde zum Betrüger und kenne mich selbst nicht mehr.

Politisch besteht die Übereinkunft der Bürger im Bund, covenant oder constitution, Verfassung oder Grundgesetz genannt. Die Gesetze eines Staates müssen der Verfassung entsprechen, die Verfassung muss der »Allgemeinen Erklärung der Menschenrechte« der Völkergemeinschaft entsprechen. Wer sich davon entfernt, verliert seine Vertrauenswürdigkeit bei anderen Völkern und bei der Völkergemeinschaft.

Ich komme zu dem Schluss: Wie immer es um Kontrolle bestellt sein mag, wir müssen Vertrauen zwischen den Menschen einer Gesellschaft und »vertrauensbildende Maßnahmen« zwischen den Völkern aufbauen. Nur Vertrauen dient dem Frieden und der »Harmony of Civilizations and prosperity for All«.[104]

2.6 Weltmacht durch Attraktivität oder durch Aggressivität?

Das *alte China*, das uns z.B. *Marco Polo* beschreibt, verstand sich als »Reich der Mitte«, der Mitte des Erdreichs und der Mitte zwischen Himmel und Erde. Es wirkte auf seine umgebenden Staaten durch die höhere Kultur und die perfekte Beamtenhierarchie, also durch die überlegene Staatskunst. Die Nachbarstaaten wurden nicht militärisch besetzt und dadurch abhängig gemacht, sondern durch das »Reich der Mitte« angezogen und tributpflichtig gemacht. Manche lieferten den Tribut auch freiwillig, um das Wohlwollen der Kaiser von China zu sichern.

Die Fürsten der anliegenden Völker schickten ihre Kinder an den Hof von China, um sie chinesisch bilden

---

104 Bis hierher reichte der Text für die chinesische Veröffentlichung. Die folgende Frage habe ich in einer Diskussion mit chinesischen Gelehrten in der Mozart-Hall der Renmin-Universität am 15. Oktober 2014 gestellt und viel Resonanz gefunden. Meine Antwort habe ich 2020 für diese Veröffentlichung hinzugefügt.

zu lassen. Das »Reich der Mitte« übte seine Weltherrschaft durch Bewunderung aus. Die chinesische Kultur und Staatsform wurde Vorbild für viele im chinesischen Umfeld. Die »Mitte« übt immer Anziehungskraft auf die Peripherie aus. Die »Mitte« hält zusammen.

Das Kaiserreich China war im 19. Jahrhundert machtlos den Erniedrigungen der westlichen imperialen Mächte und Japan ausgesetzt. Das begann bei den Opiumkriegen mit dem britischen Weltreich und endete in der Niederschlagung des sog. Boxeraufstandes kurz vor dem Ersten Weltkrieg. Es war eine »bleierne Zeit« der Depression für alle Chinesen. Darum begrüßen sie den wachsenden Wohlstand und die Weltmacht China im 21. Jahrhundert mit neuem Machtrausch. Das *moderne China* war zunächst von Mao und später von der kommunistischen Partei geprägt. Es ist eine Ein-Partei-Diktatur und will die alte Vormachtstellung Chinas über Tibet, Taiwan und Hongkong wiederherstellen, aber es ist kein »Reich der Mitte« mehr. Es herrscht nicht durch Attraktion, sondern durch Aggression, durch die »lautlose Eroberung«. Es nimmt nicht das alte China zum Vorbild, sondern die westliche Supermacht der USA. Nach innen herrscht eine digitale Diktatur durch das social-credit-System. Nach außen wird durch die Modernisierung der alten Seidenstraßen zu Land und zu Wasser und durch die Ansprüche auf die Arktis die künftige Gestalt der Weltmacht China abgesteckt. Durch Häfen und Flugplätze weltweit und durch die wirtschaftliche Invasion Afrikas im speziellen wird die Zukunft der Supermacht China gesichert. Die USA sind auf dem Mond gewesen, China wird es auch. Die USA schicken eine Raumrakete auf den Mars, China auch. Auf den »American Dream« folgte der »Chinese Dream«. Der große Vorsitzende Shin tritt in westlicher Kleidung auf, nicht im Mao-Look.

Dass China die alte Attraktion des »Reiches der Mitte« verloren hat, sieht man schon daran, dass die Flüchtlingsströme aus Afghanistan, aus Syrien und afrikanischen Ländern sich nicht nach China wenden, sondern in die alten Kolonialstaaten in Europa ziehen. Diese sind, umgekehrt zur Entwicklung Chinas, von kolonisierender Aggressivität zur einladenden Attraktivität übergegangen – nicht von sich aus, aber als dieses Zentrum werden sie in Mittelost und Afrika angesehen und dazu gemacht. Die westlichen Demokratien sind im Kampf um die Macht auf Erden die humansten, denn sie versuchen, die Flüchtlinge nach den Menschenrechten zu behandeln.

3. DIE CHRISTENHEIT UND EUROPA

Ein neues Europa entsteht. Welche politische und kulturelle Form wird es gewinnen? Wird es nur eine Währungseinheit unter dem »Euro« sein oder wird Europa seine »Seele« finden?

Viele Fragen entstehen hier, weil es so viele Chancen und so viele Gefahren gibt. Es entstehen Ängste vor dem Verlust dessen, was wir sind und haben, und es entstehen Hoffnungen auf eine neue und bessere Gemeinschaft.

Politisch ist es die Frage, ob die Europäische Gemeinschaft ein Bund von Staaten bleibt oder auf dem Weg zu einem Bundesstaat mit eigenem Parlament und eigener Regierung fortschreitet. Manche europäische Nationen sind froh, endlich ihr eigenes Schicksal selbst zu bestimmen, und werden ihre nationale Souveränität nicht abgeben wollen, wie z.B. Polen. Andere, wie z.B. Deutschland, würden gern in einem größeren europäischen Bundesstaat leben.

Ökonomisch kann Europa zu einer international wichtigen Wirtschaftseinheit zusammenwachsen oder aber zu einer offenen Freihandelszone in einer globalisierten Welt werden. Westeuropa ist stark industrialisiert und zieht Arbeitskräfte aus dem Osten an; Osteuropa bietet sich als Billiglohnzone an und zieht arbeitsintensive Betriebe an. Es wird eine lange und für viele schmerzhafte Zeit brauchen, bis es zu vergleichbaren Lebensverhältnissen in West- und Osteuropa kommt.

Der erste Entwurf einer gemeinsamen Europäischen Verfassung ist in den Volksabstimmungen in Frankreich und Holland zwar gescheitert, dennoch ist die Idee einer gemeinsamen politischen und wirtschaftlichen Verfassung immer noch da und sogar dringlicher als je zuvor, denn die Europäische Gemeinschaft kann nicht erweitert werden, wenn sie nicht zuvor vertieft wird. Sonst verliert sie ihre Anziehungskraft. Zu einer gemeinsamen Verfassung aber gehören auch eine gemeinsame Rechtsordnung und eine erkennbare Wertegemeinschaft. Zu einer gemeinsamen Verfassung gehören auch Grenzen, denn sie kann weder grenzenlos noch unbegrenzt offen sein. Politische Einheiten können nicht abstrakt universal sein, sondern müssen Form, Gesicht, Gestalt und Charakter haben.

Gibt es eine unverkennbare europäische Kultur, die Europa ein Gesicht gibt?

Von innen gesehen, ist da nur Vielfalt zwischen Island und Malta, zwischen Holland und Rumänien, zwischen Estland und Portugal. Aber man muss sich auch von außen und mit den Augen anderer ansehen lernen. Wer immer in Afrika oder in China lebt, erkennt die gemeinsame Kultur Europas, und der europäische Reisende spürt an der ganz anderen fremden Kultur das Eigene, auch wenn er es nicht genau definieren kann.

Hat Europa eine »Seele«? Gibt es eine gemeinsame religiöse Prägung in Europa, die es anderswo nicht gibt? Gibt es in den europäischen Nationen eine christliche oder eine nachchristliche Identität, die es nur hier gibt?

Im Folgenden wird der Frage nachgegangen, wie es zu der Entwicklung von der *christlichen* Einheitsreligion zur *humanistischen Religionsfreiheit* gekommen ist und welche christlichen Wertvorstellungen im modernen Verfassungsgrundsatz von der Religionsfreiheit stecken. Als Indikator dient dabei die Veränderung des *Gotteslästerungsparagraphen* in den Strafgesetzbüchern. Dabei darf nicht vergessen werden, dass das Christentum längst über das christliche Europa hinausgewachsen ist und keine europäische und auch keine koloniale Religion des Westens mehr ist, sondern eine Weltreligion. Die Mehrheit der Christen lebt heute außerhalb der Europäischen Gemeinschaft. Als Christen in Europa sind wir europäische Bürger und zugleich Mitglieder der »ganzen Christenheit auf Erden«. Wir werden diese christliche Universalität nicht für das Linsengericht eines nur europäischen Christentums eintauschen wollen.

3.1 Christliche Europaideen und die ökumenische Weite des Christentums

DAS HEILIGE, EWIGE UND UNIVERSALE REICH

Die ersten christlichen Europaideen stammen aus der Vorstellung vom religiös einheitlichen Glaubensstaat der Antike. Keine Hoffnung hat die Christen so fasziniert wie die Vision des »tausendjährigen Reiches«, des Friedensreiches Christi, das die Geschichte der göttlichen Verheißungen erfüllt und die Geschichte menschlicher Gewalttat beendet. Diese Vision nahm auch die römische Hoffnung auf »das goldene Zeitalter« in sich auf.

Die erste Erfüllung dieser Hoffnung bot sich der Christenheit in der überraschenden »konstantinischen Wende« an: Aus der verfolgten Kirche wurde zuerst nur eine im römischen Weltreich »erlaubte Religion« und dann unter den christlichen Kaisern Theodosius und Justinian die alles beherrschende römische *Reichsreligion*. Das Römische Reich öffnete sich dem Einfluss der christlichen Kirche, und die Kirche diente dem Reich als das religiöse Band seiner Einheit. Es übernahm die Aufgaben und Funktionen der Staatsreligion. Das Christentum war aber in der freiwilligen Nachfolge des gekreuzigten Nazareners angetreten. Es war im Ursprung keine Volks-, Staats- oder Familienreligion. Warum übernahm es diese Rolle der herrschenden Religion im Römischen Reich? »Die mit Christus leiden, werden mit ihm herrschen«, hatte der Apostel Paulus angesagt (1 Kor 6,2; 2 Tim 2,12), denn der Gekreuzigte ist der von den Toten auferstandene und zur Rechten Gottes sitzende Herr der Welt. Also konnte die »konstantinische Wende« von den verfolgten Christen als die Wende vom Martyrium zum Millennium gedeutet werden.

Das christliche Römische Reich wurde als Anfang des tausendjährigen Friedensreiches verstanden, in dem Christus mit den Seinen die Welt beherrschen und die Völker richten werde. Das ist die Vision der *christlichen Universalmonarchie*: Es gibt nur einen Gott im Himmel und nur einen Pantokrator Christus und folglich nur einen Kaiser auf Erden, der sein Ebenbild ist: Ein Hirte und eine Herde. »Ein Gott, ein Kaiser, ein Reich«.

Das ist zwar eine allgemein verbreitete *politische Religion*, die wir auch in China und bei Dschingis Khan finden. Die christliche Reichsidee aber stammt aus einer eigenwilligen Deutung des sogenannten »Monarchienbildes« im Kapitel 7 des Propheten Daniel: Hier steigen nacheinander vier bestialische Weltreiche aus dem Chaosmeer auf und verbreiten Angst und Schrecken, zuletzt aber kommt vom Himmel herab das menschliche Reich des Menschensohns und der »Heiligen des Höchsten«. Das wird immerwährenden Frieden unter die Völker bringen und seine Herrschaft wird kein Ende haben (Dan 7,14). Was also beginnt mit der Christianisierung des römischen Weltreiches anderes als das endzeitliche Reich des Menschensohns Jesus Christus und das Reich der »Heiligen des Höchsten«? Mit dieser Erwartung konnte das Christentum die Rolle der Politischen Religion im Imperium Romanum übernehmen. Dieser *Politische Messianismus* der »konstantinischen Wende« prägte bis gestern das Missionsbewusstsein der *Christlichen Welt*, auch wenn aus der Christlichen Welt des 19. Jahrhunderts längst die *Westliche Welt* des 20. Jahrhunderts und aus der Westlichen Welt des 20. Jahrhunderts heute die *Moderne Welt* des 21. Jahrhunderts geworden ist.

Das Christentum als *Politische Religion* eines christlichen Staates oder als bürgerliche Religion einer christlich geprägten Gesellschaft: Das ist auch nach der Trennung von Ostrom und Westrom und auch nach der abendländischen Kirchenspaltung im 16. Jahrhundert so geblieben: »Cujus regio – ejus religio«, hieß die Augsburger Friedensformel 1555 und die schiedlich-friedliche Trennung evangelischer und katholischer Staaten im Westfälischen Frieden von 1648. Die politische Obrigkeit bestimmt die Religion des Volkes, und die Religion dient dem politischen Gemeinwesen. Auch wenn wir heute nach einer christlichen »Seele« der Europäischen Gemeinschaft suchen und auf die christlichen Wurzeln des modernen europäischen Geistes verweisen, suchen wir nach der *Politischen Religion Europas* und möchten, dass diese christlich geprägt wird, so wie Europa einst im Schatten der

Klöster und der Kathedralen entstanden ist. Ist das ein unzeitgemäßer Traum oder gibt es im religiösen Bereich in Europa doch etwas, was nur auf christlichem Boden entstehen konnte?

Um uns klarzumachen, was auf den christlichen Glauben zukommt, wenn er zur Politischen Religion eines Staates wird, werfen wir einen Blick auf den *Gotteslästerungsparagraphen* der christlichen Kaiser. Ist christlicher Glaube Staatsreligion, dann wird Heidentum zu einem politischen Verbrechen, so seit 425 unter Valentinian III. Nach Kaiser Justinians Novelle 77 aus dem Jahr 538 kommen Hungersnot, Pestilenz und Erdbeben über das Land, wenn das Verbrechen der Gotteslästerung ungesühnt bleibt. Zur ausgesprochenen Gotteslästerung gehörten auch Meineid, Ketzerei, Zauberei und das Sakrileg. Nicht nur wer Gott angriff, sondern auch wer von der wahren Gottesverehrung abfiel, war ein Gotteslästerer und musste mit dem Tod bestraft werden, um den Zorn Gottes abzuwenden. Noch 1708 erklärten die juristische und die evangelisch-theologische Fakultät in Tübingen, »dass die Blasphemie das abscheulichste und größte Verbrechen sei, wodurch Gott leicht zum Zorn gereizt werden und die Schmach am ganzen Land durch Hungersnot, Erdbeben und Pest rächen könnte«.[105] Dass hinter dieser metaphysischen Sicht der menschlichen Gotteslästerung kein spezifisch christlicher Gedanke, sondern vielmehr eine allgemein-religiöse Angst steht, ist aus der Geschichte des Propheten Jona erkennbar: Im Sturm werfen die heidnischen Seeleute den fremden Jona ins Meer, um den Zorn des Meeresgottes zu besänftigen.

---

105 A. Skriver, Gotteslästerung? das aktuelle Thema, Bd. 42, Hamburg 1962, 24.

Gotteslästerung setzt die allgemeine *Religiosität des »do-ut-des«* voraus. Wer die Götter lästert oder die notwendigen Opfer verweigert, ruft die Strafe der Götter herauf; wer die Götter verehrt und die erforderlichen Opfer bringt, hält die Götter bei guter Laune, so dass sie das Land segnen. Das ist auch eine *soziale Religion*: Wer den Göttern des Vaterlandes nicht opfert, muss den Göttern zum Opfer gebracht werden, damit sie von ihrem Zorn ablassen und die Gemeinschaft nicht strafen. Wenn Naturkatastrophen oder die Pest übers Land kommen, wird das als die Strafe der Götter verstanden. Die Gotteslästerer müssen ausgemerzt werden. Das war in Israel, Christentum und Islam allgemeine religiöse Praxis. Dabei ist der Handel mit den Göttern irreligiös, weil sie Menschen mit den Göttern auf die gleiche Stufe stellt: Tue ich dir Gutes, erwarte ich auch Gutes von dir. Das ist auch das Prinzip der »Werkgerechtigkeit« nach protestantischer Auffassung. Tue ich hier Gutes, komme ich in den Himmel.

Der wahre Gott ist so erhaben, dass er sich nicht auf so einen religiösen Handel mit den Menschen einlässt. Gott kommt souverän seinen geliebten Geschöpfen in »großer Barmherzigkeit« entgegen: sola gratia! Gott ist souverän in seiner Liebe. Es gibt für mich darum im Christentum keine Gotteslästerung mehr. »Vater, vergib ihnen, denn sie wissen nicht, was sie tun« (Lk 23,34). Das sollen Christen auch sagen, wenn sie auf Lästerung durch Nichtchristen treffen. Der Ausschluss der »do-ut-des-Religion« durch das Evangelium von der »zuvorkommenden Gnade Gottes« ist der theologische Grund für die Abschaffung des Gotteslästerungsparagraphen aus den modernen Strafgesetzbüchern und der christliche Grund für die Religionsfreiheit in der modernen Gesellschaft.

DAS CHRISTLICHE ABENDLAND ODER EUROPA?

Wir machen einen Sprung und kommen zur letzten christlichen Europaidee, der politisch-religiösen Vorstellung vom »Christlichen Abendland«. Unter diesem ideologischen Dach versammelten sich nach dem Zweiten Weltkrieg christlich-demokratische Politiker wie Konrad Adenauer, Robert Schumann und Alcide de Gasperi und legten den Grundstein für die Versöhnung der westeuropäischen Völker und für die Europäische Union. Die Idee des »Christlichen Abendlands« war jedoch eine defensive Idee: Westeuropa sollte damit gegen den atheistischkommunistischen Osten Europas abgegrenzt und gegen kommunistische Unterwanderungsversuche geschützt werden.

Das »Christliche Abendland« war schon seit dem 10. Jahrhundert der Name für einen vom römischen Kaiser und der römischen Kirche beherrschten Raum. Seit der Trennung von Ostkirche und Westkirche 1054 und ihren gegenseitigen Exkommunikationen wurde das lateinische »Christliche Abendland« gegen das Griechisch sprechende »Christliche Morgenland« in Byzanz abgegrenzt. Das »Christliche Abendland« war im Mittelalter auch der Name für die christliche Fortsetzung der antiken Kultur und Philosophie von Aristoteles bis zu Thomas Aquin.

Noch heute ist Europa christlich und kulturell in den lateinischen Westen und den orthodoxen Osten geteilt (Rumänien macht mit seiner lateinischen Schrift eine Ausnahme). Die Grenze – auch »Theodosiuslinie« genannt, wie mir ein ungarischer Theologe sagte – ist auf dem westlichen Balkan so undurchdringlich, dass es kaum zu Vermischungen gekommen ist. Die lateinischen Völker des Westens haben seit dem Mittelalter in der Renaissance, der Reformation und der Aufklärung eine ganz andere Geschichte erfahren als die orthodoxen.

Bis zur »Wende« aller europäischen Dinge im Zusammenbruch des kommunistischen Ostblocks gab es im Westen öffentliche Überlegungen, die Grenzen der Europäischen Gemeinschaft nur bis an die Grenzen des lateinischen Abendlands auszudehnen, um den kirchen- und kulturgeschichtlichen Raum und seine Formen festzuhalten. Also: Kroatien ja – Serbien nein.

Nach dem Ende der Ost-West-Konflikte 1990 ist diese beschränkte Idee des Christlichen Abendlands im Gegensatz zum orthodoxen Osten zum Glück verschwunden. Aber der religiös-politische Defensivbegriff des Christlichen Abendlands ist damit aus den christlich-demokratischen Parteien nicht verschwunden: An die Stelle des atheistisch-kommunistischen Ostens oder der orthodoxen Ostkirche ist heute der Islam getreten: Das Morgenland soll »islamisch« sein und das Abendland »christlich«, als gäbe es in den arabischen Ländern nicht Millionen von Christen und bei uns nicht eine zunehmende Zahl von Muslimen!

Angesichts der »ganzen Christenheit auf Erden« verbieten sich eine Begrenzung des Christentums auf ein »Christliches Abendland« und der damit verbundene Missbrauch des christlichen Glaubens für eine religiös-politische Ideologie Westeuropas!

»*Europa*« ist demgegenüber ein Humanistenwort. Der Name entstand im Zeitalter der Renaissance und war als polemische Alternative zum »Christlichen Abendland« gedacht. Man lehnte die christliche Antike ab und suchte nach der Wiedergeburt der vorchristlichen Antike. Man wollte sich aus der christlichen Staatsidee befreien und an deren Stelle den säkular funktionierenden und humanistisch geprägten Staat sehen. Ab etwa 1450 tritt diese humanistische Idee von »Europa« gegen das »Christliche Abendland« an und kommt im Zeitalter der Aufklärung und der bürgerlichen Revolutionen zum Sieg. Das »Christliche Abendland« hatte noch unzweideutige Grenzen am Raum der römisch-katholischen Kirche. Davon ist in der Europa-Idee nichts mehr enthalten. Es ist der geographische Name für einen Kontinent in Beziehungen zu Asien, Afrika und Amerika. Mit der Idee »Europa« verbinden wir die kulturellen Werte der Menschenwürde, der Menschenrechte, der Freiheit und der Toleranz; mit der Idee des »Christlichen Abendlands« verbinden wir die christlichen Werte der Nächstenliebe, der Barmherzigkeit sowie der Hilfe in der Not.

Was hat die moderne Europa-Idee mit der Tradition des »Christlichen Abendlands« zu tun? Erstens, sie ist im Kulturraum des Christlichen Abendlands entstanden; zweitens, auch in der Kritik steckt Fortsetzung. Die Werte des modernen Europas sind nicht zufällig auf dem Boden des Christentums entstanden – und nicht in China oder in der islamischen Welt.

Das Christentum hat durch das moderne Europa an Einfluss nicht nur verloren, sondern auch gewonnen. Christliche Werte wurden im modernen Europa nicht nur verworfen, sondern auch verwirklicht. Es ist darum notwendig, sich im modernen säkularen Europa an seine christlichen Quellen zu erinnern und aus ihnen zu trinken, wie es für die christliche Kirche notwendig ist, in den Werten der Menschenwürde und der Menschenrechte die eigenen Werte und die eigenen Hoffnungen wiederzuerkennen. Im Folgenden soll das beispielhaft an dem *Recht auf Religionsfreiheit* dargestellt werden.

3.2 Religionsfreiheit: Laizistisch oder freikirchlich?

Seit den bürgerlichen Revolutionen in England, Frankreich und Amerika an der Wende vom 18. zum 19. Jahrhundert ist der *Gotteslästerungsparagraph* aus den europäischen Strafgesetzbüchern verschwunden. Er wurde durch Bestimmungen zum Schutz der Religionsgemeinschaften ersetzt. Die Texte beginnen nicht mehr: »Wer Gott öffentlich durch Wort oder Schrift lästert ...«, sondern: »Wer die Angehörigen einer bestehenden Religionsgemeinschaft öffentlich beschimpft und ihr Empfinden verletzt ... wird mit Gefängnis bis zu 2 Jahren oder einer Geldstrafe bestraft«[106]. Gott selbst ist erhaben und kann nicht von Menschen beleidigt werden, Gott wird sich wegen vermeintlicher Ehrverletzungen auch nicht an Menschen rächen, aber die Kirche hat wie andere menschliche Gemeinschaften ein Recht auf öffentlichen Respekt. Wer ihre Religion verletzt, der verletzt die fundamentale Menschenwürde ihrer Mitglieder.

Diese Veränderung vom Gotteslästerungsparagraphen zu Paragraphen zum Religionsschutz, zum Gefühlsschutz und zum Friedensschutz der menschlichen Religionsgemeinschaften weist auf eine tiefe Wandlung im Verständnis der Religion überhaupt hin. Es ist der Weg von der etablierten Staatsreligion zur Religionsfreiheit jedes einzelnen Staatsbürgers und jeder einzelnen Staatsbürgerin. Es ist der Weg von der politischen Einheitsreligion zur religiösen Vielfalt. Theologisch steht dahinter der Weg von der gemeinsamen Gottesverehrung eines Volkes zur Anerkennung der Gegenwart Gottes in jedem und in allen Menschen; einfach gesagt: von Gott im Himmel zur Gottebenbildlichkeit aller Menschen. Der Respekt vor

---

106 § 166 StGB von 1871, der in leicht veränderter Form bis heute gültig ist.

der Religionsfreiheit jedes Menschen ist nichts anderes als die Anerkennung seiner Gottebenbildlichkeit, und die Anerkennung seiner Gottebenbildlichkeit muss sich im Respekt vor seiner Freiheit ausdrücken. »Das Recht auf religiöse Freiheit ist in Wahrheit auf die Würde der menschlichen Person selbst gegründet«, so das Zweite Vaticanum in der Erklärung »Dignitatis humanae«.

Der Kampf um die individuelle Religionsfreiheit war von Anfang an ein wesentlicher Bestandteil der bürgerlichen Demokratiebewegung gegen die Klassengesellschaften der Monarchie, Aristokratie und Hierarchie. Seit der amerikanischen Unabhängigkeitserklärung 1776 und der Französischen Revolution 1789 steht die Achtung der Menschenwürde im Zentrum des Kampfes um Freiheit und Gleichheit aller Staatsbürger. »Die Würde des Menschen ist unantastbar. Sie zu achten und zu schützen ist Verpflichtung aller staatlichen Gewalt«, erklärt das Grundgesetz der Bundesrepublik Deutschland in Artikel 1. Aus der Menschenwürde folgen alle Grundrechte der Bürger, so auch in Artikel 4 die Glaubens- und Gewissensfreiheit: »Die Freiheit des Glaubens, des Gewissens und die Freiheit des religiösen und weltanschaulichen Bekenntnisses sind unverletzlich. Die ungestörte Religionsausübung wird gewährleistet.«

Der Gegner der bürgerlichen Religionsfreiheit war nicht der christliche Glaube, sondern die christliche Staatsreligion und die Staatskirche, der jedermann angehören musste. Darum traten viele Menschen im Namen ihres christlichen Glaubens gegen die Staatskirche in ihren Ländern und für die Religionsfreiheit ein. Doch je nachdem, wovon sie errungen werden musste, sah und sieht bis heute Religionsfreiheit verschieden aus: Es gibt den Typ *negativer Religionsfreiheit*, wie er besonders in Frankreich im Ruf nach *Laïcité* zu hören ist; es gibt den Typ *positiver Religionsfreiheit*, wie er im christlichen Freikirchentum in den USA zu sehen ist.

Negative Religionsfreiheit: Im französischen Absolutismus Ludwigs XIV. wurde der religiös einheitliche Glaubensstaat errichtet: »Un Roy, Une Loy, Une Foy«. 1685 wurde das Toleranzedikt von Nantes aufgehoben und die evangelischen Hugenotten wurden vertrieben. Die römisch-katholische Kirche wurde zur verpflichtenden Staatskirche. Kardinäle wie Richelieu und Mazarin bestimmten die Politik. Durch die Französische Revolution und endgültig 1905 wurde die Trennung von Staat und Kirche durchgesetzt. Der *Laizismus* verdrängte die klerikale Kirche aus der Öffentlichkeit mit der plausiblen Begründung, sie habe in politischen Dingen keine Kompetenz. Seitdem kennen wir den antiklerikalen, laizistischen Typ des säkularen Staates in den katholischen Ländern Westeuropas. Es gibt in Frankreich, Spanien und Italien keine theologischen Fakultäten an staatlichen Universitäten (außer in Straßburg, das von 1871 bis 1919 deutsch war). Der stärkste Widerstand gegen eine religiöse oder gar christliche Formel in der Präambel zur Europäischen Verfassung kommt aus dem katholischen Laizismus Frankreichs. Dieser Laizismus ist im Grunde ebenso absolutistisch wie der frühere Klerikalismus. Warum? Weil er nicht an das alte Toleranzedikt von Nantes 1598 anknüpft, sondern seinem totalitären Gegner, dem Absolutismus Ludwigs XIV., verhaftet geblieben ist.

Positive Religionsfreiheit: Zur Zeit der englischen Revolutionen im 17. Jahrhundert ging die Forderung nach Glaubensfreiheit – »soul liberty«, wie Roger Williams sagte – von den christlichen Dissidenten gegenüber der Staatskirche aus. Quäker, Baptisten, Presbyterianer und Methodisten forderten die christliche Glaubensfreiheit, weil sie die persönliche Glaubenserfahrung und die persönliche

Glaubensentscheidung entdeckten. Viele benutzten das *ius emigrandi* und wanderten in die nordamerikanischen Kolonien aus, um hier ihren Glauben unangefochten leben zu können. Hier wurde Religionsfreiheit nicht der Staatskirche abgerungen, sondern von den *Freikirchen* selbst gefordert und gegen den Staat durchgesetzt. Die Religionspolitik des Staates wurde aus dem religiösen Bereich verdrängt, weil der Staat keine Kompetenz in religiösen Fragen haben kann. Hier befreite sich nicht eine laizistische Politik von einer klerikalen Kirche, sondern umgekehrt befreiten sich freiwillige christliche Kirchengemeinschaften vom Staat. Seitdem kennen wir den freikirchlichen Typ des säkularen Staates, allem voran in den USA. Die meisten und auch die besten amerikanischen Universitäten sind private Universitäten und gehen auf christliche Gründungen zurück. An ihren Spitzen standen darum die Divinity Schools.

Ich habe die verschiedenen Typen von Religionsfreiheit so ausführlich dargestellt, um zu beweisen, dass es nicht nur die negative, areligiöse, säkulare Begründung der persönlichen Religionsfreiheit gibt, sondern auch die positive, religiöse und christliche Deutung der Religionsfreiheit, denn das evangelische Christentum ist die »Religion der Freiheit«, wie der deutsche Philosoph Hegel mit Recht sagte.

3.3 Christliche Identität im Bereich der Religionsfreiheit

Im letzten Teil komme ich auf das Profil des Christentums in der modernen Welt der staatlich garantierten Religionsfreiheit zu sprechen. Was ich sagen will, trage ich in der Form von Thesen vor.

ERSTE THESE

In der modernen Welt der Religionsfreiheit ist keineswegs alles erlaubt, was als Teil der Religionsausübung deklariert wird, denn Religionsfreiheit hat ihre Grenzen an der Menschenwürde, aus der sie abgeleitet worden ist, und an den Menschenrechten, zu denen sie gehört. Religionsfreiheit gibt keine Freiheit zur Verletzung der Menschenwürde und der Menschenrechte. Niemand kann sagen, Kinderopfer seien Teil seiner Religion, und Freiheit dafür verlangen. Niemand darf aufgrund der Religionsfreiheit Witwen verbrennen, Genitalverstümmelungen an Mädchen vornehmen, Kinder zwangsweise verheiraten, Ungläubige töten, Apostaten verfolgen, Ketzer verbrennen, Antisemitismus verbreiten, Terror predigen und unterstützen, Tiere quälen und »schächten«. Ein Islam, der einen Religionswechsel z.B. zum Christentum ausschließt und mit dem Tod bestraft, verletzt die Menschenwürde und die Menschenrechte und hat keinen Anspruch auf Toleranz. Wenn wir die traditionellen Religionen der Welt an den modernen Menschenrechtserklärungen und unseren modernen Verfassungen prüfen, müssen sich die meisten gewaltig verändern, wenn sie Religionsfreiheit in der modernen Welt für sich in Anspruch nehmen wollen. Sie müssen sich zuerst auf die Menschenwürde und die Menschenrechte jedes einzelnen Menschen – Mann und Frau, Kinder und Alte, Gesunde und Kranke, Behinderte, Gefangene, Gläubige und Ungläubige – ausrichten, bevor sie Freiheit für die Ausübung ihrer Religion in Anspruch nehmen können.

Das heißt praktisch: Alle Religionsgemeinschaften, die in modernen Staaten existieren wollen, müssen anerkennen: erstens, die Trennung von Religion und Politik, wie sie die Trennungen von Kirche und Staat in der christlichen Welt vorgemacht haben; zweitens, die Anerkennung der Religionsfreiheit jeder Person, also auch ihrer eigenen Kinder; drittens, die Anerkennung der Würde, der Menschenrechte und der freien Selbstbestimmung der Frau. Religionsgemeinschaften, die eines dieser drei Prinzipien für sich nicht anerkennen, haben keinen Anspruch auf freie Religionsausübungen in der modernen Welt.

Alle Religionsgemeinschaften, die moderne Religionsfreiheit in Anspruch nehmen, haben auf der anderen Seite Anspruch auf staatlichen Schutz vor öffentlicher Beleidigung oder Verunglimpfung ihres Glaubens. Die dänischen Mohammed-Karikaturen waren keine Gotteslästerung, wohl aber eine Verletzung der religiösen Gefühle der Muslime. Statt den Streit mit Gewalt auf die Straßen der arabischen Welt zu tragen, hätte die Auseinandersetzung darum vor einem Gericht sattfinden müssen.

ZWEITE THESE

In der Welt der Religionsfreiheit wird jede christliche Kirche zu einer Religionsgemeinschaft unter anderen und damit faktisch zur Freikirche. Ihr Christentum wird damit glaubwürdiger und christlicher als zu der Zeit, da sie als Staats- oder Volkskirche die allgemeine Religiosität und das allgemeine Ethos der Gesellschaft vertreten mussten. Als *Freikirche* kann sie sich in der Nachfolge Jesu an die Bergpredigt halten und sagen: Was immer alle anderen auch tun, wir folgen allein Jesus und halten uns an den Willen Gottes. Nicht Zwang oder Gewohnheit, sondern der freie, persönliche Glaube prägt das Christsein der Einzelnen und der bekennenden, eigenständigen und widerständigen Gemeinden. In Deutschland ist unser Vorbild dafür die widerständige Bekennende Kirche zur Zeit der Nazidiktatur, im Gegensatz zur staatlichen Nazi-Glaubensbewegung der »Deutschen Christen«.

DRITTE THESE

Wenn verschiedene Religionsgemeinschaften in einem Staat zusammenleben, müssen sie sich auch gegenseitig kennenlernen. Dafür ist der *interreligiöse Dialog* unerlässlich. Er hat eine doppelte Wirkung: Man lernt den Anderen in seiner Glaubensweise kennen und man lernt seinen eigenen Glauben am Anderen kennen. Die Erkenntnis der Anderen und die Selbsterkenntnis stehen in einem wechselseitigen Zusammenhang.

Der interreligiöse Dialog ist nicht so einfach, wie unbeteiligte Politiker und desinteressierte Humanisten meinen. Man muss nicht nur dialogwillig und neugierig auf die andere Religion sein, man muss auch dialogfähig und zur Verantwortung des eigenen Glaubens bereit sein. Im Dialog geht es nicht um den kleinsten gemeinsamen Nenner oder allgemeine menschliche Freundlichkeiten, sondern um die harte und klare Wahrheit: Im Dialog mit Juden geht es um die Auferstehung Jesu; im Dialog mit dem Islam geht es um die Gottessohnschaft Jesu und die Heilige Trinität. Wer das Herzstück des christlichen Glaubens verschweigt, ist des Dialogs nicht würdig. Warum sollen Juden und Muslime mit Christen sprechen, die gar nicht gläubige Christen sein wollen? Dialog mit Juden und Muslimen ist eine Chance für das christliche Zeugnis und die Mission des Evangeliums Christi, das darin zur Diskussion gestellt wird. Billiger ist ein Dialog, der nach der göttlichen Wahrheit sucht, nicht zu haben.

Wir brauchen dafür mündige Gemeinden und gebildete Christen, die im Umgang und im Dialog mit Andersgläubigen oder Ungläubigen verständliche Auskunft über ihren christlichen Glauben geben können. Im Unterschied zu anderen Religionen ist der christliche Glaube auf Erkenntnis und Verständnis angelegt: »Credo ut intelligam«, sagte *Anselm von Canterbury* im Mittelalter: »Ich glaube, um zu verstehen«. Ich füge hinzu: Und ich will verstehen, was ich glaube, weil ich hoffe, einmal von Angesicht zu Angesicht zu schauen, was ich glaube.

Die Forderung nach dem interreligiösen Dialog geht darum heute vor allem von Christen aus und richtet sich zuerst an die anderen Buchreligionen wie das Judentum und den Islam. Buchreligionen sind strukturell zum Dialog über die Theologie des jeweiligen Glaubens bereit. Reine Ritualreligionen wie der japanische Shinto sind nahezu dialogunfähig, jedenfalls durch die eigene Religion nicht auf einen Dialog vorbereitet. Und mit meditativen indischen Religionen kann man gut gemeinsam schweigen, aber kaum dialogisieren.

Nach meinen Erfahrungen sind Mehrheiten am Dialog wenig interessiert, Minderheiten dagegen sehr, um sich als gleichberechtigt in der Öffentlichkeit zu präsentieren. Der interreligiöse Dialog ist nirgendwo eine »herrschaftsfreie Kommunikation«, wie wir mit *Jürgen Habermas* anfänglich dachten. Es geht nicht nur um die Wahrheitsfrage, sondern immer auch um die Machtfrage und um öffentlichen Einfluss. Je klarer man das erkennt, umso besser für den Dialog. Ich erinnere mich an einen Dialog mit Juden und Muslimen in Turin. Er ging gut, darum schlug ich vor, ihn in Riad fortzusetzen. Der Muslim rang die Hände und sagte: »Ganz unmöglich«. Er war nicht in der Lage, die italienische Gastfreundschaft in Saudi Arabien zu erwidern. Schade!

Im interreligiösen Dialog geht es zuletzt nicht nur um religiöse Fragen. Die Hauptsache ist das Erlernen der Friedensfähigkeit der Religionen in den Weltgefahren heute. Die Weltreligionen müssen die terroristischen Motive in ihren Traditionen überwinden und sich auf das Leben der Menschen und das Überleben der Natur dieser Erde verpflichten, denn wenn die Menschheit nicht überlebt und der Erdorganismus zerstört wird, gibt es auch keine Weltreligionen mehr. Religionen, die auf *das Leben* orientiert sind und den *Terror des Todes* überwinden, wo immer er sich zeigt, sind ein Segen für die Zukunft unserer Welt.

4. DER NEUE NATIONALISMUS UND DIE VERSÖHNUNG DER NATIONEN

Durch die nationalistische Machtpolitik, wie sie von *Trump* in den USA und von *Putin* in Russland ausging bzw. ausgeht, scheint eine Versöhnung der Nationen unmöglich, denn diese Nationen führen Krieg im Frieden: Handelskriege mit Sanktionen und Cyber-Wars mit Fake-News. Sie setzen auf »the survival of the fittest« und halten ihre Nation für siegreich.

Aber die Nationen müssen sich versöhnen und zusammenleben, wenn die Menschheit überleben soll. Der »Menschheitsstaat«, von dem sich *Immanuel Kant* »ewigen Frieden« versprach, ist unsere Zukunft, und die Durchsetzung der Menschenrechte ist der Weg. »To be human or not to be«, das ist die Existenzfrage der Menschheit.

Aber ist Versöhnung politisch möglich oder nur im privaten Leben?

4.1 Drei politische Versöhnungen

Ich habe in meinem langen Leben drei politische Versöhnungen erlebt: zuerst die zwischen *Frankreich und Deutschland*, dann die zwischen *Deutschland und Polen*, zuletzt die zwischen der kapitalistischen *Bundesrepublik* und der sozialistischen *Deutschen Demokratischen Republik*. Und jede war anders.

FRANKREICH UND DEUTSCHLAND

Für die Versöhnung und den Neuanfang zwischen Frankreich und Deutschland stehen die Umarmung von Bundeskanzler *Konrad Adenauer* und Präsident *Charles de Gaulle* in der alten französischen Krönungsstadt Reims 1962 und das Händehalten von Bundeskanzler *Kohl* und dem Präsidenten *Mitterand* auf dem Schlachtfeld von Verdun 1984. Die alte »Erbfeindschaft« von Deutschen und Franzosen wurde beendet und damit die Basis der europäischen Einigung begründet. Seit den »Befreiungskriegen« 1813 gegen Napoleon herrschte bittere Feindschaft zwischen den Völkern. Das deutsche Nationalgefühl wurde durch den Sieg über Frankreich 1870/71 und die deutsche Reichsgründung im französischen Königsschloss von Versailles in ungeahnte, aber gefährliche Höhen gehoben. Die Schlacht von Verdun im Ersten Weltkrieg 1915 galt nicht dem Sieg, sondern dem »Ausbluten« Frankreichs und der Vernichtung seiner Jugend. Schrecklicher kann eine Feindschaft nicht vertieft werden. Nach 500.000 Toten wurde dieser Versuch von deutscher Seite abgebrochen. Nach den Niederlagen im Zweiten Weltkrieg – zuerst Frankreichs 1940 und dann Deutschlands 1945 – war die Feindschaft verschwunden. Gemeinsame Trauer auf den endlosen Gräberfeldern und der Aufbau Europas führten zur Versöhnung von Franzosen und Deutschen. Die Montanunion, die Römischen Verträge und die Gründung der »Europäischen Gemeinschaft« (EG) waren Früchte dieser politischen Versöhnung im Herzen Europas. Heute ist von der alten Feindschaft nichts mehr zu spüren.

DEUTSCHLAND UND POLEN

Für die Bitte um Vergebung unermesslicher Schuld steht symbolisch der Kniefall des Bundeskanzlers *Willy Brandt* am 7. Dezember 1970 vor dem Ehrenmal für die Toten des Warschauer Ghettos. Warschau war schon 1939 von der deutschen Luftwaffe ausgebombt worden. Juden aus ganz Polen wurden in das Warschauer Ghetto getrieben und von da abtransportiert und im Todeslager Treblinka ermordet. Warschau sah den Todeskampf der Juden im Ghettoaufstand 1943 und den Aufstand der polnischen Heimatarmee 1944/45, der von der deutschen SS tödlich niedergeschlagen wurde. Warschau war die am meisten zerstörte Stadt des Zweiten Weltkriegs in Europa. Nach der Kranzniederlegung am Ehrenmal folgte Willy Brandt einer plötzlichen Eingebung und kniete vor den Opfern nieder. Ich erinnere mich: Als wir das Bild sahen, wollten meine Freunde und ich an seiner Seite niederknien und um Vergebung für die Schuld unseres Volkes an Juden und Polen bitten – oder auch nur, um über die Toten zu trauern. Denn die Last der Schuld lastete schwer auf meiner Generation. Im Stuttgarter Schuldbekenntnis der Evangelischen Kirche in Deutschland hatten unsere Väter bekannt:

> »Mit großem Schmerz sagen wir: Durch uns ist unendliches Leid über viele Völker und Länder gebracht worden. ... wir klagen uns an ...«

1965 haben wir in der »Ostdenkschrift« unsere Schuld gegenüber Polen bekannt und um Versöhnung gebeten. 1966 ist uns die katholische Kirche zur Seite getreten. Die 1958 ins Leben gerufene evangelische »Aktion Sühnezeichen« brachte Hunderte junger Deutscher nach Polen, Israel und Russland, um Hilfe beim Aufbau nach dem mörderischen Krieg zu leisten.

Polen ist für die Freiheitstraditionen Europas besonders wichtig. Die freie Gewerkschaftsbewegung »Solidarność« wurde zum Anfang der Befreiung osteuropäischer Völker vom Sowjetimperium. Ich war in den sechziger Jahren Mitherausgeber der »Deutsch-polnischen Hefte«, aber trat 1968 aus, weil Polen sich am Einmarsch der Warschauer-Pakt-Truppen in die Tschechoslowakei beteiligte.

DIE ZWEI DEUTSCHEN STAATEN

1989 und 1990 erlebten wir Deutsche das »Wunder« der Vereinigung der zwei deutschen Staaten, des sozialistischen Ost- und des kapitalistischen Westdeutschlands. Das deutsche Wort für Wunder war damals »Wahnsinn«. 1981 hatte die Friedensbewegung in West und Ost gegen die Mittelstreckenraketen der Russen und Amerikaner protestiert. Die Kirchen waren daran mehrheitlich beteiligt. Die Raketen wurden abgezogen, sei es durch den NATO-Doppelbeschluss (Helmut Schmidt) oder durch die Friedensbewegung. In der Nikolaikirche in Leipzig traf sich an jedem Montagabend ein kleiner Kreis von Christen zum Friedensgebet. Diese Friedensgebete wurden zur Initialzündung für die massiven Umzüge 1989 in Leipzig. Mit Kerzen und Gebeten demonstrierten die Bürgerinnen und Bürger von Leipzig für Demokratie und Freiheit: »Keine Gewalt« und »Wir sind das Volk«. Der Staat war mit Polizei und Panzern aufgefahren und war sprachlos. Die deutsche Demokratie wurde 1989 in Ostdeutschland erkämpft, nicht 1945 in Westdeutschland. Später kam der Ruf zur Einheit hinzu: »Wir sind ein Volk«. Das war national gemeint: »Jetzt wächst zusammen, was zusammengehört« (Willy Brandt).

Was war das Ergebnis? Der sozialistische Staat löste sich auf, die kommunistische Partei, die SED, zerfiel. Die Bundesrepublik Deutschland übernahm die zerfallende DDR. Das war keine Vereinigung zweier selbstständiger Staaten, sondern die Übernahme des Einen durch den Anderen. Die ostdeutsche Wirtschaft wurde stillgelegt, weil sie im Westen nicht konkurrenzfähig war. Mehr als zwei Millionen Menschen zogen in den Westen. Die Lebensleistungen der ostdeutschen Frauen und Männer in 40 Jahren DDR wurde im Westen nicht anerkannt. Es braucht mindestens eine Generation, also 40 Jahre, um nach der Vereinigung Versöhnung in unser Land zu bringen.

Zwischen Frankreich und Deutschland geschah die *Versöhnung der Feinde*. Da beide gleich stark waren, war es eine symmetrische Versöhnung. Zwischen Deutschland und Polen war es eine *Versöhnung der Opfer und der Täter*, eine asymmetrische Versöhnung. Die Täter müssen ihre Schuld bekennen und die Opfer können vergeben. Zwischen den zwei deutschen Staaten kam noch etwas hinzu, das heute in Osteuropa zum Problem geworden ist: Eine kapitalistische Demokratie muss eine zerfallende sozialistische Diktatur übernehmen, d.h. die Täter waren Befehlstäter und handelten auf Befehl, nicht aus Freiheit. Kann man von Befehlstätern Schuldbekenntnisse verlangen?

Jede Versöhnung, die ich erlebt habe, war anders, aber immer waren Christen maßgeblich beteiligt. Die französisch-deutsche Versöhnung wurde von den Katholiken de Gaulle und Adenauer gemacht. Die Friedliche Revolution 1989/1990 wurde von einem Journalisten die »protestantische Revolution« genannt. Die polnisch-deutsche Annäherung wurde 1965 durch die »Ostdenkschrift« der Evangelischen Kirche in die Wege geleitet, und Willy Brandt war dankbar, dass die Kirche der Politik vorangegangen war. So war die Öffentlichkeit auf seine neue Ostpolitik vorbereitet.

Noch etwas ist wichtig: *Versöhnung kann nicht allein stehen*, der *neue Anfang* muss dazukommen. Versöhnung ist in erster Linie ein rückwärts in die schmerzhafte oder peinliche Vergangenheit gerichteter Akt. Bleibt er allein, so regiert das RE die Gegenwart, *re-conciliation*. Bei der Versöhnung zwischen Frankreich und Deutschland kam der Europa-Gedanke dazu: eine gemeinsame Zukunft und die größere Zukunft der versöhnten Gemeinschaft. Auch bei der Versöhnung mit Polen trat der Europa-Gedanke dazu, wenn auch nicht so stark wie das polnische Nationalgefühl. Zur deutschen Vereinigung kam die gemeinsame Demokratie hinzu und ebenfalls der Europa-Gedanke, im Osten weniger, im Westen mehr. *Desmond Tutu* hat in Südafrika zur Befreiung vom weißen Apartheitssystem gesagt: »Keine Zukunft ohne Versöhnung.« Ich sage: »Keine Versöhnung ohne neue Zukunft.« Wir stimmen über beide Sätze überein.

4.2 Der neue Nationalismus

Es begann 1990 mit dem Ende des Ost-West-Konfliktes und der nationalen Vereinigung Deutschlands. Die Sowjetunion löste sich 1991 auf. *Gorbatschow* hatte an der Sozialistischen Internationale festhalten wollen, doch *Jelzin* setzte sich durch und führte das neue, nationale Russland herauf. *Putin* vollendete den neuen russischen Nationalismus. Russland wurde durch seine internationale Funktion als »Schutzmacht des Sozialismus« überfordert. Der kommunistische Menschheitstraum starb.

Der »Ostblock« löste sich plötzlich auf – der »freie Westen« löste sich langsamer auf. An die Stelle der Staatengemeinschaft der »freien Welt« trat der neue Nationalismus bis zu *Trumps* »America first«. Die USA fühlen sich als »Schutzmacht der freien Welt« überfordert, darum wollte Präsident Trump sich Amerikas militärischen Einsatz als Schutzmacht von Europa, Korea und Japan bezahlen lassen. Der neue Nationalismus führt Amerika in die Isolation: »America alone«. Präsident Trump wollte aus der UNO austreten, unter ihm verließen die USA das Pariser Klimaabkommen von 2015 und den Menschenrechtsrat und traten aus der Welthandelsorganisation aus – ich habe den Eindruck, er fühlte sich in der amerikanischen Demokratie nicht wohl. »America first« widerspricht der amerikanischen Unabhängigkeitserklärung von 1776: »Alle Menschen sind frei und gleich geschaffen …«, also »Humanity first«. Stirbt der demokratische und humanistische Menschheitstraum jetzt? Nein!

Die heutigen Menschheitsprobleme sind nicht auf nationaler Ebene zu lösen:

1. Die Gefahr einer atomaren Menschheitsvernichtung braucht eine Weltfriedensordnung.
2. Die fortschreitende Naturzerstörung braucht einen ökologischen Umbau der industriellen Gesellschaft in allen Nationen.
3. Überbevölkerung, Migration und Armut rufen nach einer starken transnationalen Organisation der Menschheit.

Der »Menschheitsstaat« *Kants* ist nicht länger ein humanistischer Traum, sondern eine zwingende Notwendigkeit, wenn das Menschengeschlecht überleben will.

4.3 Die Versöhnung Gottes

Die Versöhnung mit Gott kann man nicht fordern, nicht durch Opfer erkaufen, nicht mit Gewalt erzwingen. Man kann sie nur erbitten. Aber die Versöhnung mit Gott ist der transzendente Hintergrund aller zwischenmenschlichen Versöhnungen. Wir orientieren uns an Paulus 2 Kor 5,17–21:

> »Ist jemand in Christus, so ist er eine neue Kreatur; das Alte ist vergangen, siehe, Neues ist geworden. Aber das alles ist von Gott, der uns mit sich selbst versöhnt hat durch Christus und uns das Amt gegeben, das die Versöhnung predigt. Denn Gott war in Christus und versöhnte die Welt mit sich selbst und rechnete ihnen ihre Sünden nicht zu und hat unter uns aufgerichtet das Wort von der Versöhnung. So sind wir nun Botschafter an Christi statt, denn Gott ermahnt durch uns; so bitten wir nun an Christi statt: Lasst euch versöhnen mit Gott. Denn er hat den, der von keiner Sünde wusste, für uns zur Sünde gemacht, damit wir in ihm die Gerechtigkeit Gottes würden«.

Ich werde jetzt keine Exegese dieses Textes versuchen, sondern nur auf Gedanken aufmerksam machen:

1. Versöhnung durch die Lebenshingabe Christi kann nicht allein stehen, wie auch die Vergebung der Sünden nicht allein stehen kann. Ist jemand in Christus, so hat er auch Gemeinschaft mit dem auferstandenen Christus, d.h. er oder sie nimmt teil an der Neuschöpfung der Welt. Er oder sie ist neu geschaffen. Der Anfang ist da: Das Alte ist vergangen, siehe, Neues ist geworden.

Man kann auch den Begriff der Versöhnung so weit fassen, dass die Neuschöpfung der Welt inbegriffen ist. Dann aber ist die Christusgemeinschaft im Ganzen gemeint: Gemeinschaft mit dem gekreuzigten Christus bedeutet Vergebung der Sünden; Gemeinschaft mit dem auferstandenen Christus bedeutet, neu geschaffen zu werden. Auf jeden Fall bedeutet *re-conciliation* nicht, dass ein ursprünglicher Zustand wiederhergestellt wird. Dann könnte der nächste Sündenfall passieren, und das ist in der neuen Schöpfung ausgeschlossen.

2. Ich unterscheide systematisch zwischen »Sünde« und »Schuld«, obgleich das biblisch durcheinandergeht, wie das Vaterunser-Gebet zeigt. »Sünde« ist Absonderung von Gott, denn Sünde ist die gottlose Tat des Bösen oder die gottlose Versäumnis des Guten. Gottlosigkeit und in Folge Gottverlassenheit sind die transzendente Seite der Schuld. Schuld ist die immanente Seite der Sünde. Sünde kann nur Gott vergeben, indem er den gottlosen Menschen mit sich versöhnt. Schuld können Menschen vergeben, indem sie sich in der Wahrheit und in der Liebe versöhnen. Wenn Gott die Sünden vergibt, stellt er barmherzig seine Verbindung zu dem gottlosen und gottverlassenen Menschen her. Dann fällt das Schuldbekenntnis leicht, weil es das Selbstwertgefühl des Schuldigen nicht zerstört. Schuld ist die unmenschliche Tat des Bösen oder das unmenschliche Versäumnis des Guten. Wo Gott die Sünden vergibt, fallen Schuldbekenntnis und Schuldvergeben leicht.

3. »Der bittende Christus«: Versöhnung muss nicht nur von Gott erbeten werden, sondern auch von Menschen: »Lasst euch versöhnen mit Gott!« Durch die Botschafter der Versöhnung bittet Christus: »So bitten wir nun an Christi statt.« Mir kommen in der Figur des »bittenden Christus« die ausgestreckten Arme des Gekreuzigten in den Sinn, der uns an seinen Tisch zum Abendmahl einlädt: »Kommt, denn es ist alles bereit.« Das Evangelium als »Bitte« Christi. Das ist ungewöhnlich. Lässt sich das auf zwischenmenschliche Versöhnungen übertragen? Nur in Freiheit kann man sich versöhnen.

4. In Christus erkennen wir den versöhnenden Gott. Bevor Gott unter den Menschen das Wort der Versöhnung ausbreiten lässt, hat er die »Welt«, das »All«, den »Kos-

mos« versöhnt. Aus dem Geheimnis des Kosmos kommt uns Versöhnung entgegen.

4.4 Kirche Christi und die Menschheit

Erstens: Die Kirche gibt es nur im Singular, sie ist im Bekenntnis des Glaubens »eine«. Die Kirche Christi ist »katholisch«, d.h. allumfassend, und kann daher nicht Nationalreligion werden, obwohl es immer christliche Nationalreligionen gab und gibt, wie der heutige Streit in der Orthodoxie um die Ukraine zeigt. Die evangelischen Kirchen in Deutschland haben in der Nazi-Diktatur einen »Kirchenkampf« zwischen der »Bekennenden Kirche« und den »Deutschen Christen« erlebt. Das war auch ein Kampf zwischen der ökumenischen Kirche und einer deutschen Nationalreligion. Nach 1945 wechselte die Evangelische Kirche ihren Namen: von der »Deutschen Evangelischen Kirche« (DEK) zu »Evangelische Kirche in Deutschland« (EKD). Deutschland ist nur das Land, in dem die weltweite Kirche Christi existiert.

Zweitens: Die Kirche Christi ist ökumenisch auf den ganzen bewohnten Erdkreis ausgerichtet. Sie ist eine Menschheitskirche. Sie ist auch ökologisch auf den Kosmos ausgerichtet. Sie ist ein Glied der Erdgemeinschaft: eine Religion, die Himmel und Erde umfasst. »Wie in Adam *alle* Menschen sterben, so werden in Christus *alle* lebendig gemacht« (1 Kor 15,22).

Die Kirche Christi ist nach Israel eine Antizipation des Reiches Gottes in der Geschichte »wie im Himmel so auf Erden«: »Dein Reich komme«.

Drittens: Die universale Kirche ist in jeder Nation präsent und vertritt Recht und Gerechtigkeit im Reich Gottes. Sie vertritt damit auch die Menschheit in allen Nationen. Das tut sie, wenn sie die universalen Menschenrechte vertritt. Das tut sie, wenn sie die Menschlichkeit vertritt. Tugenden der Menschlichkeit sind Solidarität und Barmherzigkeit, Wahrheit und Wahrhaftigkeit, Vertrauen auf die Zukunft Gottes und der Mut der Hoffnung.

Viertens: Die Kirche Christi sieht in der Staatsform der Demokratie diejenige Staatsform, die dem Reich Gottes und seiner Gerechtigkeit am besten entspricht. Jede Demokratie, die auf den Menschenrechten aufgebaut ist, ist eine *Antizipation des »Menschheitsstaates«*, der universalen Frieden bringt. Sie sieht im Menschheitsstaat eine Analogie und Antizipation des Reiches Gottes und der neuen Schöpfung.

Fünftens: Die Kirche Christi ist in allen Nationen präsent. Weil sie katholisch und ökumenisch ist, ist sie am Frieden zwischen den Nationen interessiert: Versöhnung zwischen verfeindeten Nationen, Aufbau lokaler Friedensordnungen, Stärkung der transnationalen Organisationen UNO, UNESCO, WHO.

V. DIE GROSSEN ALTERNATIVEN

1. ÜBERSICHT: EINE KULTUR DES LEBENS IN DEN TÖDLICHEN GEFAHREN DIESER ZEIT

Was viele Menschen seit Langem am meisten bewegt, soll Thema dieses Kapitels sein: eine Kultur des Lebens, die der Barbarei des Tötens überlegen ist; eine Liebe zum Leben, die den drohenden Zerstörungen der Lebenswelt trotzt. Ich beginne mit dem Vers des schwäbischen Dichters *Friedrich Hölderlin* und folge seinem Blick in die universale Zukunft der Welt:

»Wo aber Gefahr ist,
wächst das Rettende auch.«

Wir werden sehen, ob dieser Spruch tröstlich ist oder gefährlich, wenn wir die Möglichkeiten einer Kultur des Lebens angesichts der realen Vernichtungen, die uns und unsere Welt bedrohen, erkunden. Ich beginne mit den Gefahren und antworte mit den Dimensionen einer lebensfähigen und im wörtlichen Sinn liebenswürdigen Welt. Am Schluss möchte ich auf die erste Zeile der berühmten Patmos-Hymne von Friedrich Hölderlin zurückkommen:

»Nah ist
Und schwer zu fassen der Gott.«

1.1 Terror des Todes

DAS GIFT DES HASSENS

Das menschliche Leben ist heute selbst in Gefahr. Die Menschlichkeit des Lebens ist bedroht. Das menschliche Leben ist nicht in Gefahr, weil es vom Tode bedroht ist, das war es immer. Es ist in Gefahr, weil es nicht mehr respektiert und bejaht und nicht mehr geliebt wird.

Nach 70 Jahren Frieden in Europa begegnet uns heute eine neue Ideologie der Feindschaft. Im 20. Jahrhundert haben wir im Faschismus und Stalinismus einen staatlichen »Terror von oben« erlebt, heute erleiden wir einen privaten »Terror von unten«.

»Eure jungen Leute lieben das Leben«, sagte der Mullah Omar von den Taliban westlichen Journalisten, »unsere jungen Leute lieben den Tod.« Die Selbstmordattentäter lieben den Tod ihrer Feinde und den eigenen Tod – und das Töten. Das ist die islamistische Terrorideologie des sogenannten *Islamischen Staats* (IS) im Irak und der Terrorgruppe *Boko Haram* in Westafrika. Sie führen ihren Kampf gegen die »gottlose« westliche Welt, weil sie sich von ihr bedroht fühlen. Diese Opfermentalität führt zur Wut und zum Hass.

Zu diesem Terror ist heute der »weiße Terror« hinzugekommen. Norwegen, Neuseeland, Texas und Deutschland haben den Terror der »white supremacy«, des weißen Rassismus, gesehen. Es ist in vielen westlichen Nationen ein Klima des Hasses geschaffen worden, das solchen Terror gegen Fremde befördert. Deutschland hat in den 1970er-Jahren den »Terror von links« erlebt, jetzt erleben wir den »Terror von rechts« gegen Migranten, Juden und missliebige Politiker.

Unsere öffentliche Atmosphäre ist durch die Anonymität im Internet weiter vergiftet worden – Hass im Netz.

Morddrohungen gegen ungeliebte Politiker, Hassparolen gegen Fremde, Beleidigungen, Shitstorms und Fake-News entfachen eine neue Art Bürgerkrieg im Untergrund unserer Öffentlichkeit. Die Nazi-Sprache kommt in Deutschland wieder hoch. Sie war nie überwunden, sondern nur verdrängt. Das ist die Sprache der Feindschaft, die Sprache der Angst und Aggression, die Sprache der Lüge: die Sprache des Todes. Und nur zu oft folgen auf die Worte, die verletzen wollen, die Taten, die töten.

Es stellt sich die drängende Frage: Wie kann die Zivilisation der Menschlichkeit sich dagegen durchsetzen?

DER NEUE NATIONALISMUS

Der Grund für die Wiederkehr der Sprache des Todes ist der neue Nationalismus. Wegen der nationalistischen Machtpolitik von Präsident Putin in Russland, Präsident Trump in den USA und Generalsekretär Shi in China befinden sich die Nationen der Welt im Krieg mitten im Frieden. Das ist ein hybrider Krieg mit ökonomischen Sanktionen und Cyber-Wars und Fake-News. Die neuen Nationalisten glauben an das »survival of the fittest« im Kampf um die Macht, weil sie ihre eigene Nation für die stärkste halten.

Der neue Nationalismus ist keine Zukunft für die Menschheit, sondern führt sie ins Verderben, und nicht nur die Menschen, sondern auch die Lebensgemeinschaft der Erde.

Mit dem Untergang der Sowjetunion 1991 starb auch der sozialistische Traum von der Gleichheit aller Menschen. Die mit dem neuen Nationalismus verbundene Auflösung der »freien Welt« führt unweigerlich zu der Frage, ob damit auch der demokratische Menschheitstraum gestorben ist.

DAS NUKLEARE SELBSTMORDPROGRAMM

Als die Atombomben erfunden und im August 1945 auf Hiroshima und Nagasaki abgeworfen wurden, endete nicht nur der Zweite Weltkrieg, das ganze Menschengeschlecht trat auch in seine Endzeit ein. Das ist ganz unapokalyptisch gemeint: Endzeit ist das Zeitalter, in dem das Ende des Menschengeschlechts jederzeit möglich ist. Durch die Möglichkeit eines großen Atomkriegs wurde das Menschengeschlecht im Ganzen sterblich.

Den nuklearen Winter nach einem großen Atomschlag kann kein Mensch überleben. Zwar ist seit Ende des »Kalten Krieges« 1989 ein großer Atomkrieg zur Zeit nicht sehr wahrscheinlich, aber immer noch stehen riesige Arsenale mit Atom- und Wasserstoffbomben in den USA, Russland, China, England, Frankreich, Indien, Pakistan, Israel und Nord-Korea zur Selbstvernichtung der Menschheit bereit – »wer zuerst schießt, stirbt als Zweiter«.

Das ist die »mutually assured destruction«, die paradoxerweise seit 1945 den Weltfrieden sichert. Das ist ein latentes, aber stets präsentes »Selbstmordprogramm« der Nationen, wie der russische Atomwissenschaftler *Sacharow* es treffend nannte, das viele vergessen haben, weil es aus dem öffentlichen Bewusstsein verdrängt wurde. Präsident *Obama* erinnerte in Prag seinerzeit an das Ideal einer atomwaffenfreien Welt, aber Präsident *Putin* pries 2018 die neuen Waffen Russlands und Präsident *Trump* löste den IFN-Vertrag über ein Verbot von atomaren Kurzstreckenraketen in Europa auf, das *Reagan* und *Gorbatschow* 1987 ausgehandelt hatten. Die neue atomare Aufrüstung hat begonnen. Neu sind die Trägerraketen, die die Warnzeiten auf ein Minimum reduzieren. Der große Atomkrieg hängt wie ein dunkles Schicksal über der Menschheit, und wir spüren seine Wirkungen auf das öffentliche Bewusstsein in dem, was die amerikanischen Psychologen das »nuclear numbing« nennen, atomare Betäubung und Vergessenheit. Wir verdrängen unsere Angst, versuchen, diese Bedrohung zu vergessen, und leben so, als gäbe es diese Gefahr nicht. Und doch nagt sie an unserem Unterbewusstsein und verletzt unsere Liebe zum Leben.

Kommt es zu einer Vereinbarung der Nationen über eine »atomwaffenfreie Welt« oder bedrohen die Nationen sich gegenseitig weiter mit dem nuklearen Mord der Menschheit?

DIE ÖKOLOGISCHE KATASTROPHE UNSERER WELT

Im Unterschied zur atomaren Bedrohung der Menschheit ist die ökologische Katastrophe, die unter dem harmlosen Namen »Klimawandel« diskutiert wird, nicht mehr nur eine Gefahr, sondern in manchen Erdteilen eine schon beginnende Katastrophe: Dürre in Australien und in Südafrika, Brände in Kalifornien. Sie ist nicht nur ein latentes Problem, sondern im öffentlichen Bewusstsein sehr präsent. *Greta Thunbergs* »Schulstreik für das Klima« ist zur internationalen Bewegung »Fridays for Future« geworden, deren Weckruf weltweit gehört wird. Der »Schrei der gequälten Erde« wurde auf der UNO-Konferenz in Paris 2015 zum ersten Mal von den Nationen wirklich vernommen. Menschen können den »Klimawandel« sehen, fühlen an der Hitze und riechen an der Luftverschmutzung.

Die Biosphäre der Erde ist der einzige Lebensraum für die Menschheit. Aber die Globalisierung der menschlichen Zivilisation hat ihre Grenzen erreicht und ist dabei, die Grenzen zu überschreiten und die Biosphäre der Erde gründlich zu verändern. Das »Artensterben«, das mit dem »Klimawandel« kommt, ist ein deutliches Zeichen. Die Luftverschmutzung mit Kohlenstoffdioxid zerstört die

Ozonschicht und heizt das Klima auf, es schmelzen die Eiskappen an den Polen und die Gletscher in den Bergen, in Folge steigt der Meeresspiegel an. Die Wüsten wachsen, bald wird tropisches Klima in Europa herrschen.

Die ökologische Katastrophe ist so eingetreten, wie der *Club of Rome* das 1972 in seiner Studie »Die Grenzen des Wachstums« vorhergesagt hat. Wir wissen das alles und sind wie gelähmt, weil wir weiter an das »Wachstum« – mehr produzieren, mehr konsumieren – in Form einer abergläubischen Anbetung glauben, als ob das Wachstum mehr Glück in unser Leben brächte!

»Für Pessimismus ist es zu spät«, hat einer gesagt. Der »Klimawandel« und das »Artensterben« sind Anzeichen für eine größere Veränderung, die unserer wissenschaftlich-technischen Zivilisation bevorsteht, wenn wir überleben wollen. Sie betrifft unsere Weitsicht und unseren Lebensstil.

Werden wir Zeit und Energie genug haben, um uns selbst und unsere Welt zu verändern, damit unsere Kinder leben können?

Wir wissen nicht, ob die Menschheit ihr selbstgemachtes Schicksal überleben wird und sich aus diesen Selbstmordfallen befreien kann. Das ist auch gut so: Wüssten wir, dass wir nicht überleben können, würden wir nichts dagegen tun, es ist ja doch umsonst, »nach uns die Sintflut«. Wüssten wir, dass wir auf jeden Fall überleben werden, würden wir auch nichts tun. Nur wenn die Zukunft für beides offen ist, sind wir genötigt, das heute Not-wendige zu tun, um die auf uns zukommende Not zu wenden. Weil wir nicht wissen, ob die Menschheit überleben wird, müssen wir heute so handeln, als ob von uns heute die Zukunft der Menschheit abhinge, und doch darauf vertrauen, dass uns und unseren Kindern das Leben gelingen wird.

Aber: Muss das Menschengeschlecht überhaupt überleben? So könnte man doch zynisch fragen: Sind nicht auch die Dinosaurier auf die Erde gekommen und verschwunden?

DIE EXISTENZFRAGE: OB EINE MENSCHHEIT SEIN SOLL ODER NICHT?

Es gibt heute mehr als sieben Milliarden Menschen auf der Erde. Die Erde könnte auch unbewohnt sein: Sie hat die längste Zeit ohne Menschen gelebt und wird wohl auch Millionen Jahre leben, falls das Menschengeschlecht einmal aussterben sollte. Sind wir nur zufällig hier oder liegt es im Bauplan der Evolution, dass wir Menschen erscheinen sollten? Hätte die Natur ein »starkes anthropisches Prinzip«, dann könnten wir uns »at home in the universe« fühlen, wie der Buchtitel von *Stuart Kauffman* verspricht. Aber ein solches »starkes anthropisches Prinzip« ist nicht nachweisbar. Suchen wir auf unsere Existenzfrage eine Antwort im Kosmos, werden wir *Steve Weinbergs* Feststellung finden: »The more the universe seems comprehensible the more it also seems pointless.« Weder die Sterne am Himmel noch die Gene in unserem Körper sagen uns, ob eine Menschheit auf der Erde sein soll oder nicht.

Wie aber sollen wir das Leben lieben und unser Dasein bejahen, wenn es zuletzt ein Zufallsprodukt der Natur ist, im Grunde überflüssig und belanglos für den Lauf der Welt? Gibt es eine »Pflicht zum Dasein« oder eine »Pflicht zur Zukunft«, wie *Hans Jonas* fragte, indem er die Existenzfrage der Menschheit ernst nahm? Gibt es keine Antwort, dann bleibt jede Kultur des Lebens ungewiss und der Barbarei ausgeliefert.

1.2 Eine Kultur des gemeinsamen Lebens

Sind die Gefahren größer als die Rettungen?

DIE MENSCHENRECHTE UND DIE MENSCHLICHKEIT

Am Beginn der amerikanischen und der europäischen »Neuzeit« wurde der Humanismus geboren: die Menschenrechte und das Ethos der Menschlichkeit. Die christliche Bruderschaft wurde erweitert zur allgemein menschlichen Bruderschaft, fraternité, philadelphia. So preist auch Art. 1 der »Allgemeinen Erklärung der Menschenrechte« den »Geist der Brüderlichkeit«.

Die Menschenrechte wurden in der amerikanischen Unabhängigkeitserklärung 1776 kodifiziert: »Wir glauben, dass alle Menschen gleich und frei geboren werden …« Die Französische Revolution 1789 hat sie in Europa verbreitet: »Freiheit, Gleichheit, Brüderlichkeit«. *Immanuel Kant* sah den »Menschheitsstaat«, der auf den Menschenrechten gegründet ist, nicht nur als letztes Ziel der menschlichen Geschichte, sondern auch als »Endzweck der Schöpfung«, also die menschliche und die natürliche Welt umfassend. Kant versprach sich von einem solchen Menschheitsstaat »ewigen Frieden«.

Nach dem mörderischen Zweiten Weltkrieg mit 55 Millionen Toten wurden nach 1945 die »Vereinten Nationen« (UNO) gegründet und 1948 die »Allgemeine Erklärung der Menschenrechte« verkündet. Die Menschenrechtspakte über kulturelle, soziale und ökonomische Rechte folgten 1966 und die Kinderrechte 1989.

Moderne Demokratien sind auf den Menschenrechten gegründet und sind Antizipationen einer politisch organisierten Weltgemeinschaft, also des Menschheitsstaats.

Demokratie gründet in der Volkssouveränität: »Alle Gewalt geht vom Volk aus«, d. h. von den Staatsbürgern, nicht vom Rassevolk. Demokratie gründet in den Menschenrechten: »Die Menschenwürde ist unantastbar.« »Volksdemokratien« waren keine Menschenrechtsdemokratien. Heute ist die Wahrung der Menschenrechte unverzichtbarer Bestandteil der internationalen Politik der Demokratien: »To save the world for democracy«, wie Präsident *Wilson* 1917 verkündete.

Was Menschlichkeit heißt, beschrieb *Gotthold Ephraim Lessing* 1779 in seinem berühmten Drama »Nathan der Weise«:

»Sind denn Christ und Jude eher Christ und Jude als Mensch? Wenn ich einen mehr in Euch gefunden hätte, *dem es genügt, ein Mensch zu heißen!*«

Man ist versucht, das auf die nationalen Konflikte von heute anzuwenden:

Sind denn Deutsche und Migranten eher Deutsche und Migranten als Menschen?
Sind Amerikaner und Hispanics ...
Sind Kroaten und Serben ...
Sind Europäer und Afrikaner ...
Ach, wenn ich einen mehr in Euch gefunden hätte, dem es genügt, ein Mensch zu heißen.

Menschen, die stolz sind, Menschen zu heißen, helfen Menschen, die im Mittelmeer ertrinken.

Menschlichkeit heißt »Mitmenschlichkeit« und Mitmenschlichkeit heißt *Solidarität*; Teilnehmen an anderen Leben und Teilgeben am eigenen Leben. Es gilt nicht nur die Goldene Regel auf Gegenseitigkeit unter Gleichen, sondern auch »die bessere Gerechtigkeit« der Barmherzigkeit wie in Jesu Gleichnis vom »barmherzigen Samariter«.

MIT DER BOMBE LEBEN

Der Traum von der »atomwaffenfreien Welt« ist nur ein Traum. Niemand rechnet damit, dass die Menschen eines Tages wieder unfähig werden, das zu tun, was sie heute können. Wer die Formel der atomaren Weltvernichtung einmal gelernt hat, kann sie nicht mehr vergessen. Seit Hiroshima hat die Menschheit ihre atomare Unschuld verloren. Hiroshima hat die Qualität der menschlichen Geschichte verändert. Unsere Zeit ist zur befristeten Zeit geworden, da das Ende jederzeit eintreten kann. Wir und alle kommenden Generationen fristen das Leben unter der Bedrohung der Bombe. Leben versteht sich nicht mehr von selbst, Leben und Überleben werden zur ersten Aufgabe der politischen Kultur: ein Leben gegen den Tod.

Aber das atomare Zeitalter ist auch das erste gemeinsame Zeitalter der Völker. Aus den verschiedenen Geschichten der Völker ist seit Hiroshima eine gemeinsame Weltgeschichte der Menschheit geworden, weil sie alle zum Opfer werden können. In dieser Situation ist ein Überleben nur denkbar, wenn die Völker sich zu einem kollektiven Handlungssubjekt zusammenschließen. Nur die internationale Gemeinschaft der Nationen kann die Sicherheitspartnerschaft organisieren und damit einer transnationalen Vereinigung der Menschheit den Weg bereiten.

Die lebensrettende Vereinigung der Menschheit im Zeitalter der atomaren Bedrohung verlangt die Einschränkung der nationalen Einzelinteressen auf das gemeinsame Überlebensinteresse der Menschheit als Ganzer. Das ist der realistische Grund für die Forderung nach Toleranz und Anerkennung der Anderen heute.

Wir müssen endlich mit der nuklearen Abrüstung beginnen. Die Atombomben sind keine militärischen, sondern politische Waffen. Und die politische Sicherheit der Nationen kann auch durch Verträge garantiert werden. Die Vereinten Nationen können die Atombomben »ächten«, wie das Giftgas und die Landmine als militärische Waffe »geächtet« wurde.

PLANETARISCHE SOLIDARITÄT

Am 5. November 2019 traten die USA unter Präsident *Trump* aus dem Klimaabkommen der UNO von Paris 2015 aus, das sie mit Präsident *Obama* unterschrieben hatten. Am selben Tag veröffentlichten Tausende von Wissenschaftlern ein Memorandum, um vor dem Massensterben von Menschen in den kommenden Katastrophen in den ökologischen Lebenssystemen der Erde zu warnen. Das zeigt das Dilemma heute sehr gut.

Wenn es in einem Lebenssystem, das eine menschliche Gesellschaft mit der umgebenden Natur verbindet, zu einer Krise im Sterben der Natur kommt, entsteht logischerweise eine Krise des ganzen Systems. Die heutige ökologische Krise ist eine solche Totalkrise. Sie ist darum nicht nur technisch zu lösen, sondern fordert eine Umkehr auch der Einstellungen zum Leben, der Lebensstil und der Lebensmittel, der Grundwerte einer Gesellschaft.

Welche Grundwerte regieren unsere moderne, wissenschaftlich-technische Zivilisation? Es ist vorrangig der Wille zur Macht über die Natur der Erde. Erst die moderne Industriegesellschaft ist nicht mehr auf Harmonie mit den Kreisläufen und Rhythmen der Erde angelegt, wie es die Agrargesellschaften waren, sondern auf Wachstum, Fortschritt und Globalisierung nach den eigenen Projekten der Menschen. Der neue Anthropozentrismus verdrängte die alte Orientierung am Kosmos.

Es gibt einen altbekannten, ökologischen Witz: Zwei Planeten treffen sich im Weltall. Fragt der eine: »Wie geht es dir?« Antwortet der andere: »Es geht mir schlecht: Ich bin krank, ich habe *homo sapiens*«. Sagt der eine: »Das tut mir leid. Das ist schlimm. Ich habe das auch gehabt. Aber tröste dich: Das geht vorüber!«

Das ist die neue planetarische Perspektive auf den Menschen. Geht die menschliche Planetenkrankheit vorüber, weil sich das Menschengeschlecht selbst abschafft, oder geht sie vorüber, weil das Menschengeschlecht weise wird und die Wunden heilt, die sie dem Planeten »Erde« bis heute zufügt? (Die Menschheit wird lernen, entweder durch Einsicht oder durch Katastrophen. Ich bin für das Lernen durch Einsicht und Voraussicht.)

Die ökologische Katastrophe verlangt im Bereich der Grundwerte eine Umkehr zur »Ehrfurcht vor dem Leben« (Albert Schweitzer), und zwar vor jedem einzelnen Lebewesen und vor der großen Lebensgemeinschaft alles Lebendigen. An die Stelle der modernen Anthropozentrik wird eine neue ökologische Biozentrik treten.

Wir können nicht zur vormodernen Kosmosorientierung zurückkehren, aber wir können mit dem ökologischen Umbau der Industriegesellschaft beginnen. Darin geht es um die nachhaltige Integration der menschlichen Gesellschaft in die Lebensbedingungen der Erde. An die Stelle des linearen Fortschritts und von dessen Dreischritt aus Produktion, Konsum und Abfall werden Kreisläufe treten: Nur was wiederkehrt, vergeht nicht. Die Kreisläufe der »erneuerbaren Energien« und die Kreislaufwirtschaft. (Was wurde aus Ihrem letzten Handy?) Mit Ironie kann man sagen: Die Zukunft der modernen Industrie liegt im Abfall, nicht in der Erde.

Die Earth-Charta von 2000 weist auf diese Zukunft des Lebens hin:

> »Die Menschheit ist Teil eines sich ständig fortentwickelnden Universums. Unsere Heimat Erde bietet Lebensraum für eine vielfältige Gemeinschaft von Lebewesen ... Die Lebensfähigkeit, Vielfalt und Schönheit der Erde zu schützen, ist eine heilige Pflicht«.

Menschliches Leben ist nicht nur eine Gabe des Lebens, sondern auch eine Aufgabe der Menschlichkeit. Sie anzunehmen und zu erfüllen, fordert in Zeiten des Terrors besonderen Lebensmut.

»NAH IST UND SCHWER ZU FASSEN DER GOTT«

Zum Schluss spricht der Theologe in mir: Soll eine Menschheit sein oder sind wir überflüssig? Gibt es eine Pflicht zum Überleben?

Diese Existenzfragen des Menschseins werden nicht erst durch rationale Argumente beantwortet, sondern schon durch vorrationale Orientierungen, durch das Grundvertrauen der Menschen oder das erfahrungsbedingte Misstrauen. »Schwer zu fassen« ist nicht der ferne Gott, sondern der nahe Gott. Gott ist uns näher, als wir uns selbst sind. Darum können wir ihn nicht begreifen. Wenn wir von Gott »erfasst« sind, wissen wir die Antwort auf die Existenzfrage der Menschheit:

- In Gottes ewigem JA zur Schöpfung bejahen wir unser Dasein dem Tode zum Trotz.
- In Gottes ewiger Liebe lieben wir dieses Leben und widerstehen seinen Verwüstungen.

– In Gottes Nähe vertrauen wir auf das Rettende, auch wenn die Gefahren wachsen.

»Nah ist
und schwer zu fassen der Gott. Wo aber Gefahr ist,
wächst das Rettende auch«.

2. GOTTWERDUNG DER MENSCHEN – MENSCHWERDUNG GOTTES. ATHEISTISCHE SELBSTVERGOTTUNG DES MODERNEN MENSCHEN

2.1 Ludwig Feuerbach: Anthropologie ist Theologie

Ludwig Feuerbachs philosophische Religionskritik führt direkt zur Vergottung des Menschen. *Karl Barth* hat ihn als »Pfahl ins Fleisch der Theologie« empfunden,[107] für mich ist seine Vergottung des Menschen eher ein Pfahl ins Fleisch des Atheismus, jedenfalls des radikalen Atheismus. Feuerbach wird die Theologie nicht los, auch wenn die Theologie durch Anthropologie ersetzt wird. Er wechselt nur das Subjekt aus. Er glaubt an alle Eigenschaften Gottes und überträgt sie auf den Menschen. Damit wird der Mensch Gott und die Anthropologie zur Theologie. »Gleiches wird nur vom Gleichen erkannt«, das ist seine Erkenntnistheorie. Darum fehlt die Selbstunterscheidung des Menschen von Gott und des Menschlichen von dem Göttlichen.

»Das Geheimnis der Theologie ist die Anthropologie«, lautet seine einfache These.[108] Schon längst sei die Theo-

---

107 K. Barth, Die Theologie und die Kirche, München 1928, 231.
108 L. Feuerbach, Das Wesen des Christentums (1841), Berlin 1956, 6.

logie seiner Zeit zur Anthropologie geworden, stellt er mit gewissem Recht fest. Der christliche Glaube ist heute 150 Jahre nach Feuerbach in der Westlichen Welt zum »religiösen Humanismus« verkommen.

»Die Religion beruht auf dem wesentlichen Unterschied des Menschen vom Tiere – die Tiere haben keine Religion.«[109] Diese Stellung des Menschen zum Tier behält er in seiner anthropologischen Religionskritik bei.

»Die Religion ist die Entzweiung des Menschen mit sich selbst: er setzt sich Gott als ein ihm entgegengesetztes Wesen gegenüber ... Ist Gott wirklich ein anderes Wesen, was kümmert mich seine Vollkommenheit? Entzweiung findet nur statt zwischen Wesen, welche miteinander zerfallen sind, aber eins sein sollen, eins sein können, und folglich im Wesen, in Wahrheit eins sind.«[110] Wenn Gott und Mensch eines Wesens sind, dann ist Gott Mensch und der Mensch Gott. Die Religionskritik hebt die Entzweiung auf und macht den Menschen zum Gott seiner selbst. »Das absolute Wesen, der Gott des Menschen ist sein eigenes Wesen.«[111]

»Gott wird nur durch sich selbst erkannt.«[112] Feuerbach übernimmt diesen Satz aus der theologischen Tradition und überträgt ihn auf die Anthropologie: Die Erkenntnis Gottes ist die Selbsterkenntnis des Menschen. Das ist die genaue Umkehr von der These *Augustins*, die noch *Calvin* im Eingang zu seiner Institutio verwendet, dass die Selbsterkenntnis zur Gotteserkenntnis führt. »Nemo contra Deum nisi Deus ipse«, wie *Goethe* aus dem theologischen Grundsatz gefolgert hat. Für sich genommen wäre nach diesem Satz Gott der einzig denkbare Athe-

---

[109] A. a. O., 35.
[110] A. a. O., 81.
[111] A. a. O., 41.
[112] A. a. O., 46.

ist, oder der menschliche Atheist wird durch sein contra Deum selbst zum Gott.[113] Goethe kannte auch die Entsprechung des Gleichen:

> »Wär' nicht das Auge sonnenhaft,
> wie könnte es die Sonn' erblicken,
> Wär' nicht uns des Gottes eigne Kraft,
> wie könnt' uns Göttliches entzücken.« (Zahme Xenien III)

Gleiche erkennen sich durch die Entsprechung. Ungleiche aber werden einander durch die Entsprechung ähnlicher. Wären sie einander ganz gleich, wie Feuerbach von Menschen mit Gott annimmt, dann wären sie einander auch gleich gültig und gleichgültig.

»Anderes wird nur vom Ungleichen erkannt.« *Anaxagoras* hat im griechischen Altertum diesen Grundsatz formuliert:

> »Die sinnliche Wahrnehmung entsteht aus dem Gegensätzlichen ... wir nehmen das Kalte durch das Heiße, das Süße durch das Saure, das Helle durch das Dunkle wahr. Denn sinnliche Wahrnehmung ist mit Schmerz verbunden. Wenn das Ungleiche mit unseren Sinnesorganen in Berührung kommt, entsteht Schmerz.«[114]

»Gott erkennen heißt, Gott erleiden«, Gott erleiden heißt, eine tiefgreifende Veränderung durchmachen. *Luthers theologia crucis* (1518) sagt, Gott wird im Kreuz des gottverlassenen Christus entdeckt. Mein Buch »Der gekreu-

---

113 J. Moltmann, Theologische Erkenntnistheorie, in: Ders., Erfahrungen theologischen Denkens. Wege und Formen christlicher Theologie, Gütersloh 1999, 139–165, bes. 142.
114 Theophrast, De sensibus, 27 ff. Zit. bei J. Moltmann, Theologische Erkenntnistheorie, in: Ders., Erfahrungen, 157.

zigte Gott« (1972) versucht, diesen Grundsatz durchzuhalten.

Zurück zu Feuerbach: Er hebt die Selbstunterscheidung von Gott auf und weiß nicht mehr, ob er Gott oder ein Mensch ist. Anthropologie ist Theologie. »Das Bewusstsein des Unendlichen ist nichts anderes als das Bewusstsein von der Unendlichkeit des Bewusstseins.« Oder: »Im Bewusstsein des Unendlichen ist dem Bewusstsein die Unendlichkeit des eigenen Wesens Gegenstand.«[115] Feuerbach überträgt die metaphysische Un-endlichkeit auf das physische Bewusstsein des Menschen und macht es dadurch zum metaphysischen Subjekt, aber er verwechselt Unendlichkeit nicht mit der End-losigkeit, wie die heutigen digitalen Unsterblichkeits-Techniker.

Feuerbach erhebt die Anthropologie zur Theologie, indem er die Theologie zur Anthropologie erniedrigt, wie er selbst im »Vorwort« zur ersten Auflage vom »Wesen des Christentums«, 1841, schrieb.[116] Er sollte als Theologe ernst genommen werden. Er hat den damaligen »atheistischen Materialismus« verworfen, weil dieser kein Humanismus ist. Das gilt auch heute hinsichtlich des atheistischen »Naturalismus«.

2.2 Michael Bakunin: Weder Gott noch Staat

Michael Bakunin, anarchistischer Atheist, veröffentlichte »Gott und der Staat« auf französisch 1882, die deutsche Übersetzung erschien 1884.[117] Er war Russe und Russland war damals beherrscht vom autokratischen Zaren und der orthodoxen Staatskirche. Empörung gegen Gott und den Staat war für ihn Ausdruck der freien Menschen.

---

115 Feuerbach, Das Wesen des Christentums, 37.
116 A. a. O., 22.
117 M. Bakunin, Gott und Staat. Einleitung Paul Avrich, Berlin 1995.

Wie alle Anarchisten seiner Zeit wollte er das Genossenschaftsprinzip der freien Menschen.

»Wenn Gott existiert, ist der Mensch ein Sklave, der Mensch kann und soll aber frei sein:
folglich existiert Gott nicht.«[118]

»Als Sklaven Gottes müssen die Menschen auch Sklaven der Kirche und des Staates sein, insoweit als der Staat durch die Kirche geheiligt ist ... Die Gottesidee enthält die Abdankung der menschlichen Vernunft und Gerechtigkeit in sich, sie ist die entschiedenste Verneinung der menschlichen Freiheit.«[119]

Wie Feuerbach hebt er die Selbstunterscheidung des Menschen von Gott auf: Gott und Mensch sind eines Wesens. Was man Gott zuschreibt, nimmt man vom Menschen weg. »Gott erscheint, der Mensch wird zu nichts, und je größer die Gottheit wird, desto elender wird die Menschheit.«[120] Folglich, wenn man die Freiheit des Menschen groß machen will, muss man Gott negieren. Atheismus ist die große Befreiung des Menschen zu sich selbst, zu seiner Vernunftnatur.

Bakunin legt die biblische Sündenfallgeschichte satanistisch aus:

»Gott wollte, dass der Mensch, allem Bewusstsein von sich selbst beraubt, ewig ein Tier bleibe, dem ewigen Gott, seinem Schöpfer und Herrn, untertan. Aber da kam der Satan, der ewige Rebell, der erste Freidenker und Weltenbefreier. Er bewirkte, dass der Mensch sich seiner tierischen Unwissenheit und Unterwürfigkeit schämt; er befreit und drückt seiner Stirn

---

[118] A. a. O., 51.
[119] A. a. O., 50.
[120] A. a. O., 82.

das Siegel der Freiheit und der Menschlichkeit auf, indem er ihn antreibt, ungehorsam zu sein und die Frucht vom Baum der Erkenntnis zu essen.«[121]

Der biblische Sündenfall wird zur Geburtsstunde der freien Menschen. Die Freiheit des Menschen kommt in der Empörung gegen Gott und dem autonomen Gebrauch der eigenen Vernunft zum Ausdruck. Im Unterschied zu Feuerbach lehnt Bakunin alle Autoritäten ab, weil er hinter jeder menschlichen, zumal der politischen, die göttliche Autorität als Legitimation vermutet. Darum: »Weder Gott noch Staat!«
Es wird verständlich, warum *Carl Schmitt* für seine »*Politische Theologie*« Bakunin als Gegenbild brauchte.[122] Wer Anarchie mit Chaos gleichsetzt, ruft nach »Law and Order« und auch nach der alten Religion. Die »*Theologie der Befreiung*« hat den alten Gegensatz von Gottesglaube und menschliche Freiheit, von Theismus und Atheismus hinter sich gelassen.[123]
Wir sind über den ideologischen Atheismus zur funktionalen Religionskritik hinausgekommen: Gottesglaube ist dann Aberglaube, wenn er abergläubisch wirkt, und entfremdet den Menschen, wenn er ihm oder ihr die Freiheit raubt. Diese Kritik der Praxis des Gottesglaubens wird durch eine alternative Praxis widerlegt. Das Praxiskriterium gilt auch für den ideologischen Atheismus: Er ist abergläubisch, wenn er Ersatz-Religionen wie die Rasse oder die Partei anbietet. Er entfremdet den Menschen von sich selbst, wenn er mit diktatorischem oder gesellschaftlichem Zwang auftritt.

---

121 A. a. O., 34.
122 C. Schmitt, Politische Theologie. Vier Kapitel zur Lehre von der Souveränität, Berlin 1922, 1934.
123 G. Gutierrez, Theologie der Befreiung, München/Mainz 1973.

2.3 Wissenschaft und Technik als Meta-Religion (Noah Harari)

Die digitale Welt, die Welt der Algorithmen und Künstliche Intelligenz (KI) haben zu neuer Wissensgläubigkeit geführt.[124] Was die Religion versprach, kann von Menschen heute gemacht werden: Heilung von Krankheiten, Überwindung des Hungers, Abschaffung des Todes und Unsterblichkeit. The »brave, new world« aus Algorithmen ersetzt das Paradies. Endlich sind wir am Ziel der menschlichen Entwicklung. *Noah Harari* zählt in gut christlicher Manier drei Stadien des Fortschritts auf: 1. *Homo erectus*; 2. *Homo sapiens* und 3. *Homo Deus*, der göttliche Mensch, mächtig und unsterblich. Harari denkt »Göttlichkeit« nicht metaphysisch, sondern eher angelehnt an griechische Götter und Helden, modern als »Superman« oder als »Übermensch« (Nietzsche).

Durch Bioengineering, Cyborg-Technologie und die Erzeugung nichtorganischer Lebewesen wird der Mensch über sein bekanntes Menschsein hinauswachsen und übermenschliche Fähigkeiten entwickeln. Hunger, Krankheit und Krieg sind schon jetzt unter Kontrolle zu bringen. Wenn das nicht geschieht, macht man menschliche Inkompetenz, nicht aber die Götter dafür verantwortlich. »Heute sind wir es gewohnt, in einer Welt voller unabgeworfener Bomben und unabgefeuerter Raketen zu leben.«[125] Hunger, Krankheiten und Kriege sind nicht mehr »unvermeidliche Tragödien«, sondern »Herausforderungen, die sich bewältigen lassen«.[126]

Aber was dann? »Nachdem wir die Menschheit über die animalische Ebene des Überlebenskampfs hinausge-

---

124 Ich halte mich hier an Yuval Noah Harari, Homo Deus. Eine Geschichte von Morgen, München 2019, 11. Dazu J. von Lüpke, Ersetzbare Götter. Theologische Erinnerungen in Bezug auf eine Geschichte von Morgen, in: EvTh 80 (2020) 5, 351–362.
125 Harari, Homo Deus, 33.
126 A. a. O., 35.

hoben haben, werden wir nun danach streben, Menschen in Götter zu verwandeln und aus dem Homo Sapiens den Homo Deus zu machen.«[127] Und der Tod? Antwort: Menschen sterben an einer technischen Störung im Körper. »Und für jedes technische Problem gibt es eine technische Lösung ... War der Tod traditionell ein Fall für Priester und Theologen, so übernehmen jetzt die Ingenieure.«[128]

Das aber bedeutet, dass die sinnliche Welt zur Welt der Algorithmen verändert wird. »Was wir als Sinnesempfindungen und Emotionen bezeichnen, sind in Wirklichkeit Algorithmen.«[129] Wissenschaftler werden uns zu Göttern erheben.

Welches Menschenbild steht hinter Hararis Homo Deus?

1. Das materialistische Bild vom »L'homme machine«. Das digitale, datenregulierte und datenverarbeitende Subjekt besteht aus einer Summe von Algorithmen. Die Ganzheit des Menschen wird aufgegeben.

2. Die Menschen werden berechenbar. Der digitale Kapitalismus macht Menschen zu manipulierbaren Untertanen. Die Politik hat sich das zunutze gemacht, um Wahlen zu beeinflussen, wie in der US-amerikanischen Trumpwahl im Jahr 2016 oder im britischen Brexit-Votum.

3. Wenn Roboter menschenähnlich werden, werden Menschen roboterähnlich.

4. Bevor Menschen im Sinne Hararis zu »Göttern« werden, sollten wir erst mal *Homo Sapiens* werden – bisher sind wir nur *Homo Intelligens*. Menschliche Technik ist noch nicht weise geworden.

5. Namen von Menschen und Lebensgeschichten werden durch Kennzahlen ersetzt. Das Vertrauen wird durch Berechenbarkeit ersetzt.

---

127 A. a. O., 38.
128 A. a. O., 41.
129 A. a. O., 137.

6. Die biblischen »Götzen« sind das Machwerk von Menschenhand (Ps 115). So sind Hararis »Götter« menschliche Machwerke. Sie versklaven freie Menschen zu »digitalen Seelen« im unsterblichen Reich des Todes.

7. Man kann einen Roboter nicht vor Gericht zur Verantwortung ziehen. Der Roboter ist anders als Menschen schuldunfähig und darum auch verantwortungslos.

8. Während sich Silicon Valley Gedanken über die Unsterblichkeit des Menschen macht, brennt Kalifornien ab. Das Wetter ist unbeherrschbar und die Zerstörung der Erde durch die Menschheit wird von der neuen Wissenschaftsgläubigkeit nicht aufgehalten.

2.4 Ernst Blochs Religionskritik und messianischer Atheismus

Während unserer ersten Begegnung in einem verrauchten Wuppertaler Lokal 1961 fragte ich *Ernst Bloch*: »Aber Sie sind doch Atheist?« Er zog an seiner Pfeife und antwortete: »Ich bin Atheist um Gottes Willen.« Ich hatte von einem solchen Atheismus noch nie gehört und suchte in seinem Werk nach Spuren. Das Ergebnis will ich mitteilen:

Von seinen frühen bis zu seinen letzten Schriften war Bloch von der geheimnisvollen Gestalt Jesu fasziniert. Jesus ist für seine »Religion des Exodus und des Reiches« zentral. Er wollte Christen und Marxisten vereinigen im »Willen zum Reich«. »Das Prinzip Hoffnung« 1959 (1961 in Westdeutschland) ist ein Buch über die messianische Hoffnung.[130]

---

[130] J. Moltmann, Ernst Blochs Christologie, in: EvTh 64 (2004) 1, 5–20.

1. MESSIANISCHE INTERPRETATION DER RELIGIONSGESCHICHTE

»Wo Hoffnung ist, ist Religion, aber wo Religion ist, ist nicht immer Hoffnung.«[131] Er zielt auf die Vollendung der Religionsgeschichte – nicht in einer »absoluten Religion«, wie *Hegel* das Christentum sieht, sondern »von der Religion zum Reich«. »Das Reich bleibt der religiöse Kernbegriff.«[132] Mit Feuerbach macht Bloch eine Religionskritik »um des Menschen willen«, aber nicht um des vorhandenen Menschen willen, sondern um das, worum es dem vorhandenen Menschen eigentlich geht, wonach er im unerschöpflichen Kern seiner Existenz hungert, was ihm im »Dunkel des gelebten Augenblicks« einleuchtet: der zukünftige göttliche Mensch. Blochs Religionskritik ist eine »um Gottes willen«, d.h. um des Reiches willen, das Propheten und Apostel das »Reich der Herrlichkeit« nennen.

2. »Wo Hoffnung ist, ist auch Atheismus«: »Die religiöse Reichsintention als solche involviert Atheismus, endlich begriffen.«[133] Atheismus steckt im messianischen Vollendungspathos: Es muss im gleichen Atemzug beenden wie vollenden. »Ohne Atheismus hat Messianismus keinen Platz.«[134] Wird Gott absolut gedacht und ewig verehrt, dann wird die Hoffnung auf die Offenbarung der Herrlichkeit im Reich Gottes gelähmt. »Gott im Himmel« ist nur vorläufig wie der Exodusgott im 1. Gebot: »Gott wird zum Reich Gottes und das Reich Gottes enthält keinen Gott.«[135]

Blochs Atheismus hat zwei Wurzeln: Das israelitische Bilderverbot und das paulinische »Gott alles in allen« (1

---

131 E. Bloch, Das Prinzip Hoffnung, Berlin 1954–1959, Frankfurt a.M. 1961, 1404.
132 A. a. O., 1411.
133 A. a. O., 1412.
134 A. a. O., 1413.
135 A. a. O., 1415.

Kor 15,28). Wenn man sich von Gott kein Bild machen soll, so auch keine Vorstellungen und keine Begriffe: Alle Bilder, Vorstellungen und Begriffe verstellen nur seine unmittelbare Gegenwart. Darum wird es im Reich Gottes keine Bilder, Vorstellungen, Begriffe von Gott mehr geben. Bilder, Vorstellungen und Begriffe wie »lieber Vater im Himmel« haben den Geruch und die Farbe der Fremde von Gott und der Selbstentfremdung des Menschen an sich, verglichen mit der unmittelbaren Gotteserkenntnis im Reich der Herrlichkeit. Nach der jüdischen Kabbala wird die messianische Zeit eine Zeit ohne Gleichnisse sein: Wir werden ihn sehen, wie er ist. Die Distanzen von Gott und Welt, von Hoffnung und Erfahrung, von Sein und Bewusstsein hören auf. Wenn alle Gewalten und der Tod vernichtet sein werden und Gott alles in allen sein wird, endet die Fremdartigkeit Gottes gegenüber dieser Welt. Im Reich Gottes gibt es keine Tempel mehr und keine Kirchen, weil die neue Schöpfung sein Haus geworden ist und Gott ihr einwohnt. Im Reich der Herrlichkeit gibt es keinen Glauben mehr, sondern nur das Schauen. In der neuen Schöpfung gibt es keine Sakramente mehr, weil die ganze Welt zum Sakrament geworden ist.

Was in der Geschichte Israels »Gott« genannt wird, verdankt sich der geschichtlichen Exoduserfahrung des Volkes und weist bei den großen Propheten auf das Licht der Völker voraus, auf die universale Gerechtigkeit und Herrlichkeit. Die Herrlichkeit selbst erstrahlt in einem Licht, das nach der jüdischen Kabbala bisher noch nicht aus seiner Quelle hervorgetreten ist. Was noch keiner gesehen oder gehört hat, soll in der Vollendung die Welt verwandeln und verklären. Bloch hat dieses Prophetenwort geliebt. Im Blick auf die in der Geschichte entfremdeten, theistischen Gottesvorstellungen und Gottesbegriffe wird das Reich der Herrlichkeit notwendig »a-theistisch« sein.

Darum sind jene theistischen Gottesbegriffe messianisch auf ihre Selbsterübrigung in der zukünftigen Reichsgegenwart Gottes auszulegen.

Blochs apokalyptische Vorstellungen von der Vollendung der Hoffnung und Erfüllung seiner Utopien sind wechselnd, schwebend und veränderlich. Angesprochen werden: »Totalität«, »sprengende Vollkommenheit«, »ens perfectissimum«, »Totum der Utopie«, »Wohnlichkeit im Geheimnis des Daseins«, »Hoffnung in Totalität«, »Verklärung der Natur«, astralmythisch »Kristall«, und immer wieder »das Reich«, biblisch als »Herrlichkeit« gesehen. »Wiedergeburt« und »Sprung ins Ganz-andere« sind die Bedingungen dieser alternativen Zukunft gegenüber den Gesetzen und Gewohnheiten dieser Welt. Bloch spricht in diesen Zusammenhängen von der »unbedingtesten Utopie« und meint damit die Utopie des Unbedingten. Sie kündigt sich in wechselnden Zeichen an, ist aber noch nicht bekannt. Hierher gehört auch der berühmte Schlusssatz des »Prinzip Hoffnung«:

»So entsteht in der Welt etwas, das allen in die Kindheit scheint und worin noch niemand war: Heimat.«[136]

2.5 Warum wurde Gott Mensch (cur Deus homo)?

Die christliche Antwort auf die atheistische Selbstvergottung des modernen Menschen ist Weihnachten: *die Menschwerdung Gottes*. Werfen wir einen Blick in die vier Evangelien:

Markus, das älteste Evangelium, erzählt gar keine Weihnachtsgeschichte. Jesu Gottesgeschichte beginnt mit seiner Taufe durch Johannes im Jordan: »Und es ge-

---

136 A. a. O., 1618.

schah eine Stimme vom Himmel: Du bist mein geliebter Sohn, an dem ich Wohlgefallen habe« (Mk 1,9–11). Und es kam der Gottesgeist auf Jesus herab, mit dem Jesu Leben zu einem außerordentlich mit Gott verbundenen Leben wurde. Das wird mit dem Ausdruck »Gottes Sohn« bezeichnet.

Matthäus geht von der Taufe auf die Geburt Jesu zurück: »Die Geburt Jesu geschah so: Maria, dem Joseph vertraut, entdeckte, dass sie vom Heiligen Geist schwanger war« (Mt 1,18). Das soll sagen: Jesus war nicht nur mit dem Gottesgeist begabt, sondern kam auch selbst aus dem Heiligen Geist. Er war von Anfang mit Leib und Seele von Gott durchdrungen.

Lukas erzählt die Geburtsgeschichte Jesu so bildlich genau, als wäre er selbst dabei gewesen, was er nicht war. Er erzählt die Geburtsgeschichte jedoch nicht als Tatsachenbericht, sondern als Gottesgeschichte mit vielen Anklängen an die Gottesgeschichte Israels. Die Geburtsurkunde Jesu von Nazareth hätte niemanden interessiert. Es ist die himmlische Seite der irdischen Geburt Jesu: »Siehe, ich verkündige euch große Freude, denn euch ist heute der Heiland geboren« (Lk 2,10–11). Matthäus und Lukas verlagern die Gottesgeschichte Jesu von seiner Taufe in seine Geburt: *Es begann in Bethlehem.*

Johannes aber sagt: *Es begann im Himmel.* Also spricht er von der Menschwerdung Gottes in Jesu Geburt. Johannes der Täufer ist ihm ein wichtiger Zeuge: »Dieser ist Gottes Sohn« (Joh 1,34). Sonst schildert er nur den metaphysischen Vorgang: »Das Wort ward Fleisch und wohnte unter uns, und wir sahen seine Herrlichkeit als des eingeborenen Sohnes vom Vater, voller Gnade und Wahrheit« (Joh 1,14). Das eigentliche Wunder der Weihnacht ist für Johannes, dass Gott, der Schöpfer aller Dinge, selbst ein Geschöpf wird. Die Menschwerdung Gottes in Jesus ist die tiefste Erniedrigung Gottes, um die Menschen in ihrer Niedrigkeit zu suchen und zu erlösen: »Er ist ein Kindlein worden klein / der alle Welt erhält allein«, dichtete Martin Luther. Gott wurde in Jesus einer von uns. Aber warum?

Die Theologie hat zwei Antworten: um uns zu Göttern zu machen (1.), und: um uns zu wahren Menschen zu machen (2.).

1. Der Kirchenvater *Athanasius* hatte erklärt: »Gott wurde Mensch, um uns Menschen zu Göttern zu machen.«[137] Dieser Satz wurde zur Kurzformel der Alten Kirche. Sie bedeutet nicht, dass Menschen zu Helden oder Halbgöttern werden wie im alten Griechenland, sondern dass sie in der Christusgemeinschaft zu »Kindern Gottes« werden. In der Gemeinschaft mit dem »erstgeborenen Sohn« (Röm 8,29) werden sie Töchter und Söhne Gottes. »Jesus, der Bruder« ist ein selten benutzter Christustitel. »Wie viele ihn aufnahmen, denen gab er die Macht, Gottes Kinder zu werden« (Joh 1,12). Welche Macht ist das? Es ist die Macht, mitten im endlichen, sterblichen Leben an dem göttlichen, ewigen Leben teilzunehmen. »Die der Geist Gottes treibt, die sind Gottes Kinder« (Röm 8,14).

Gotteskindschaft – Tochter oder Sohn Gottes zu sein – ist der Anfang einer größeren Zukunft der Menschen: Paulus spricht von »Erben Gottes und Miterben Christi«. Was ist das Erbe? Das Reich der Herrlichkeit Gottes. Was geschieht dort mit Menschen? Der erste Johannesbrief 3,2 gibt Auskunft: »Meine Lieben, wir sind schon Kinder Gottes; es ist aber noch nicht offenbar geworden, was wir sein werden. Wir wissen, wenn es offenbar wird, werden wir ihm gleich

137 Athanasius, De inc. 54.

sein, denn wir werden ihn sehen, wie er ist.« Das ist die volle Vergottung – *théosis / deificatio* – der Menschen. Sie bleiben Menschen, werden jedoch von der Herrlichkeit Gottes durchdrungen. Die ganze Welt wird nach Orthodoxer Lehre »vergottet« in der kommenden Welt Gottes.

Dass wir kleinen und unbedeutenden Menschen »Götter« werden, klingt zwar anmaßend. Wer will heute schon »Gott« werden? Aber es ist auch ein Selbstbewusstsein, Kind Gottes zu sein, das im großen Raum Gottes geborgen und unzerstörbar geworden ist.

2. Warum wurde Gott Mensch? *Luther* antwortete so: »Gott wurde Mensch, um uns aus stolzen und unglücklichen Göttern zu wirklichen, fehlbaren, verletzlichen und sterblichen Menschen zu machen.«[138] Er hatte schon den »Gotteskomplex« des Menschen vor Augen, der »alles im Griff« hat und nichts mehr fühlt. Unsere Werke »rühmen« uns, und wir wollen unsere Verletzbarkeit überwinden. Wir wollen unsere Sterblichkeit überwinden, um unsterblich zu werden. Indem Gott ein verletzbarer, sterblicher Mensch wird, bringt er denen, die sich an ihm orientieren, ihre verletzbare und sterbliche Menschlichkeit zurück und macht sie zu fühlenden, teilnahmsfähigen und lebendigen Menschen. Gottes Menschwerdung in Jesus zeigt uns ein Leben, das zu unserer wahren Menschwerdung führt. Gottes Macht ist in den Schwachen mächtig, nicht in »stolzen und unglücklichen Göttern«.

Also werden wir durch die Menschwerdung Gottes »Götter« oder wahre Menschen? Sind Athanasius und Luther

---

[138] M. Luther, WA V, 128; meine Wiedergabe. Das volle Zitat in: J. Moltmann, Erfahrungen theologischen Denkens, 159, Anm. 159.

entgegengesetzter Auffassung? Ich glaube nicht: Wenn wir auf die Christusgemeinschaft der Glaubenden blicken, so teilen sie die Menschlichkeit Jesu und seine Göttlichkeit, seine Verletzbarkeit und sein Leiden und nehmen teil an seiner Auferstehung und Herrlichkeit. Sie werden zu wahren Menschen in Glaube, Liebe und Hoffnung und zu Kindern Gottes mit der Zukunft in Gott.

Menschwerdung Gottes heißt: Wir müssen Gott nicht mehr im Jenseits suchen, denn Gott ist schon in Jesus Christus bei uns im Diesseits. Gott hat unser belastetes, verletzbares und sterbliches, menschliches Leben angenommen und mit seinem göttlichen Leben verbunden, so dass wir Gott in unseren Lebens- und Todeserfahrungen erfahren.

Menschwerdung heißt nach dem Johannesevangelium auch »Fleischwerdung des ewigen, schöpferischen Wortes«, des Logos. »Fleisch« bezeichnet nicht nur menschliches Leben, sondern alles Lebendige. Der lebendige Gott wird in allem Leben erfahren als die Quelle des Lebens. Jesus wurde auf orthodoxen Ikonen nicht im menschengemachten Stall, sondern in einer natürlichen Erdhöhle geboren. Das soll anzeigen, dass auch die Erde zur Menschwerdung Gottes dazugehört. Der menschgewordene Gott Jesus Christus ist nicht allein der Heiland der Menschen, sondern auch der Heiland alles Lebendigen und der Heiland der Erde.

Ein Vergleich ergibt, dass die atheistische Vergottung des Menschen die Umkehrung der christlichen Menschwerdung Gottes ist. »Vom Kopf auf die Füße gestellt«, würde *Karl Marx* gesagt haben. Aus dem Jenseits ins Diesseits gestellt, verwirklicht die atheistische Selbstvergottung des Menschen das in der christlichen Religion Geglaubte. Dieses Verwirklichungspathos kommt bei *Noah Harari* zum Tragen. Aber auch *Feuerbach* und *Ba-*

kunin vergotten den physischen Menschen und machen ihn metaphysisch zum unbehausten Wesen.

Der Mensch ist seine eigene Erfindung und wertet seine eigene Erfindung als »göttlich« und unterwirft sich seiner Erfindung. Wenn das nicht Götzendienst des Menschen mit sich selbst ist, weiß ich nicht, was »Götzendienst« und Aberglauben ist.

3. DER TOD: UNSTERBLICHWERDEN ODER AUFERSTEHEN DES LEBENS?

3.1 Die Gemeinschaft der Lebenden und der Toten

Vorstellungen über ein Leben nach dem Tod haben nicht nur eine Bedeutung für die Sterbenden, sondern auch für die Gemeinschaft der Lebenden mit den Toten.

In der modernen, westlichen Gesellschaft verdrängt das individuelle Bewusstsein, man selbst zu sein, das kollektive Bewusstsein, in einer Folge von Generationen zu existieren. Damit wird jede Gemeinschaft mit den Toten zerstört. Gestorbene sind im modernen Sinn »tot«, d.h. sie existieren nicht mehr, sie haben keine Bedeutung mehr, sie werden nicht mehr wahrgenommen und ihrer wird nicht mehr gedacht. Wir brauchen keine Rücksichten mehr auf unsere »Ahnen« zu nehmen, sie bereichern unser Leben nicht, sie bedrängen uns auch nicht. Auf diese Weise ist es in der modernen Gesellschaft zu einer Herrschaft der Lebenden über die Toten gekommen.

Das wird an der modernen, westlichen Friedhofskultur sichtbar. Friedhöfe sind ein Spiegel der jeweiligen Gesellschaft. Es gibt so gut wie keine Familiengräber mehr, weil die Familie nicht mehr an einem Ort wohnt. Während die Erdbestattungen geringer werden, vermehrt sich die

Zahl der Urnengräber. Auf Grabsteine wird zunehmend verzichtet, Rasengräber sind im Kommen. An deutschen Küsten gibt es die Seebestattungen. Da wird die Asche in die See verstreut. Es gibt in wachsender Zahl die »Friedwald«-Bestattungen, da wird die Urne unter einem bestimmten Baum begraben. Die Zahl der anonymen Beerdigungen wächst. Moderne Menschen verschwinden gern ohne viel Aufsehen aus dem Leben. Sie wollen ihren Angehörigen keine Mühe machen und verzichten auf das Gedenken ihrer selbst, weil sie nicht an ein Leben nach dem Tod glauben. Das »Individuum« verschwindet lautlos, es hat ja – per definitionem – keine Beziehungen mehr. So sterben die Alten und die Demenzkranken in unseren Altersheimen einsam.

In den traditionellen Gesellschaften in Asien und Afrika reguliert der »Ahnenkult« die Gemeinschaft der Toten und der Lebenden.[139] Die Welt der Ahnen ist die andere Seite der Welt der Lebenden, und sie ist die größere Seite. Darum muss das Leben der Nachkommen in die Welt der Vorfahren eingefügt werden. Das Leben muss vor dem Stammbaum der Ahnen verantwortet werden. Die Ahnen sind nicht tot im modernen Sinn von Nicht-mehr-dasein, sondern existieren in einer Art Reich der Geister weiter, so dass die Lebenden sich von ihnen getragen wissen. Alle wichtigen Familienereignisse werden ihnen mitgeteilt. Am Neujahrsfest werden die Ahnen in China durch den ältesten Sohn vor dem Familienschrein verehrt, und im Chusokfest in Korea wird die Gemeinschaft auf den Familiengräbern gefeiert. Diejenigen Ahnen, denen Unrecht getan wurde, können die Nachkommen durch ihre Unruhe quälen, die anderen können sie mit ihrem Frieden segnen. Die Nachkommen leben in der ständigen Gegenwart der

---

139 Lee, Jung-Young, Ancestor Worship and Christianity in Korea, New York 1988.

Vorfahren. Ehre und Schande kommen nicht nur über die Lebenden, sondern auch über die Ahnen. Wie die langen Geschlechterregister im Alten Testament und die jahrhundertealten Ahnentafeln in Okinawa und Korea zeigen, ist die Gemeinschaft der Generationen durch die Zeiten hindurch fester Bestandteil des Lebens. Es gibt hier keine individuelle Identität ohne diese kollektive Kontinuität.

In den Ländern der modernen, westlichen Welt brauchen wir eine neue Erinnerungskultur, um nicht länger als Individuen nur in den Tag hineinzuleben, sondern über ihn hinauszublicken.[140] Wenn wir uns als Personen in dem größeren Zusammenhang der Generationen wahrnehmen, gewinnen wir Zeit in der Erinnerung an das Vergangene und in der Hoffnung auf das Zukünftige. Weil uns das früher selbstverständliche Traditionsbewusstsein verloren gegangen ist, suchen wir nach einem »Generationenvertrag«, in dem die gegenwärtigen Generationen mit den zukünftigen über den gerechten Verbrauch natürlicher Ressourcen und sozialer Lebenschancen verhandeln. Aber die zukünftigen Generationen haben keine Vertreter in der Gegenwart. Die drohenden Umweltkatastrophen, Klimawandel und Artensterben, lastet die gegenwärtige Generation den zukünftigen Generationen auf. Es ist kein Wunder, wenn die Jugend protestiert: »Fridays for Future«. Meine Generation (Jahrgang 1926) hat von ihren »Vorfahren« zwei Weltkriege und ein zerstörtes und geteiltes Deutschland geerbt, aber wir hatten in den Nachkriegsjahren siebzig Jahre Frieden für den Wiederaufbau. Bei uns war es eine geschichtliche Katastrophe, aber bei unseren Kindern und Enkelkindern wird das eine natürliche Katastrophe der Erde sein.

---

140 A. Assmann, Erinnerungsräume: Formen und Wandlungen des kulturellen Gedächtnisses, München 2011; J. Moltmann (Hg.), Das Geheimnis der Vergangenheit, Neukirchen 2012.

Die Gemeinschaft der Lebenden mit den Toten ist keine Vertröstung der Trauernden, sondern eine geschichtliche und familientherapeutische Realität. In der Nachkriegszeit haben wir Deutschen schmerzlich erfahren, wie notwendig eine Kultur der Erinnerung ist, um mit den Sünden der Väter leben zu lernen und die Verantwortung für ihre Folgen zu übernehmen.

Es ist Zeit, dass die moderne, westliche Welt sich der Gemeinschaft der Lebenden und der Toten und der Wirkungen des Lebens weit über den Tod des Einzelnen hinaus bewusst wird.

Kann es eine christliche Verehrung der Ahnen geben? Das ist nicht nur eine Frage der Christen im asiatischen Raum, sondern auch der Christen in der vergehenden Friedhofskultur der westlichen Welt. Katholische Christen feiern Allerseelen und Allerheiligen und lassen Totenmessen lesen. Evangelische Christen können nicht viel damit anfangen. Sie haben sogar den Totensonntag in »Ewigkeitssonntag« umbenannt. Dabei ist die Christusgemeinschaft der Glaubenden nicht nur eine Gemeinschaft der Lebenden mit Christus, sondern auch der Toten. Es ist nicht nur eine Gemeinschaft der »Schwestern und Brüder«, sondern auch eine Gemeinschaft der Mütter und Söhne, der Väter und Töchter. Im Römerbrief schreibt Paulus:

> »Denn dazu ist Christus gestorben und auferstanden, dass er über Tote und Lebendige Herr sei« (Röm 14,9).

Die Christusgemeinschaft ist auch eine Gemeinschaft der Lebenden mit den Toten und der Toten mit den Lebenden. In dem auferstandenen Christus ist die Mauer des Todes, die Lebende von den Toten trennt, abgebrochen. Also sind die Gestorbenen nicht im modernen

Sinne »tot«, sondern im ursprünglichen Sinne »an-wesend«. Die Auferstehungshoffnung, die Lebende und Gestorbene verbindet, ist das neue Licht, das auf die asiatische Ahnenverehrung fällt. In diesem Licht werden sich Christen in der modernen, westlichen Welt ihren Toten zuwenden können und den Zwang zum Vergessen durch eine neue Kultur des persönlichen und kulturellen Erinnerns überwinden.

3.2 Seinen Tod in die eigene Hand nehmen

Das deutsche Bundesverfassungsgericht hat am 20. Februar 2020 die Beihilfe zum Suizid nicht mehr unter Strafe gestellt. Aus dem allgemeinen Persönlichkeitsrecht – Art. 2, Abs. 1 und Art. 1 GG – folgt das Recht auf »selbstbestimmtes Sterben«. Die Begründung spricht von »autonomer Selbstbestimmung«. Jeder Mensch hat ein Selbstbestimmungsrecht, darum auch zum Suizid. Der beziehungsreiche Mensch wird damit auf eine Beziehung reduziert: die Beziehung zu sich selbst. Das ist abstrakt, denn damit wird der Mensch zum autonomen Individuum, was er oder sie in ihrer Lebenswirklichkeit nicht ist. Das Resultat ist paradox: Das Selbstbestimmungsrecht ist auch das Recht, seine Selbstbestimmung abzuschaffen. Damit wendet sich die Selbstbestimmung des Menschen gegen sich selbst.

Seinen eigenen Tod in die eigene Hand zu nehmen raubt dem Tod seine Macht. Er ist jetzt in der Hand des Menschen. Nur seine Einmaligkeit bleibt. Das ist ein heroischer Tod, ein Augenblick der höchsten Freiheit, die ein Mensch erreichen kann, wie *Dietrich Bonhoeffer* dichtete.[141] Aber das Menschenbild ist armselig: Jeder ist sich selbst der Nächste, jeder ist mächtig, aber nur über sich selbst: Der »eindimensionale Mensch« hat *Herbert Marcuse* ihn genannt, der egozentrische Konsument, wie ihn das Konkurrenzprinzip des Kapitalismus wünscht. Der selbstbezügliche Mensch ist allen Fremdbestimmungen ausgeliefert, er kennt die Solidarität nicht und nicht die Liebe, außer der Selbstliebe.

3.3 Die Kunst der Lebensverlängerung

Der Hofrat und Professor *Hufeland* hatte sein Buch über »Die Kunst der Lebensverlängerung« 1796 Immanuel *Kant* geschickt, und der ist mit eigenen Vorschlägen auf diese »Kunst« im »Streit der Fakultäten: Dritter Abschnitt« eingegangen: »Von der Macht des Gemütes, durch den bloßen Vorsatz seiner krankhaften Gefühle Meister zu sein«.[142] Hufeland empfahl die Diätetik, die Kunst, Krankheiten vorzubeugen, also gesund zu bleiben und lange zu leben. Kant fiel sofort das vierte Gebot ein: die Befolgung der Kindespflicht, »auf dass dir es wohl gehe und du lange lebst auf Erden«. Die Heilkunde ist dann philosophisch, wenn die Macht der Vernunft durch einen sich gegebenen Grundsatz »Meister« über sinnliche Gefühle wird. Künstliche Mittel wirken nur mechanisch. Die Wärme, der Schlaf, die sorgfältige Pflege sind Gewöhnungen an die »Gemächlichkeit«. Kant empfiehlt, »Kopf und Füße kalt zu halten, gerade um der Sorgfalt wegen, um mich nicht zu erkälten«. Langes Schlafen rät Kant nicht, »es ist wunderlich genug, sich ein langes Leben zu wünschen, um es größtenteils zu verschlafen«. Kant empfiehlt, im-

---

141 D. Bonhoeffer, Widerstand und Ergebung. Briefe und Aufzeichnungen aus der Haft, München 1951, 251: »Tod. Komm nun, höchstes Fest auf dem Weg zur ewigen Freiheit.«
142 I. Kant, Werke VI, Darmstadt 1964, 371–393.

mer durch die Nase zu atmen, um krankhafte Zufälle zu verhüten: »Atemziehen bei geschlossenen Lippen«. Sonst rät Kant Professor Hufeland, beim Druck seines Buches auf die Augen seiner Leser mehr Rücksicht zu nehmen.

Die »Kunst der Lebensverlängerung« schafft den Tod nicht ab, aber verschiebt die Todesstunde. Das nimmt dem Tod einen Teil seiner Macht: die Unberechenbarkeit.

Die moderne Medizin arbeitet an der »Lebensverlängerung«: Innerhalb der letzten 200 Jahre hat sich in Europa die durchschnittliche Lebenserwartung von ca. 40 auf 80 Jahre verdoppelt. Warum sollte es nicht so weitergehen? Aber das Leben ist dadurch nicht sinnvoller geworden. Es sind vermehrt Alterskrankheiten hinzugekommen wie Alzheimer und Parkinson.

Mark O'Connell zitiert einen Lebensverlängerungsforscher: »Danach schreitet die Langlebigkeitsforschung so schnell voran, dass mit jedem Jahr, das vergeht, die durchschnittliche Lebenserwartung der Menschen um mehr als ein Jahr zunimmt – was letztendlich dazu führen würde, dass man dem Tod immer einen Schritt voraus ist.«[143]

Altern wird als Krankheit gewertet, die heilbar ist. Die Vision ist »forever young«, die Heilmittel sind endlose Regenerationen.

In der Bibel sterben die Menschen wie Abraham (1 Mose 25,8) und Hiob (Hiob 42,17) »alt und lebenssatt«. Die Qualität eines Lebens bemisst sich nicht an der Zahl der Jahre, die gelebt wurden, sondern an dem, was darin erlebt wurde. »Erfülltes Leben« kann an Jahren sehr kurz sein, ein langes Leben ist keine Garantie für glückliches Leben. Langlebigkeit führt oft zu Langeweile.

---

143 M. O'Connell, Unsterblich sein. Reise in die Zukunft des Menschen, München 2017, 43. Dazu kritisch U. Wiesing, Heilswissenschaft: Über Verheißungen der modernen Medizin, Frankfurt a.M. 2020.

3.4 Tiefgefroren, um wieder aufgeweckt zu werden

Es ist an sich lächerlich, doch weil Leute in den USA das ernst nehmen, sei es berichtet: In Alcor, nahe Phoenix, Arizona, gibt es eine »kryonastische Lagerung«.[144] Manche heute lebende Menschen haben verfügt, dass ihre Körper nach ihrem klinischen Tod hierher gebracht werden, um sicher eingelagert zu werden, bis die Wissenschaft die Möglichkeit gefunden hat, sie wieder zu beleben. Es gibt Ganzkörpereinlagerungen und Kopfeinlagerungen, »um eine spätere digitale Speicherung der Hirnfunktionen oder des Bewusstseins in einem künstlich erzeugten Körper zu ermöglichen«.

Die Verheißungen der Kryonik sind, dass es Fortschritte in der Wissenschaft gibt, so dass es eines nahen Tages gelingt, Körper oder Köpfe aufzutauen und zu reanimieren oder das »Bewusstsein dieser Menschen digital zu duplizieren«. Die »Ganzkörperpatienten« werden von allen Seiten mit Plexiglas umgeben und dann tiefgefroren. Bei »Neuropatienten« wird der abgetrennte Kopf in die sog. Cephalon-Box gelegt und dann tiefgefroren. Bis heute ist der wissenschaftliche Fortschritt nicht in der Lage, diese Körper oder Köpfe wiederzubeleben, aber das tut der Wissenschaftsgläubigkeit keinen Abbruch. Es gibt die »Cryonics Society of California«. Alcor präsentiert sein Firmenziel als »humanitäre Mission«. Die Menschheit ist ein Produkt der Evolution des Lebens. Warum sollte die Evolution nicht über den Tod hinausgehen, um das Sterben abzuschaffen, fragen die Transhumanisten oder Posthumanisten und planen den unsterblichen Menschen.

---

144 O'Connell, Unsterblich sein, 35–58.

3.5 Unsterblich werden durch Algorithmen

Wenn Roboter durch künstliche Intelligenz »menschlich« werden, wenn Menschen durch Bioengineering zu »Algorithmus-men« werden, – dann werden beide unsterblich.[145]

ROBOTER

Roboter – nach dem russischen Wort für Zwangsarbeit »robota« gebildet – hat es in den Träumen der Menschen immer gegeben. Rabbi Löw schuf in Prag den »Golem« und Frankenstein die »Monster«. In unserer Kindheit hatten wir einen »Hampelmann«. Als im 18. Jahrhundert die Mechanik zunahm, produzierte man den automatischen Menschen, Uhrwerke gaben die Bewegungsabläufe an, »Androiden« oder »Humanoiden« genannt: künstliche Menschen.[146] Erst mit der Industriellen Revolution wurden »Automaten« eingesetzt und verdrängten die menschliche Arbeit. Die künstliche Webmaschine führte zu Weberaufständen. Automaten arbeiten am Fließband effektiver als Menschen, sie benötigen keine Toilettenpausen und werden nicht müde. Der Technokapitalismus setzt auf Roboter mit künstlicher Intelligenz, um von arbeitenden Menschen weitgehend unabhängig zu werden. Es wächst die Angst, dass intelligente Roboter die intelligenten Menschen überholen, so wie beim Schachspiel gegen einen menschlichen Weltmeister ein Roboter gewann. Dann werden Menschen zu »Haustieren« der superintelligenten Roboter. Die Weltregierung des Hy-

---

[145] Ich folge hier O'Connell, Unsterblich sein; Harari, Homo Deus. Vgl. M. Riesewieck/H. Block, Die digitale Seele. Unsterblich werden im Zeitalter der künstlichen Intelligenz, München 2020, 249: »Der Traum vom Weiterleben der Seele gründet nicht mehr auf religiösen Erzählungen von der Macht Gottes, sondern auf der künstlichen Intelligenz.« Kritisch R. D. Precht, Künstliche Intelligenz und der Sinn des Lebens, Frankfurt a.M. 2019.

[146] O'Connell, Unsterblich sein, 157.

perroboters wird ohne menschliche Dummheiten, die Kriege hervorrufen, den Weltfrieden bringen, träumen manche Fachleute für Robotik. *Nicola Tesla*, von dem *Elon Musk* den Namen für seine Firmen geliehen hat, träumte von einer »Rasse von Robotern, von mechanischen Menschen, die die mühselige Arbeit der menschlichen Rasse erledigen ... Diese Maschine würde ihre Bewegungen wie ein menschliches Wesen ausführen, denn sie würde alle seine wesentlichen Eigenschaften besitzen.«[147] Hat ein moderner Roboter Gefühle oder nur datenverarbeitende Intelligenz?

Wenn menschliche Gefühle von Algorithmen ausgelöst und berechenbar werden, wird man in Robotern solche Algorithmen auch einbauen können.

Roboter machen Maschinen zu Menschen. Mark O'Connell macht auf die alte menschliche Untugend aufmerksam, umgekehrt Menschen zu Maschinen zu machen: die Sklaverei und die Armee. »Bevor die Erfinder Maschinen erschufen, die Menschen ersetzten, bevor die politischen Führer Menschen drillten und massenhaft in Regimenter pressten, hatten sie entdeckt, wie man Menschen auf Maschinen reduziert.«[148] Er führt als Beispiele die Galeerensklaven an, die auf einen Handgriff reduziert waren, und die Soldaten, die das mechanische Exerzieren auf dem Kasernenhof wie den Parademarsch lernen: »All dies waren Maschinenphänomene.« Arbeiter am Fließband von *Henri Fords* Autofabriken sind auch »Maschinenphänomene«, wie *Charlie Chaplin* in einem seiner Filme eindrücklich persiflierte.

---

147 A. a. O., 158f.
148 A. a. O., 150.

CYBORG

Cyborg – die Abkürzung von »kybernetischer Organismus« – bezeichnet technische Komponenten, die dem menschlichen Organismus hinzugefügt werden, um sich besser an die veränderte Umwelt anzupassen. Das können Hilfsmittel sein wie Herzschrittmacher, das können Mittel zur Selbstoptimierung sein, es können aber auch Kriegsmaschinen sein. Transhumanisten träumen davon, Cyborgs zur evolutionären Weiterentwicklung des Menschen vom Tier zur Maschine zu verwenden. Das setzt ein Menschenbild voraus, das die menschliche Person als einen Mechanismus zur Informationsverarbeitung versteht. Ein Cyborg ist ein menschlicher Körper mit Gehirn, das durch Technologie aufgewertet, verbessert und erweitert wird. Das kann durch Implantate geschehen oder durch Anschluss an Maschinen oder Computer. Organische Körper verschmelzen mit nicht-organischen Apparaten, »etwa mit bionischen Händen, künstlichen Augen oder Millionen von Nano-Robotern, die in unseren Blutbahnen unterwegs sind, Probleme diagnostizieren und Schäden reparieren«.[149] Den »gedankenlesenden Helm« gibt es bereits. Der »Übermensch« ist die Zukunft des Homo Sapiens.

Noah Harari sieht das »dritte große Projekt der Menschheit« jetzt im 21. Jahrhundert: *Die Entwicklung des Homo Sapiens zum Homo Deus*. »Sobald eine Technologie uns in die Lage versetzen wird, den menschlichen Verstand umzumodeln, wird die Menschheitsgeschichte an ihr Ende kommen, wird ein völlig neuer Prozess beginnen, den Menschen wie Sie und ich nicht begreifen können.«[150] »Bestimmte Fähigkeiten, die jahrtausendelang als göttlich galten, sind heute

---

149 Harari, Homo Deus, 74.
150 A. a. O., 78.

so alltäglich geworden, dass wir kaum noch darüber nachdenken.«[151] Harari denkt an die modernen Kommunikationsmittel. »In ihrem Streben nach Gesundheit, Glück und Macht werden die Menschen ganz allmählich zuerst eines ihrer Merkmale, dann noch eines und noch eines verändern, bis sie schließlich keine Menschen mehr sind.«[152]

Eine Zwischenfrage: Harari nimmt an, dass das »Streben« der Menschen nach »Gesundheit, Glück und Macht« immer gleich bleibt. Was aber, wenn das menschliche »Streben« sich verändert? Wenn anstelle des Strebens nach Macht das Streben nach Solidarität und Gemeinschaft mit allen Erdgeschöpfen tritt? Ich habe den Eindruck, dass Harari »das Streben der Menschen« individuell, egoistisch und anthropozentrisch versteht. Was aber ist, wenn das Streben der Menschen sozial, biozentrisch und ökologisch sein wird?

BIOTECHNOLOGIE

Biotechnologie – auch Bioengineering genannt – setzt die natürliche Evolution künstlich fort. »Relativ geringfügige Veränderungen bei den Genen, Hormonen und Nervenzellen reichten aus, um den Homo Erectus ... in den Homo Sapiens zu verwandeln.«[153] Bioingenieure werden den menschlichen genetische Code umschreiben und seine Gehirnströme verändern, »sie werden neue kleine Götter schaffen, die sich von uns Sapiens möglicherweise genauso unterscheiden wie wir uns vom Homo Erectus«.[154] Denn was wir als Sinnesempfindungen und Emotionen bezeichnen, sind in Wirklichkeit Algorithmen, berechenbare Vor-

---

151 A. a. O., 79.
152 A. a. O., 82.
153 A. a. O., 73.
154 A. a. O., 74.

gänge. Diese Algorithmen steuern das Leben aller Tiere und Menschen und sind beeinflussbar und veränderlich.

Harari beendet sein Buch »Homo Deus. Eine Geschichte von Morgen« mit drei Thesen und drei dazugehörigen Fragen:

»1. Die Wissenschaft konvertiert zu einem allumfassenden Dogma, das behauptet, Organismen seien Algorithmen und Leben sei seine Datenverarbeitung.
2. Intelligenz koppelt sich vom Bewusstsein ab.
3. Nicht-bewusste, aber hochintelligente Algorithmen könnten uns schon bald besser kennen als wir uns selbst.

1. Sind Organismen wirklich nur Algorithmen und ist Leben wirklich nur Datenverarbeitung?
2. Was ist wertvoller – Intelligenz oder Bewusstsein?
3. Was wird aus unserer Gesellschaft, unserer Politik und unserem Alltagsleben, wenn nicht bewusste, aber hochintelligente Algorithmen uns besser kennen als wir uns selbst?«[155]

3.6 Kritik

Zu diesen Thesen und Fragen möchte ich im Folgenden kritisch Stellung nehmen:

1. »Ich sterbe, darum bin ich«, sagte eine Ärztin in der Hospizbewegung.[156] Der Tod macht das Leben einmalig. Einmalig sind die Geburt und der Tod, einmalig ist das Erlebens des Lebens. Unwiederbringlich ist jeder neue Tag, unwiederbringlich ist der Augenblick des Glücks, unwiederbringlich ist jede Begegnung mit einem Du. Der Tod prägt das Merkmal der Einmaligkeit auf das menschliche

---

155 A. a. O., 608.
156 M. Reulecke, in: Evangelium und Wissenschaft, Okt. 2020, 66.

Leben. Die Einmaligkeit des Lebens verlangt nach einer nichtlinearen, kairologischen Zeitauffassung. Langlebigkeit und das technische Unsterblichwerden setzen eine lineare Zeitauffassung voraus, die Uhrzeit. Nach 60 Minuten ist die Stunde vorbei, gleichgültig, was darin passiert ist oder erlebt wird. Kairos ist das Wunder der Ewigkeit in der Zeit, der erfüllte Augenblick, die günstige Gelegenheit, im Ende der neue Anfang, aus Altem wird Neues geboren.

2. Die neue Biotechnologie verheißt endloses Leben und Unsterblichkeit, aber als Roboter, als Cyborg und als Algorithmus, als Summe auswechselbarer Teile, als Maschine. Ich lebe in der Erfindung meiner selbst weiter. Das Produkt seiner Hände und seines Gehirns ist des Menschen Zukunft. Es ist auch nicht sehr verlockend, als Roboter endlos weiterzuleben. Endloses Leben hat nichts mit der Unsterblichkeit bei *Plato* zu tun. End-losigkeit im Physischen hat nichts mit der Unendlichkeit im metaphysischen Sinne zu tun.

3. Die christliche Auferstehungslehre ist die Lehre von der Auferstehung des »Fleisches« in das ewige Leben der kommenden Welt Gottes. Mit »Fleisch« ist alles sterbliche Leben gemeint. Mit der »kommenden Welt« ist eine Welt gemeint, in der »Gott alles in allen« ist (1 Kor 15,28). Die Auferstehung des »Fleisches« geschieht gleichzeitig am Ende der Weltgeschichte und am Ende einer Lebensgeschichte als Anfang des ewigen Lebens in der neuen Schöpfung, der Gott einwohnt. Menschen sterben in die Auferstehung hinein. Sie ist Aufnahme, Heilung und Sündenvergebung. Der Tod ist ein »Tor zum ewigen Licht«, sagte *Augustin*. Ich werde mit meinem ganzen, sinnlichen und erlebten Leben auferstehen, geheilt werden die Wunden meiner Seele, vergeben die Schuld, die auf meinem Gewissen lastet. Die Summe meiner Körperteile vergehen, das Ganze meines Lebens wird zur Unsterblichkeit aufer-

stehen. Die technischen Unsterblichkeitslehren schließen den Tod aus, die Auferstehungslehre schließt den Tod ein.

3.7 Eine Alternative

Ich gehe auf Hararis Fragen am Ende seines Buches »Homo Deus« ein und biete eine Alternative an. Die griechische Sprache hat zwei Worte für Leben: *bios* und *zoe*, während andere europäische Sprachen nur ein Wort für Leben haben: Leben, life, vita, vida, vie … *Bios* heißt das Leben, das Pflanzen, Tiere und Menschen gemeinsam haben. »Biotechnologie« oder »bioengineering« analysieren es, optimieren und machen es endlos und »unsterblich«. *Zoe* meint das erlebte und lebendige Leben, das erfüllte und sinnvolle Leben, das geliebte und erfreuliche Leben. Ich nehme an, dass die Bibel mit dem »lebendigen Gott« *Zoe* und nicht *Bios* verbindet.

Der Glaube vertraut auf den »lebendigen Gott« und erfährt die Fülle des Lebens, Zoe.[157] Wir seufzen mit Psalm 42,3:

> »Meine Seele dürstet nach Gott, nach dem lebendigen Gott.«

Und wenn wir seine lebendig machende Nähe spüren, dann jubeln wir mit Psalm 84,3:

> »Mein Leib und Seele freuen sich in dem lebendigen Gott.«

Jeder Mensch hungert nach Leben, dürstet nach Lebensfreude und sehnt sich nach Liebe und Anerkennung. Viele Menschen wollen diesen Hunger, diesen Durst und diese

---

[157] J. Moltmann, Der lebendige Gott und die Fülle des Lebens. Auch ein Beitrag zur Atheismusdebatte unserer Zeit, Gütersloh 2014.

Sehnsucht mit materiellen Gütern befriedigen, andere wollen nur Spaß am Leben, manche vermissen dieses Geliebtsein und Anerkanntsein und sind in Selbstliebe verfallen und rühmen sich selbst. Sie haben den »lebendigen Gott« noch nicht gefunden, aber der lebendige Gott ist ihnen nahe, weil ihr unzufriedenes und ungeliebtes Leben doch Leben vom Leben des lebendigen Gottes ist.

Zoe ist nicht auf Menschen beschränkt. Paulus hörte das »ängstliche Seufzen der Kreatur«. Die ganze Schöpfung ist »unterworfen der Vergänglichkeit – doch auf Hoffnung hin« (Röm 8,18–23). Im »Seufzen der bedrängten Kreatur«[158] unter dem Todesschicksal wird sich der Mensch der Schöpfungsgemeinschaft bewusst. Wenn »Religion« dieses Seufzen ist, haben auch Tiere und Pflanzen Religion.

Inwiefern ist der wahre Gott der »lebendige Gott«?

Der lebendige Gott ist die Quelle allen Lebens. Das ewige Leben ist sozusagen sein Herzschlag. Sein göttliches Leben ist nicht nur ewig verglichen mit unserem sterblichen Leben, sondern auch ein Leben von solcher Intensität, das es wie die Quelle überquillt und anderes Leben schafft. Alles endliche Leben kommt aus dem unendlichen Leben des lebendigen Gottes. Darum sehnt sich alles endliche Leben nach der unendlichen Quelle des Lebens.

Der lebendige Gott ist »ein Liebhaber des Lebens und sein ewiger Geist ist in allen Dingen«, spricht die Weisheit Israels (Weish 11,28). Die Liebe zum Leben zieht Gottes Schöpfergeist aus Gott heraus und legt ihn in alle Dinge. Bei der Schöpfung des Menschen heißt es: »... und blies ihm ein den lebendigen Odem, und so ward der Mensch eine lebendige Seele« (1 Mose 2,7). Der »lebendige Odem« ist in allen Dingen, je auf ihre Weise:

---

158 K. Marx, Die Frühschriften, hg. von S. Landshut, Stuttgart 1955, 208: »Die Religion ist der Seufzer der bedrängten Kreatur ...«

»Du sendest deinen Odem aus, so werden sie geschaffen, und du erneuerst das Antlitz der Erde« (Ps 104,29–30). Gottes Lebensgeist erfüllt nicht seine geliebten Geschöpfe, sondern ihre Beziehungen untereinander in der Schöpfungsgemeinschaft. »Die Sympathie aller Dinge« hat man das genannt. Der »Kampf aller gegen alle« führt zum Tod, Leben wird reich und stark durch liebende und gerechte Gemeinschaft.

Im ewigen Leben Gottes ist Ruhe und Bewegung zugleich. Der lebendige Gott ist kein »unbewegter Beweger« (Aristoteles). Der ewige Gott geht in Jesus Christus aus sich heraus und nimmt auf sich das Leben und Sterben der Menschen. Gott geht in die Welt des Todes und macht die Toten lebendig. Gott sucht und findet die Verlorenen. Das ist Gottes große Barmherzigkeit.

In Jesus Christus, »den Gott von den Toten auferweckt hat«, haben die ersten Christen die Erscheinung des Lebens, das ewig ist, gesehen:

> »Das von Anfang an war, das wir gehört haben, das wir gesehen haben mit unseren Augen und mit unseren Händen betastet haben ... das Leben ist erschienen ...« (1 Joh 1,1–2).

Leben in dem »weiten Raum« Gottes ist schon ewiges Leben. »Von allen Seiten umgibst du mich ...«, sagt der 139. Psalm, Vers 5. Diese Gottesumgebung wird in der Christusgemeinschaft erfahren. Dieses endliche, kranke und sterbliche Leben wird von Gott durchdrungen und ein unsterbliches und göttliches Leben beginnt. Ewiges Leben beginnt hier und heute im Glauben: »Wer glaubt, der hat das ewige Leben« (Joh 6,47). Wenn wir nicht auf den Tod starren, sondern auf die Auferstehung im Tode sehen, leuchtet es sofort ein, dass wir bei aller Mühsal und allem Leiden schon im ewigen Leben sind. Wir sind *in* Gott und Gott ist *in* uns. Ob ein kurzes oder langes Leben, wenn es im weiten Raum Gottes gelebt wird, ist es ein so intensives Leben, dass es ewig und göttlich ist.

Die »Seele« ist in meinem Verständnis weder eine göttliche Substanz, die nur zeitweise einem sterblichen Körper einwohnt, wie *Plato* lehrte, noch die Subjektivität im menschlichen Bewusstsein, wie *Augustin* lehrte und *Descartes* mit seinem Ich-Bewusstsein es modern ausdrückte, sondern Leben, und zwar das ganze Leben.[159] »Das Ganze ist mehr als die Summe der Teile«, sagt man zu Recht: Das Ganze ist das neue Organisationsprinzip, das seinen »Teilen« ihre Eigenschaften mitteilt. Das Ganze eines Lebewesens ist ein Emergenzphänomen, es ergibt sich nicht aus der Summierung von Teilen oder Teilchen. *Das Ganze des menschlichen Lebens ist seine Lebensgeschichte und seine Lebensgestalt.* Leben ist mehr als Intelligenz und Bewusstsein. Das menschliche Bewusstsein erinnert nur Bruchstücke seiner Lebensgeschichte. Die menschliche Intelligenz übersieht nur einen kleinen Teil der lebenswichtigen Beziehungen seiner sozialen und natürlichen Gestalt. Die »Seele« ist die Ganzheit in der Gottesumgebung einer menschlichen Lebensgeschichte und Lebensgestalt. Darum hat kein Wissenschaftler die »Seele« gefunden, weil sie das Ganze eines Lebens nicht überblicken können.

---

[159] J. Moltmann, Auferstanden in das ewige Leben. Über das Sterben und Erwachen einer lebendigen Seele, Gütersloh 2020, 70ff.

4. DIE GROSSE ALTERNATIVE: GLOBALES RAUMSCHIFF ODER GEMEINSCHAFT DES LEBENS?

Wie wollen wir leben? Welche Zukunft hat unsere Welt?
»Wo es keine Visionen mehr gibt, verdirbt das Volk« (Spr 29,18). Wollen wir unseren Planeten zu einem globalen Raumschiff umbauen, oder wollen wir unsere menschliche Kultur in den lebendigen Organismus der Erde integrieren?, wie Bill McKibben fragte. Im ersten Fall würden wir die Natur der Erde opfern und auf der leblosen Erde unsere künstliche Welt aufbauen bzw. die Evolution technisch »weiterentwickeln«. Im zweiten Fall müssten wir unseren Lebensstil ändern und unsere wissenschaftlich-technische Zivilisation ökologisch umbauen.

Es sieht so aus, als ob wir auf dem ersten Weg sind: Urbanisierung und Wachstum der Menschheit, die digitale Welt der Algorithmen, Roboter und Cyborgs. Noah Harari hat eine Vision für diesen Weg: Überwindung der Krankheiten, Vermeidung der Kriege, Abschaffung des Todes, göttliche Übermenschen und unsterbliche Roboter. Das ist eine positive Utopie mitten in den gegenwärtigen apokalyptischen Untergangsutopien. Es ist aber nur die Verlängerung der gegenwärtigen wissenschaftlich-technischen Welt in die Zukunft.

Hararis Ausführungen können als naive Technikbegeisterung gelesen werden. Sie können mit Ironie als Warnung verstanden werden. Die Technikfolgenabschätzung wird reiches Material bei ihm finden. Er geht leider auf die ökologischen und menschlichen Kosten des wissenschaftlich-technischen Fortschritts nicht ein.

Auf dem zweiten Weg müssen wir zuerst die menschengemachte Klimakatastrophe und das Artensterben überwinden und eine klimaneutrale Wirtschaft erreichen. Wir tun das, indem wir uns besser in die Ökosysteme der Erde einpassen. Die Reduktion des Kohlenstoffdioxid-Ausstoßes und erneuerbare Energien sind nur ein Anfang der großen Konversion. Es folgen der ökologische Umbau der rohstoffverbrauchenden Industrie zur Recycling-Industrie und der Übergang vom kapitalistischen Konkurrenzprinzip zur genossenschaftlichen Kooperation, das Gesundheitswesen für alle Menschen und die Abkehr vom westlichen Individualismus durch Gemeinschaft und Solidarität. Das ist eine alternative Utopie des Lebens, die aus dem vorausschaubaren Verderben der Menschheit und der Erde herausführen will.

DAS GLOBALE RAUMSCHIFF

In den heutigen Raumschiffen ist alles künstlich, nichts natürlich. Die Umgebung der Menschen dort ist künstlich, künstlich sind auch die Luft, die Menschen einatmen, und die Lebensmittel, die sie essen. Und doch können Menschen darin überleben.

Ähnlich sehen die Mega-Cities in Asien und Amerika aus: Beton, wohin man auch sieht, Hochhaus-Stadtviertel kilometerlang, Stadtautobahnen übereinander, mit Stickstoff und Kohlenstoffdioxid belastete Luft, die Menschen dazu nötigt, Atemschutzmasken zu tragen. Und dennoch zieht der urbane Lebensstil Menschen an. Die Stadt bietet Arbeitsperspektiven und Kultur- und Unterhaltungsmöglichkeiten an, von denen man auf dem Land nur träumen kann. Mehr als 50 Prozent der Menschheit lebt schon in Städten und die Landflucht hält an. Zu meinen Lebzeiten hat sich das Menschengeschlecht verdoppelt, in den Städten altern die Menschen, das Durchschnittsalter hat sich in 200 Jahren verdoppelt. Das globale »Raumschiff« nimmt Gestalt an.[160]

DAS »GLOBALE DORF«

Mit diesem Bild beschreiben wir, wie alle Menschen durch die modernen Kommunikationsmittel und Verkehrswege zu Nachbarn werden wie in einem alten Dorf. Kommunikation schafft Gemeinschaft über alle Grenzen und Distanzen hinweg. Durch Telefon, Fax, E-Mail und Internet können alle Menschen fast gleichzeitig miteinander in Verbindung treten. Es entsteht eine neue, künstliche Nähe aller Menschen. Wir beginnen, in der gleichen Zeit und im gleichen Raum zu leben. Menschen werden dadurch immer stärker voneinander abhängig. Der Zusammenbruch des amerikanischen Immobilienmarktes löste eine weltweite Finanzkrise aus. Was in Wuhan, China, geschah, war der Beginn einer weltweiten Covid-19-Pandemie, deren Ende noch nicht abzusehen ist. Was im brasilianischen Amazonien abgeholzt wird, wirkt sich auf das Weltklima aus. Wie in einem alten Dorf werden alle miteinander verwandt und teilen das Glück und die Plagen eines gemeinsamen Lebens.

Die digitale Welt hat durch die Corona-Pandemie einen ungeheuren Schub erhalten. Weil Menschen während der Epidemie Abstand halten sollen, um sich nicht gegenseitig anzustecken, ist möglichst alle Kommunikation auf die digitale Welt verlagert: In Schulen und Universitäten wird online unterrichtet, Büros werden durch Home-office ersetzt, Konferenzen werden per Video geschaltet, und Amazon und andere Versandfirmen machen das Geschäft ihres Lebens. Es ist anzunehmen,

---

160 J. Moltmann, Ist die Stadt ein Ort der Hoffnung?, in: Ders., Hoffen und Denken. Beiträge zur Zukunft der Theologie, Göttingen 2016, 51–64.

dass die Verlagerung auf die digitale Welt nach Ende der Epidemie so bleibt, weil das kostengünstiger ist. Der Nachteil ist, dass die digitale Kommunikation nur mit den Augen und den Ohren stattfinden kann: Sehen auf dem Bildschirm und Hören aus dem Lautsprecher. Die anderen drei Sinne, die Nahsinne Riechen, Schmecken und Fühlen, verkümmern.[161] Es entsteht eine körperlose und unsinnliche Kultur, die zutiefst unmenschlich ist: Jeder KI-Roboter kann das auch. Die ganzheitliche, sinnliche und körperliche Nähe gehört zum Menschsein, das wir kennen und lieben. Darum ist die Metapher vom »globalen Dorf« nur begrenzt anwendbar.

UNSERE HEIMAT ERDE

Michael Gorbatschow und *Leonardo Boff* haben daran teilgenommen, aber die Earth-Charta von 2000 ist von der UNO noch nicht angenommen, dennoch stellt sie den weltanschaulichen Rahmen für das Pariser Klimaabkommen der UNO von 2015 dar. Sie stellt uns die Alternative zu dem »globalen Raumschiff« vor Augen:

> »Die Menschheit ist Teil eines sich ständig fortentwickelnden Universums. Unsere Heimat Erde bietet Lebensraum für eine einzigartige und vielfältige Gemeinschaft von Lebewesen.«
> Die Lebensfähigkeit, Vielfalt und Schönheit der Erde zu schützen, ist eine heilige Pflicht.
> »Jede Lebensform ist einzigartig und hat unabhängig von ihrem Wert für den Menschen Anspruch auf Achtung.«[162]

---

161 J. Moltmann, Eine Spiritualität der Sinne, in: Ders., Der lebendige Gott und die Fülle des Lebens, Gütersloh 2014, 158–176.
162 Die Erd-Charta, hg. v. BUND – Freunde der Erde u. der ökumenischen initiative: eine welt, 2001, Präambel.

Die menschliche Kultur muss in der Natur der Erde Heimat finden.[163] Dafür muss die Menschheit lernen, dass nicht Machtausübung natürlich ist, sondern dass Kooperation mit den Lebewesen und Lebensräumen der Erde zur Konvivenz mit der Erde führt und das Überleben der Menschheit sichert. Wir wollen das an der Urbanisierung der Menschheit deutlich machen:

Die Demokratisierung der kapitalistischen Stadt macht den urbanen Lebensraum menschlicher, und »Greening of the City« macht ihn natürlicher.

a) *Die kapitalistische Stadt zu demokratisieren* heißt, »Freiheit, Gleichheit, Brüderlichkeit« durchzusetzen. Demokratie ist in der Stadt entstanden, die Verwirklichung der Menschen- und Bürgerrechte ist die urbane Lebensform. Dass unsere Städte kapitalistisch sind, weiß jeder, der wegen Mieterhöhung aus seiner Wohnung ausziehen muss. Das Wohnen ist zur »Ware« und zur Spekulation geworden. Gibt es ein Menschenrecht auf Wohnen und auf die Stadt? Gehört zur Demokratie die »Gleichheit« oder die »Vergleichbarkeit der Lebensverhältnisse«, wie es im deutschen Grundgesetz heißt?

Es gibt ein Gemeineigentum, das nicht privatisiert und zur »Ware« gemacht werden kann, weil es zum Menschsein lebensnotwendig gehört. Ich meine die *global commons* und nenne nur einige:

- die Luft, die wir alle atmen;
- das Wasser, das wir alle trinken;
- der Boden, auf dem wir gehen;
- das Licht, das uns leuchtet;
- die Sicherheit, die uns leben lässt.

---

163 G. Müller-Fahrenholz, Heimat Erde. Christliche Spiritualität unter endzeitlichen Lebensbedingungen, Gütersloh 2013.

Dazu gehört auch das Wohnen und die Ernährung. Dass sich so viele wohnungslose, arbeitslose und hungrige Menschen in unseren Städten finden, ist ein Skandal. Das ist nicht notwendig und auch kein Kollateralschaden der Urbanisierung.

b) *The Greening of the City*: Mit Wachstum der Städte wächst proportional auch die Umweltbelastung. Es wird immer mehr Land verbraucht, die Luft wird vergiftet, das Grundwasser sackt ab, die Müllberge häufen sich. Die Arbeit wird nach linearen Zeitabläufen organisiert, während das Leben nach Zeitzyklen verläuft. Das urbane Leben verspricht Freiheit von den Jahreszeiten sowie den Tag- und Nachtzeiten der Natur. »Die Stadt schläft nicht.« Gesundheit wird auf Fit-Sein reduziert.

Die Stadt mit der Natur zu versöhnen ist eine alte Idee. Darum gibt es in allen Großstädten so viele Parks, die »grüne Lunge«: Hyde-Park in London, Central Park in New York, Tiergarten in Berlin. Auch darum gibt es die Schrebergarten-Siedlungen. Heute kommt das City-Gardening auf. Die Großstädte werden grüner und produzieren einige Lebensmittel selbst. Die Natur kommt selbst nachts in die Städte zurück: in London die Füchse, in Kassel die Waschbären, in Berlin und Tübingen die Wildschweine. Die »Gartenstadt« ist die Zukunft der Urbanisierung der Menschheit.

c) *Kreisläufe stabilisieren den Fortschritt*: Der Zeitbegriff der modernen Welt wird vom Fortschrittsglauben geprägt: Wir schreiten in die unendliche Zukunft und lassen die endliche Vergangenheit hinter uns zurück. Wir produzieren immer etwas Neues, dann konsumieren wir es und zuletzt lassen wir Müll und Abfall zurück. Die Zukunft bietet grenzenlose Möglichkeiten für Wachstum und Expansion. Fortschritt beurteilen wir auf allen Gebieten des Lebens positiv, Rückschritt negativ. Kein Wachstum nennen wir »Null-Wachstum«. Auf die Zyklen der Natur und auf Zyklen in unserem Körper nehmen wir keine Rücksicht.

Die zyklische Zeit ist aber die Zeit, in der das Leben pulsiert. Jetzt kommt es zur Umstellung von der linearen Zeitvorstellung zum zyklischen Zeitverständnis auch in der Wirtschaft: *erneuerbare Energien* statt Verbrennung von Kohle oder Öl. Das deutsche Müllgesetz heißt seit kurzem »Abfall- und Kreislaufwirtschaftsgesetz«. Zur Abfallwirtschaft zählten die Schrotthändler. Heute kann man ganze Industriebranchen zu *Kreislaufwirtschaften* umbauen. Im Idealfall kann man den ganzen Hausmüll und Industrieabfall wiederverwenden. Im Müll und Abfall liegt die Zukunft unserer Industrie, wenn sie vom linearen Fortschritt zu Kreisläufen übergeht. Mit Kreislaufwirtschaft lassen sich mit begrenzten Mitteln endlose Fortschritte erzielen, denn der Kreislauf hat keinen Anfang und kein Ende. *Plato* sah in dem Kreislauf ein zeitliches Abbild der Ewigkeit. Ebenso wird im alten China der Kreis als Abbild des Himmels gesehen.

Aus Alt mach Neu! Es ist nicht nötig, alte TV-Geräte, Radios, Handys und Tablets wegzuwerfen und nach Ghana zu verschiffen, wo Jungs sie nach wiederverwertbaren Materialien durchsuchen und sich die Lungen kaputtmachen. Man kann diese elektronischen Geräte auch so produzieren, dass man ihre Bestandteile wiederverwenden kann. Bio-Müll kann von der Natur abgebaut werden. Industriemüll kann wieder verwendet werden, sagen Fachleute.

Will man die zyklische Zeit und die lineare Zeit zusammenbringen, so bietet sich das Bild der Spirale an. Der Kreislauf kommt nicht am Anfangspunkt, sondern auf der linearen Zeitlinie versetzt an. Alle lebendigen Kreisläufe funktionieren spiralförmig. Jedes Jahr umrundet die Erde die Sonne und doch zählen wir die Jahre auf der Zeitlinie. Unser Körper wird lebendig mit Kreisläufen und Rhythmen: Herzschlag und Blutkreislauf, Essen und Trinken und die entsprechenden Ausscheidungen, Wachen und Schlafen bei Umdrehung des Planeten Erde mit Tag und Nacht, und dennoch werden wir von Tag zu Tag, von Jahr zu Jahr immer älter und können das Leben neu erleben auf unserem Lebensweg von der Geburt bis zum Tod. Unsere Lebensgeschichte wird von unseren Kreisläufen und Rhythmen getragen.

GRUNDSÄTZE DER EARTH-CHARTA:[164]

I. Achtung vor dem Leben und Sorge für die Gemeinschaft des Lebens

1. Achtung haben vor der Erde und dem Leben in seiner ganzen Vielfalt.
2. Für die Gemeinschaft des Lebens in Verständnis, Mitgefühl und Liebe sorgen.
3. Gerechte, partizipatorische, nachhaltige und friedliche demokratische Gesellschaften aufbauen.
4. Die Fülle und Schönheit der Erde für die heutige und zukünftige Generationen sichern.

II. Ökologische Ganzheit

5. Die Ganzheit der Ökosysteme der Erde schützen und wiederherstellen; vor allem die biologische Vielfalt und die natürlichen Prozesse, die das Leben erhalten.

---

[164] Erd-Charta, Grundsätze; s. auch: https://erdcharta.de/ und: https://www.erdcharta-nordbayern.de/erd-charta/grundsätze/

6. Schäden vermeiden, bevor sie entstehen, ist die beste Umweltpolitik. Bei begrenztem Wissen gilt es, das Vorsorgeprinzip anzuwenden.
7. Produktion, Konsum und Reproduktion so gestalten, dass sie die Erneuerungskräfte der Erde, die Menschenrechte und das Gemeinwohl sichern.
8. Das Studium ökologischer Nachhaltigkeit vorantreiben und den offenen Austausch der erworbenen Erkenntnisse und deren weltweite Anwendung fördern.

III.   *Soziale und wirtschaftliche Gerechtigkeit*

9. Armut beseitigen als ethisches, soziales und ökologisches Gebot.
10. Sicherstellen, dass wirtschaftliche Tätigkeiten und Einrichtungen auf allen Ebenen die gerechte und nachhaltige Entwicklung voranbringen.
11. Die Gleichberechtigung der Geschlechter als Voraussetzung für Nachhaltigkeit bejahen und den universellen Zugang zu Bildung, Gesundheitswesen und Wirtschaftsmöglichkeiten gewährleisten.
12. Am Recht aller – ohne Ausnahme – auf eine natürliche und soziale Umwelt festhalten, welche Menschenwürde, körperliche Gesundheit und spirituelles Wohlergehen unterstützt. Besondere Aufmerksamkeit gilt dabei den Rechten von indigenen Völkern und Minderheiten.

IV. *Demokratie, Gewaltfreiheit und Frieden*

13. Demokratische Einrichtungen auf allen Ebenen stärken, für Transparenz und Rechenschaftspflicht bei der Ausübung von Macht sorgen, einschließlich Mitbestimmung und rechtliches Gehör.

14. In die formale Bildung und das lebenslange Lernen die Werte und Fähigkeiten integrieren, die für eine nachhaltige Lebensweise nötig sind.
15. Alle Lebewesen rücksichtsvoll und mit Achtung behandeln.
16. Eine Kultur der Toleranz, der Gewaltlosigkeit und des Friedens fördern.

VI. MODERNE POLITISCHE THEOLOGIE

In diesem Kapitel behandeln wir die protestantische »Liberale Theologie« des 19. Jahrhunderts als Anpassung an die moderne *Westliche Welt* und die »Ökologische Theologie« des 21. Jahrhunderts als Transformation der globalisieren *Modernen Welt*.

Die »Theologie der Befreiung«, die »Schwarze Theologie« und die »Feministische Theologie« beziehen sich kritisch auf einzelne Dimensionen der Westlichen Welt, die nicht in die Moderne Welt übernommen werden dürfen, wie die soziale Ungleichheit, der weiße Rassismus und die patriarchalistische Abwertung der Frau. Sie sind in den 70er-Jahren des vorigen Jahrhunderts entstanden und gehören zur globalen, ökumenischen Christlichen Theologie.

1. VORAUSSETZUNGEN

1.1 Säkularisierung

Im Zuge des Friedens von Lunéville 1801 kam es zur Abtretung der linksrheinischen Gebiete an Frankreich. Im Reichsdeputationshauptschluss 1803 wurden die von der Abtretung betroffenen Fürsten durch rechtsrheinisch gelegene, der Kirche gehörenden Güter entschädigt. Die Verstaatlichung von Kirchenbesitz nannte man »Säkularisierung«. Die evangelischen Kirchen waren davon kaum betroffen, denn diese waren seit der Zeit der Reformation ohnehin landesherrlich gebunden nach der Formel »cuius regio, eius religio«, und noch heute sind die lutherischen Kirchen in Dänemark, Schweden und Norwegen Staatskirchen. In Deutschland gibt es seit dem Inkrafttreten der Weimarer Reichsverfassung laut Art. 137 keine Staatskirche mehr. Darum hat die »Säkularisierung« die protestantischen Kirchen wenig berührt. »Säkularisierung« scheint vorzugsweise ein Problem der katholischen Kirche und Theologie zu sein.

Der Begriff »Säkularisierung« wurde im Laufe der Diskussion nicht nur für die juristische Umwandlung der Kirchengüter in staatliches Eigentum verwendet, sondern bezeichnet mehr und mehr auch die moderne »Verweltlichung« des Religiösen, wie *Hermann Lübbe* in seiner »Geschichte eines ideenpolitischen Begriffs« 1965 nachgewiesen hat.[165] Die säkulare Welt verdankt sich der Umwandlung der Kirche in den Staat, des Religiösen in das Weltliche, der Transzendenz in die Immanenz. In der Öffentlichkeit geht die Macht von der Hierarchie der Kardinäle und Priester auf die »Laien« über, in Frankreich *laicité* genannt. Die säkulare Welt lebt von Voraussetzungen, die sie nicht selbst geschaffen hat, wie der Staatsrechtler *Wilhelm Böckenförde* mit Recht sagte. Das Religiöse steckt aber als das Säkularisierte immer noch in der Modernen Welt. Die Herrschaft über die Natur und der Fortschrittsglaube verraten immer noch ihre christliche Herkunft. Die ideenpolitischen Begriffe wie »Säkularisierung« oder »Verweltlichung« sagen nur etwas aus über den Subjektwechsel, nicht aber über die Inhalte. Es kann ja sein, dass der Staat geeigneter ist als die Kirche, Frieden und Gerechtigkeit des Reiches Gottes voranzubringen. Aber es geht etwas verloren bei der Säkularisierung: die Transzendenz und das Metaphysische.

---

165 H. Lübbe, Säkularisierung. Geschichte eines ideenpolitischen Begriffs, Freiburg i.Br./München 1965; Ch. Taylor, A Secular Age, Cambridge, Mass. 2007.

Der beste Vertreter der ideenpolitischen Säkularisation ist *Carl Schmitt* mit seiner »Politischen Theologie« 1922/1934.[166]

»Alle prägnanten Begriffe der modernen Staatslehre sind säkularisierte theologische Begriffe.« (49)
»Der Ausnahmezustand hat für die Jurisprudenz eine analoge Bedeutung wie das Wunder für die Theologie.«
»Die Omnipotenz des modernen Gesetzgebers ist nicht nur sprachlich aus der Theologie hergeholt.« (51)
»Die Demokratie ist der Ausdruck eines politischen Relativismus und einer wunder- und dogmenbefreiten, auf den menschlichen Verstand und den Zweifel der Kritik gegründeten Wissenschaftlichkeit.« (55)
»Zu dem Gottesbegriff des 17. und 18. Jahrhunderts gehört die Transzendenz Gottes gegenüber der Welt, wie eine Transzendenz des Souveräns gegenüber dem Staat zu seiner Staatsphilosophie.« (63)

Carl Schmitts eigene Politische Theologie beginnt mit dem Satz:

»Souverän ist, wer über den Ausnahmezustand entscheidet«. (11)

Dieses Recht oblag nach Art. 48 der Weimarer Reichsverfassung dem Reichspräsidenten. Carl Schmitt begrüßte die Machtergreifung Hitlers 1933 als politischen Souveränitätsakt: »Der Wille des Führers ist Gesetz.« Das macht den »Monotheismus« nicht nur zu einem theologischen

---

166 C. Schmitt, Politische Theologie. Vier Kapitel zur Lehre von der Souveränität, München/Berlin 1934. Die Seitenzahlen in Klammern beziehen sich im Folgenden auf diesen Titel. Vgl. auch ders., Politische Theologie II. Die Legende von der Erledigung jeder politischen Theologie, Berlin 1970.

Problem, wie *Erik Petersons* berühmter Aufsatz gegen Carl Schmitts »Politische Theologie« 1935 anbot, sondern auch zu einem »politischen Problem«.[167] Erik Peterson beschreibt, wie der Monotheismus an der Trinitätslehre der Alten Kirche scheiterte und es seitdem keinen politischen Monotheismus im Christentum geben könne. Damit sei die »Politische Theologie« Carl Schmitts erledigt.

1.2 Verwirklichung

Die christliche Religion ist eine messianische Religion mit universalem Horizont. Deshalb erwartet und strebt sie nach der Erfüllung des ihr Verheißenen. Sie nimmt die Hoffnung der großen Propheten Israels auf und findet in Jesus Christus den verheißenen Messias und die Bestätigung und Universalisierung des von Gott Verheißenen. Sie erwartet die Erfüllung von der Zukunft Christi und drängt vom Hören zum Sehen und von der Hoffnung auf die erfahrbare Wirklichkeit des Erhofften. Auf dem Weg in diese Zukünftige Wirklichkeit schafft sie *Ver-wirklichungen*. Verwirklichungen können *Analogien* oder *Antizipationen* sein.

Für *Karl Barth* sind die Verwirklichungen Analogien. In seinem berühmten Vortrag aus dem Jahr 1946 »Christengemeinde und Bürgergemeinde«[168] spricht er von der Gleichnisfähigkeit und Gleichnisbedürftigkeit des politischen Wesens zum Reich Gottes, das in der Kirche verkündigt wird. »Die Gerechtigkeit des Staates in christlicher Sicht ist seine Existenz als ein Gleichnis, eine Entsprechung, ein Analogon zu dem in der Kirche geglaubten und

---

167 E. Peterson, Der Monotheismus als politisches Problem, in: Ders., Theologische Traktate, München 1951, 49–147.
168 K. Barth, Christengemeinde und Bürgergemeinde, München 1946, 20–22.

von der Kirche verkündigten Reich Gottes.«[169] Barth lehnt eine »Vorwegnahme des Reiches Gottes« ab.

Die *Weltkirchenkonferenz* in Uppsala 1968 stand unter der Verheißung »Siehe, ich mache alles neu«.[170] Ihre Botschaft lautete:

>»Im Vertrauen auf Gottes erneuernde Kraft rufen wir Euch auf: Beteiligt Euch an dieser Vorwegnahme des Reiches Gottes und lasst heute schon etwas von der Neuschöpfung sichtbar werden, die Christus an seinem Tag vollenden wird.«

Das heißt: Gottes erfüllende Zukunft hat schon in der Kraft Gottes begonnen. Die Neuschöpfung aller Dinge in Gerechtigkeit und Frieden ist schon im Gange. Christus ist schon im Kommen (Christoph Blumhardt). Wir sind eingeladen, daran teilzunehmen.

Die christliche, d. h. die messianische Hoffnung macht es, dass wir ständig auf dem Sprung sind, die erhoffte Zukunft vorwegzunehmen, z.B. nach »gerechtem Frieden« auf Erden zu streben. Diese Hoffnung lässt uns Ausschau halten nach der günstigen Gelegenheit zur Verwirklichung. Sie nimmt in der Zeit vorweg, was in Ewigkeit Wirklichkeit werden soll. Sie nimmt lokal vorweg, was doch universal gelten soll. Sie nimmt stellvertretend vorweg, was doch alle Menschen angeht. Unsere Vorwegnahmen bleiben jedoch »Stückwerk« (1 Kor 13,9–10). Wenn das Vollkommene »kommt«, hört das Fragmentarische auf, aber das Vollkommene bleibt der Maßstab für das Fragmentarische.

Barths Bild ist räumlich: Die »Bürgergemeinde« bildet den äußeren Kreis, die »Christengemeinde« den inneren Kreis, der Mittelpunkt ist das Reich Gottes. Die Übertra-

---

[169] A. a. O., 20.
[170] H. G. Link/G. Müller-Fahrenholz (Hg.), Hoffnungswege. Wegweisende Impulse des Ökumenischen Rates der Kirchen aus sechs Jahrzehnten, Frankfurt a.M. 2008, 41–58.

gung bilden die Analogien. Das Bild des Weltkirchenrates 1968 ist zeitlich und zukunftsorientiert: Die Verbindung zwischen den Gottesverheißungen und dem Reich Gottes bilden die geschichtlichen Vorwegnahmen. Die räumlichen Entsprechungen und die geschichtlichen Vorwegnahmen ergänzen sich.

Moderne Theologie sucht nicht nach der neuesten Mode, um sich interessant zu machen, sondern nimmt an der Lösung der ernsten Probleme der Gesellschaft teil. Sie leistet ihren Beitrag am Blick auf das Reich Gottes, nicht im Interesse der eigenen Religion.

2. LIBERALE THEOLOGIE

Das begann am Anfang des 19. Jahrhunderts, als die bürgerlichen, protestantischen Mittelschichten vom Humanismus der Aufklärung ergriffen wurden und sich von der Kirche abwandten. Es entstand die protestantische »Liberale Theologie«, die rationale Bibelkritik mit dem Humanitätsideal der Aufklärung verband. Das begann mit *Friedrich Schleiermachers* »Über die Religion. Reden an die Gebildeten unter ihren Verächtern«, 1799, und endete vorläufig mit *Rudolf Bultmanns* »Entmythologisierungsprogramm«, 1941.[171] Beliebt waren Bücher über das »Wesen« der Religion oder des Christentums, dann konnte man die störenden Erscheinungen weglassen. Typisch dafür war *Adolf von Harnacks* »Wesen des Christentums« aus dem Jahr 1900. Liberale Theologie war soziologisch die

---

171 F. Schleiermacher, Über die Religion. Reden an die Gebildeten unter ihren Verächtern (1799). Philosophische Bibliothek (PhB) Bd. 255, Hamburg (Nachdruck) 1970. R. Bultmann, Neues Testament und Mythologie. Das Problem der Entmythologisierung der neutestamentlichen Verkündigung, in: H.W. Bartsch (Hg.), Kerygma und Mythos. Ein theologisches Gespräch, Hamburg 1960.

Speise der bürgerlichen Christen, die nicht jeden Sonntag zur Kirche gehen, aber nicht aus der Kirche austreten und das Weihnachtsfest feiern wollten.

Im Folgenden wird näher auf die liberale Theologie *Richard Rothes* eingegangen, weil in dieser die moderne Theologie des 19. Jahrhunderts ihren klassischen Ausdruck gefunden hat.[172] Rothe war von Schleiermacher und Hegel geprägt, folgte aber Kant und stellte die Zukunft des Reiches Gottes als Entwicklung der Menschheit zum »Sittlichen« dar.

> »Gott will schlechthin den Staat, und zwar den vollendeten Staat, weil er die vollendete Sittlichkeit (und Frömmigkeit) will, diese aber nur im vollendeten Staat Wirklichkeit hat.«

Mit diesem Menschheitsstaat ist die Menschwerdung Gottes vollendet: Gott ist jetzt in der Menschheit universal gegenwärtig. Das ist die »reale Einwohnung Gottes in der Welt«.

> »Will man sich in dem gegenwärtigen Stande der Christenheit zurechtfinden, so ist die Vorbedingung dazu die Anerkenntnis, dass das kirchliche Stadium der geschichtlichen Entwicklung des Christentums vorüber ist, und der christliche Geist bereits in sein sittliches, d.h. politisches Lebensalter eingetreten ist. Ist die Kirche die wesentliche Form, in welcher das Christentum seine Existenz hat: dann – dies muss man ehrlich eingestehen – steht es in unseren Tagen, und das nicht erst von gestern her, beklagenswert mit demselben und es lässt sich dann auch gar nicht absehen, wie es mit ihm wieder besser werden soll. Aber

---

172 C. Walter, Typen des Reich-Gottes-Verständnisses. Studien zur Eschatologie und Ethik im 19. Jahrhundert, München 1961, 117–137; R. Strunk, Politische Ekklesiologie im Zeitalter der Revolution. Gesellschaft und Theologie: Abteilung Systematische Beiträge, Bd. 5, München 1971.

das Christentum will eben seinem innersten Wesen nach über die Kirche hinaus, es will nichts Geringeres als den Gesamtorganismus des menschlichen Lebens überhaupt zu seinem Organismus haben, d.h. den Staat. Es geht wesentlich darauf aus, sich immer vollständiger zu verweltlichen, d.h. sich von der kirchlichen Form, die es bei seinem Eintritt in die Welt anlegen muss, zu entkleiden und die allgemein menschliche, die an sich sittliche Lebensgestalt anzutun.«[173]

Was Richard Rothe vor anderen liberalen Theologen auszeichnet, ist, dass er die »Säkularisierung« der Kirchen und ihre Verweltlichung als Verwirklichung des sittlichen Reiches Gottes versteht: Der fromme Kirchgänger gehört der Vergangenheit an, die Zukunft gehört dem mündigen Bürger im vollendeten Reich der Sittlichkeit. Die Fortschrittswelt in Europa und den USA ließ ihn an eine sittliche Erziehung des Menschengeschlechts glauben. Damit vollendete er den »philosophischen Chiliasmus« von Immanuel Kant.

Johannes Weiss' »Predigt Jesu vom Reiche Gottes«, zuerst 1892,[174] ist ein gutes Beispiel für die Wahrhaftigkeit der historisch-kritischen Methode und für den optimistischen evangelischen Fortschrittsglauben des wilhelminischen Zeitalters in Deutschland: »Ich führe Euch herrlichen Zeiten entgegen« (Wilhelm II.). Historisch arbeitet Weiss heraus, dass »das Reich Gottes nach der Auffassung Jesu eine schlechthin überweltliche Größe ist, die zu dieser Welt in ausschließendem Gegensatz steht. Damit ist aber gesagt, dass von einer innerweltlichen Entwicklung des Reiches Gottes im Gedankenkreis Jesu die Rede nicht sein kann.«[175] Doch »der eigentliche Unterschied unse-

---

173 R. Rothe, Theologische Ethik, Wittenberg 1867, Band III, § 477, 1010.
174 J. Weiss, Die Predigt Jesu vom Reiche Gottes, 1892/1900, mit e. Geleitw. v. R. Bultmann, hg. v. F. Hahn, Göttingen 1964.
175 A. a. O., 236.

rer modernen evangelischen Weltanschauung von der urchristlichen ist also der, daß wir nicht die eschatologische Stimmung teilen ... Wir bitten nicht mehr: es komme die Gnade und es vergehe die Welt, sondern wir leben der frohen Zuversicht, dass schon diese Welt der Schauplatz einer ›Menschheit Gottes‹ immer mehr werden wird.«[176] Mit dem Ersten Weltkrieg begann nur wenige Jahre nach dieser »frohen Zuversicht« mit apokalyptischen Dimensionen der »Untergang des Abendlands«.

3. DIE SOZIALE UNGLEICHHEIT UND DIE »THEOLOGIE DER BEFREIUNG«[177]

Seit mehr als 40 Jahren hören wir überall die Klagen darüber, dass trotz aller politischen Bemühungen »die soziale Schere zwischen Reich und Arm« immer weiter auseinandergeht. Nicht nur in den armen Ländern der Dritten Welt beherrscht eine kleine reiche Oberschicht die Massen der Armen, auch in den Demokratien der Ersten Welt nehmen die Abstände zwischen den Superreichen und den Armen groteske Züge an. Selbst im sozialistischen China nehmen die sozialen Abstände zu.

Demokratie aber gründet nicht nur in der Freiheit ihrer Bürgerinnen und Bürger, sondern auch in deren Gleichheit. Ohne soziale Gerechtigkeit in den Lebenschancen und in der Vergleichbarkeit ihrer Lebensverhältnisse stirbt das Gemeinwohl, und damit zerfällt der Zusammenhalt einer Gesellschaft.

---

[176] A. a. O., 246.
[177] Dies sind Zusammenfassungen der »Spiegelbilder befreiender Theologie«, Teil III, in: Moltmann, Erfahrungen theologischen Denkens, 166–265. Spiegelbilder insofern, als ich 1999 schwarze Theologie für Weiße, Befreiungstheologie für die Erste Welt, Feministische Theologie für Männer darstellen wollte.

Jesus verkündete das Evangelium vom nahen Reich Gottes den Armen (Lk 4,18) und sammelte das verelendete Volk (óchlos) um sich. In den Armen, Kranken, Gefangenen und Fremden wartet der Menschensohn-Weltenrichter auf die Seinen (Mt 25,31–46). Damit wird klar, wo die Kirche Jesu sozial hingehört. Den Schutz der Schwachen hat die christliche Kirche immer beachtet, aber den sozialen Ort, auf den sie durch ihre Reich-Gottes-Botschaft verwiesen ist, nicht immer. Auf diese Lücke weist die soziale »Theologie der Befreiung« hin, die *Gustavo Gutierrez* 1971 verfasste und die sich weltweit – besonders in den armen Ländern – verbreitete.[178] Sie kann sich auf zwei wichtige kirchliche Vorgaben berufen:

Die *lateinamerikanische Bischofskonferenz in Medellin* 1968:

»Wir befinden uns an der Schwelle einer neuen historischen Epoche unseres Kontinents, die voller Sehnsucht nach Mündigkeit, nach Befreiung von aller Knechtschaft, nach persönlicher Reife und Integration aller ist. ... In der Tat dürfen wir Christen nicht nachlassen, die Gegenwart Gottes, der den ganzen Menschen, Leib und Seele erlösen will, vorauszuahnen.«

Dieselbe *Bischofskonferenz in Puebla* 1969 erklärte:

»Die klare und prophetische, vorrangige und solidarische Option für die Armen ... mit Blickrichtung auf deren umfassende Befreiung.«[179]

In Puebla wurde diese *vorrangige Option für Arme* zum wesentlichen Kennzeichen der Kirche gemacht. In Puebla

---

[178] G. Gutierrez, Theologie der Befreiung, Main/München 1971. I. Ellacuria/J. Sobrino (Hg.), Mysterium Liberationis. Grundbegriffe der Theologie der Befreiung. 2 Bde., Luzern 1995, 19.90.
[179] Vgl. Moltmann, Erfahrungen theologischen Denkens, 206 f.

wurde das »evangelisatorische Potenzial der Armen« für die Umkehr der Kirche aus dem Unterdrückersystem zum Dienst Jesu Christi wahrgenommen. Der Ort der »Theologie der Befreiung« sind die katholischen Basisgemeinden, die in allen lateinamerikanischen Ländern entstanden. Das Subjekt dieser Theologie muss in den Armen, die um ihre Freiheit kämpfen, gesucht werden. Aus der »Option für die Armen« wurde die »Kirche der Armen« gemacht. Die inklusive Option für die Armen wurde exklusiv verstanden. Wer sich den Armen zuwendet, wendet sich Christus zu, denn er hat die Armen »meine geringsten Brüder« genannt.[180] Die Armen »tragen« die strukturellen Sünden der kapitalistischen Gesellschaft, darum ist von ihnen die Erlösung zu einer wahrhaft menschlichen Gesellschaft zu erwarten, wenn sie im Kampf um ihre Freiheit zum »Subjekt der Geschichte« werden. Geschichte ist Fortschritt auf ein Ziel hin. Religion ist für die Befreiungstheologen nicht länger ein Opium des Jenseits, sondern eine Kraft zur Veränderung des Diesseits. Das »Wachsen des Reiches Gottes« verleiht dem irdischen Fortschritt seinen Wert.

Zur Kritik: Es entsteht ein unzureichendes Bild vom Menschen,[181] wenn man sie nur als »die Armen« im Vergleich mit »den Reichen« definiert, aber ihre anderen Qualifikationen außer Acht lässt. Die Armen wollen nicht nur auf das angesprochen werden, was sie nicht haben, sondern auch und zuerst auf das, wer sie sind. Sie sind Frauen und Männer, Schwarze und Weiße, sie haben ihre eigene Kultur, ihre eigene Musik und ihre eigenen Kulte, sie leiden am Rassismus, am männlichen Sexismus und an der ökologischen Krise. Die »Theologie der Befreiung«

---

[180] N. Bedford, Jesus Christus und das gekreuzigte Volk. Christologie der Nachfolge und des Martyriums bei Jon Sobrino, Aachen 1995.
[181] Moltmann, Erfahrungen theologischen Denkens, 205.

nimmt nur einen Teil der Gesellschaft wahr, pars pro toto, würden sie sagen, aber das ist nicht wahr.

Auf der Mexiko-City-Konferenz 1977 mit Befreiungstheologen um Hugo Assmann kam es zu folgender Begebenheit: Sie wollten mich für meinen Menschenrechtsvortrag »kreuzigen«, doch kam mein Freund, der »schwarze Theologe« Jim Cone, und fragte: »In Brasilien leben mehr Schwarze als in den USA, warum sind alle Befreiungstheologen weiß?« Sie schwiegen. Und dann kam Dora Arce aus Cuba und sagte: »Die Hälfte aller Menschen sind Frauen. Warum ist unter den anwesenden Befreiungstheologen keine Frau?« Sie schwiegen.

4. DER WEISSE RASSISMUS UND DIE »SCHWARZE THEOLOGIE«

Unter Rassismus verstehen wir nach der UNESCO-Definition den »ethnozentrischen Stolz auf die eigene rassische Gruppe, die Bevorzugung der besonderen Merkmale dieser Gruppe, die Überzeugung, dass diese Merkmale grundsätzlich biologischer Natur sind, negative Empfindungen gegenüber anderen Gruppen, verbunden mit dem Drang, andersrassische Gruppen zu diskriminieren und von der vollen Teilnahme am Leben der Gesellschaft auszuschließen.«[182]

Die Rassisten erfinden ihre eigene »Rasse«. Das soll an einer Strömung, die eine »weiße Überlegenheit« postulieren – white supremacy –, dargelegt werden: Deren Selbstwertgefühl wird auf die weiße Hautfarbe gegründet. Durch die »weiße Rasse« wird das Recht zur Herrschaft über »minderwertige Rassen« legitimiert. Der weiße

---

[182] Vgl. »Schwarze Theologie für Weiße«, a. a. O., 171–194.

Rassismus wird zu einem Mittel der psychologischen Kriegsführung der Herrschenden über die Beherrschten. In seiner konkreten Gestalt hat der weiße Rassismus zwei Seiten: Auf der einen Seite dient er der Selbstgerechtigkeit, auf der anderen Seite dient er der Unterwerfung anderer Menschen. Damit zerstört der weiße Rassismus die Menschlichkeit auf beiden Seiten: Wer Menschsein mit Weißsein gleichsetzt, zerstört seine eigene Menschlichkeit. Weil sich seine Angst ständig in Aggression gegen Andersgeartete umsetzt, zerstört er deren Menschlichkeit und die Gemeinschaft mit ihnen. Rassistische Erniedrigung anderer Menschen ist im Grunde tödlicher Selbsthass, wie Martin L. King an den »Jim-Crow-Weißen« feststellte.

Die weiße Vorherrschaft, white supremacy, begann schon 1492 mit der »Entdeckung« Amerikas durch Columbus. Die amerikanischen Ureinwohner starben an für sie tödlichen Krankheiten der Weißen oder an der Sklavenarbeit. *Bartolomé de Las Casas* machte den Vorschlag, aus Barmherzigkeit gegenüber den schwächeren »Indios« schwarze Sklaven aus Afrika einzuführen, den er später bitterlich bereute. Damit begann der Sklavenhandel und der weiße Rassismus. Die Versklavung der schwarzen Bevölkerung hat die weiße, westliche Welt aufgebaut. Nach der Abschaffung der Sklaverei blieb der weiße Rassismus in den USA und Europa bestehen. Negrophobie und »schwarz« in der psychopathologischen Symbolik der »Weißen« – alle Engel sind weiß, alle Teufel schwarz – machen den weißen Rassismus bis heute aus. Das hat keine Parallele zur roten oder gelben Hautfarbe. Das ist eine Projektion der eigenen Schuldangst der Weißen.

Schwarze Theologie hat es in den USA immer gegeben, der Begriff »Schwarze Theologie« aber geht auf *James Cone* zurück, der seiner theologischen Interpretation der

Black-Power-Movement diesen Namen gab.[183] Die Bezeichnung »schwarz« meint die Situation der Nachkommen der afrikanischen Sklaven in der vorherrschenden weißen Kultur Amerikas, sofern ihre Hautfarbe von weißen Rassisten zum Zeichen ihrer Erniedrigung zu »niggers« benutzt wurde. Sie unterscheidet sich dadurch von afrikanischer christlicher Theologie. Die Absicht ist, eine christliche Theologie zu entwickeln, die auf den Gottes- und Lebenserfahrungen der schwarzen Gemeinden – wie sie in Predigten, den Blues und Spirituals und Geschichten zum Ausdruck kommen – aufbaut, und möglichst keine weiße und europäische Tradition zu zitieren: »Die Kraft des Evangeliums auf die Schwarzen anzuwenden, die sich unter weißer Herrschaft befinden«.[184]

Die Theologie der christlichen Welt hat weder in Vergangenheit noch in der Gegenwart die Massenversklavung der Afrikaner zu Beginn der Neuzeit zum Thema gemacht. So wenig Luther die Entdeckung Amerikas zur Kenntnis nahm, so wenig gingen Kant und Schleiermacher auf den Höhepunkt des Sklavenhandels zu ihrer Zeit ein. Auch für Barth, Tillich und Niebuhr war das kein Thema.

Ist Jesus schwarz? Wo Schwarzsein ist, ist Unterdrückung, wo Unterdrückung ist, da ist Christus. Jesus wurde »schwarz«, damit gut werde, was Menschen böse machen.[185] Schwarze verstanden den leidenden und gekreuzigten Jesus, weil sie sich in ihrem Leiden von ihm verstanden fühlten. Für sie war Jesus »schwarz«, für die Weißen auch, wenn sie aus der »white supremacy« befreit werden wollen: »Black Lives Matter«. Deutschland leidet

---

[183] J. H. Cone, Schwarze Theologie. Eine christliche Interpretation der Black-Power-Bewegung, München/Mainz 1971: Vgl. auch sein letztes Buch: Kreuz und der Lynchbaum. Mit einem Vorwort von J. Moltmann, Kiel 2019.
[184] Moltmann, Erfahrungen theologischen Denkens, 194.
[185] A. a. O., 195.

bis heute unter den Krankheiten des arischen Rassismus und dem tödlichen Judenhass der Nazis.

Was folgt aus der schwarzen Theologie für die weiße Theologie? Dass sie endlich eine wahrhaft christliche Theologie wird! Ohne Beendigung der Herrschaft-Knechtschaft-Systeme wird es nicht zu einer wahrhaft menschlichen Gesellschaft kommen, die die Würde jedes Menschen achtet und die Menschenrechte durchsetzt.

»Es werden kommen von Osten und von Westen, von Norden und von Süden, die zu Tische sitzen werden im Reich Gottes« (Lk 13,29).

5. DAS PATRIARCHAT UND DIE »FEMINISTISCHE THEOLOGIE«

Max Weber hat den Begriff »Patriarchat« soziologisch verwendet, um die rechtliche Vorherrschaft des Mannes über die Frau in Familie und Gesellschaft zu beschreiben. Das »Matriarchat«, von dem *Bachofen* im 19. Jahrhundert geträumt hatte,[186] gab es allenfalls in prähistorischer Zeit. Nach der neuen feministischen Theologie bezeichnet das Patriarchat ein System der Geschlechterhierarchie und einen psychologischen Mechanismus zur Superiorität des Mannes und zur Inferiorität der Frau: Der Mann ist zum Herrschen geboren, die Frau zum Dienen bestimmt. Patriarchat heißt männliche Erbfolge. Im römischen Patriarchat hatte der Hausherr als Eigentümer der Frauen, Kinder und Sklaven das *ius vitae necisque* und war damit Herr über Leben und Tod. Der Cäsar wurde *pater pat-*

---

186 Vgl. »Feministische Theologie für Männer«, a. a. O., 238–265. Vgl. auch das Wörterbuch der feministischen Theologie, Gütersloh 1992.

riae, der oberste Gott Jupiter genannt. Die patriarchale Geschlechterhierarchie hat sich durch den westlichen Kulturwandel jahrhundertelang als erstaunlich zählebig erwiesen. Als wir 1952 in Basel heirateten, hieß es im Zivilstandesamt: »Der Mann bestimmt den Wohnort, die Frau steht der Küche vor«.

Heute verstehen wir unter »maskulinem Sexismus« den eingebildeten, gleichwohl viel praktizierten Männlichkeitswahn oder *machismo*. In Analogie zum Rassismus können wir den männlichen Sexismus so definieren: Unter »maskulinem Sexismus« verstehen wir die Herrschaft der Männer über Frauen aufgrund von Privilegien, die Männer ihrer Männlichkeit zuschreiben, die Bevorzugung männlicher Eigenschaften in Kultur, Ökonomie, Politik und Religion, die Überzeugung, dass diese Eigenschaften biologischer Natur seien, verbunden mit der Herabsetzung der Frauen zum »schwächeren Geschlecht«. Volles Menschsein heißt dann Mannsein. Zur Begründung wurde seit Aristoteles behauptet, der Mann sei Samengeber, die Frau sei nur das Gefäß zur Aufnahme des Samens. Die Frau wird auch heute gelegentlich »die Mutter seiner Kinder« genannt, obwohl man es seit 1823 besser wissen sollte.

Auch der männliche Sexismus ist mehr als ein Gruppenphänomen (Männerbünde, Militär), er ist auch ein Mittel psychologischer Machtbewahrung: Das Superioritätsgehabe erzeugt dann weibliche Inferioritätsgefühle. Er ist ein seelischer Mechanismus männlicher Selbstgerechtigkeit und Selbstgefälligkeit und zugleich ein Mechanismus zur Ausnutzung des anderen Geschlechts, ihrer Hausarbeit, Erziehungsarbeit und Pflegearbeit, die nicht oder unterbezahlt werden.

Das Patriarchat und der maskuline Sexismus können nur überwunden werden durch die Befreiung der Frauen zur Selbstbestimmung, und wenn in Folge die Männer ihre Superioritätskomplexe aufgeben und ihre Menschlichkeit entdecken. Das Patriarchat und der Sexismus haben nicht nur die Frauen erniedrigt, sondern dadurch, dass die Jungen zum Herrschen über sich selbst und andere erzogen wurden – der »dressierte Mann« –, auch die Männer um ihre Menschlichkeit gebracht.

Die patriarchalische Geschlechterordnung ist nicht durch die Bibel in die Welt gekommen, aber die Bibel ist in der Welt des Patriarchats entstanden.[187] Das *Alte Testament* zeigt, kulturgeschichtlich betrachtet, die Konflikte zwischen dem Nomadengott »Abrahams, Isaaks und Jakobs« und kanaanäischen Fruchtbarkeitsgöttinnen. Im israelitischen Gottesglauben gibt es stark männlich geprägte Traditionen, die von Jahwe als dem Herrn, dem Richter, Kriegsheld und Vater sprechen; daneben gibt es weiblich besetzte Traditionen, die von der Weisheit (*chokma*), dem Geist (*ruah*) und der Einwohnung (*schechina*) Gottes sprechen. Es gibt den ersten Schöpfungsbericht, der die Gottebenbildlichkeit Mann und Frau zuspricht (Gen 1,27), und den zweiten Schöpfungsbericht, der die Frau zur »Gehilfin« des Mannes erklärt (Gen 2,18). Es gibt Mose, der sein Volk in die Freiheit führte, und es gibt Mirjam, die ihr Volk durch das Schilfmeer leitete (2. Mose 15,20ff.). Es gibt patriarchale Gesetze, es gibt aber auch die Geistkraft, die auf Männer und Frauen gleichermaßen kommt (Joel 3).

Im *Neuen Testament* bietet sich ein ähnliches Bild: Da sind auf der einen Seite die Jünger und Jüngerinnen in der Nachfolge Jesu um Petrus und Maria Magdalena und auf der anderen Seite die Familienethik der »Haustafeln« in den Pastoralbriefen. Paulus benutzt eine absteigende

---

[187] A. a. O., 247–251.

Hierarchie (1 Kor 11) von Gott-Christus-Mann-Frau und doch spricht er von der Einheit von Mann und Frau »in Christus« (Gal 3,28). Die Gemeinschaft Christi hat von Anfang an unbestritten Männer und Frauen gleichermaßen getauft und durch die Taufe gleichgestellt, während im Judentum nur Männer beschnitten werden.

Die Befreiung der Frauen in Kirche und Gesellschaft ist eine Gottesfrage und eine Frage der Hoffnung auf sein kommendes Reich. Wird die Geistkraft Gottes erfahren, »werden eure Söhne und Töchter prophezeien«. Werden Frauen in der Kirche daran gehindert, dann wird die Geistkraft Gottes gehindert oder »betrübt«.[188]

6. DIE ÖKOLOGISCHE WENDE IN DER CHRISTLICHEN THEOLOGIE

6.1 Von der Weltherrschaft zur kosmischen Gemeinschaft

Wir stehen nicht erst seit heute am Ende des modernen Zeitalters und am Anfang der ökologischen Zukunft unserer Welt, wenn unsere Welt eine Zukunft haben soll und wir überleben wollen.

Die Moderne Welt war seit der Renaissance anthropozentrisch bestimmt: Der Mensch ist »die Mitte der Welt«, verkündete 1486 *Pico de la Mirandola*.[189] »Wissen ist Macht«, erklärte *Francis Bacon*. Durch Wissenschaft und Technik wird der Mensch zum »Herrn und Eigentümer« der Erde, prophezeite *René Descartes* und machte die objektive Welt berechenbar, um sie beherrschbar zu

---

[188] A. a. O., 252–256: Das Patriarchat und die Kirche.
[189] Pico de la Mirandola, Über die Würde des Menschen (1486), Zürich 1988.

machen. Das Konzept der theologischen Anthropologie »imago Dei – dominium terrae« rechtfertigte mit der »Sonderstellung des Menschen im Kosmos«[190] ein ganzes Zeitalter der wissenschaftlichen Naturentdeckungen und der europäischen Welteroberungen.

Heute spüren wir an der Natur der Erde, dass und wie dieses moderne Paradigma an sein Ende kommt. Der Klimawandel zerstört die Gleichgewichte der Natur, der menschliche Landschaftsverbrauch führt zum Sterben der schwächeren Lebewesen: »Unsere bisherige Technik steht in der Natur wie eine Besatzungsarmee in Feindesland und vom Landesinneren weiß sie nichts«, urteilte *Ernst Bloch* schon lange vor der universalen ökologischen Krise.[191]

Es entsteht ein neues Paradigma, das menschliche Kultur und die Natur der Erde nicht mehr anthropozentrisch, sondern biozentrisch verbindet. Dazu brauchen wir ein neues Naturverständnis, ein neues Menschenbild und eine neue Erfahrung Gottes »in der Schöpfung«.[192] Wir brauchen eine »grüne Reformation« in Theologie, Spiritualität und Lebensstil. Ökologische Fragen sind nicht nur ethische Fragen, sondern eröffnen auch eine ökologische Wende der ganzen Theologie. Papst *Franziskus* hat 2015 mit der Enzyklika »Laudato si. Über die Sorge für das gemeinsame Haus« den entscheidenden Anstoß gegeben. Ich wähle als reformierter Theologe den Ausdruck »grüne Reformation«[193], weil jede Reformation in Kirche und Theologie auf die biblischen Ursprungstexte der Christenheit zurückgeht, um sie neu zu entdecken

---

190 M. Scheler, Die Stellung des Menschen im Kosmos (1927), München 1947.
191 E. Bloch, Das Prinzip Hoffnung, Frankfurt a. M. 1959, 814.
192 J. Moltmann, Gott in der Schöpfung. Ökologische Schöpfungslehre, München 1985; ders., Art. Ökologie, TRE³ XXV, Berlin 1995, 36–46; C. Keller, Political Theology of the Earth, New York 2018.
193 B. Wartenberg-Potter (Hg.), Grüne Reformation. Ökologische Theologie, Hamburg 2017.

und um mit ihnen die Zukunft Gottes zu gewinnen. Biblische Hermeneutik ist das Tor zur christlichen Theologie. Ich werde eine Schöpfungslehre entwickeln, die Genesis 1 nicht mehr anthropozentrisch, sondern ökologisch liest, und die traditionelle Lesart der Schöpfung »vom Anfang her« durch die eschatologische Lesart »vom Ende her« ersetzt und das Ziel des schöpferischen Prozesses Gottes im »Leben der zukünftigen Welt« benennt, wie das Nizänische Bekenntnis sagt. Ich werde eine Theologie der Erde und eine leibliche, sinnliche Spiritualität suchen, die das irdische Leben heiligt.

Aber ist nicht der »Gott Abrahams, Isaaks und Jakobs« nur in der menschlichen Geschichte offenbar und keineswegs in den Kräften der Natur? Ist das Christentum, das sich der Menschwerdung Gottes in Jesus Christus verdankt, nicht von vornherein anthropozentrisch?

Die Ökologie widmet sich der Tier-Umwelt-Forschung, die Humanökologie also der Mensch-Umwelt-Forschung. Sie kann auch anthropozentrisch sein.

Zur Ökologie muss etwas anderes hinzukommen, das in Menschen die innere Einstellung verändert. Man hat das die »Planetarische Solidarität« genannt.[194] Das ist die Umkehrung vom Blick des Menschen auf die Erde zum Blick der Erde auf das Menschengeschlecht. Die berechenbare Welt ist nur die Außenseite der Natur. Ihr Inneres erkennen wir, sofern wir sie lieben und also Zuneigung mit Ehrfurcht verbinden. »Wir erkennen so weit, wie wir lieben«, hatte *Augustin* gesagt. Das gilt nicht nur für die Erkenntnis eines anderen Menschen, sondern auch für die Erkenntnis der Lebewesen der Natur. Dieses Wissen ist nicht die »Macht« der Gewalt, sondern die Weisheit

---

194 G. Ji-Sun Kim/H. P. Koster, Planetary Solidarity. Global Women's Voice on Christian Doctrine and Climate Justice, Fortress Press Minneapolis 2017.

der Liebe. Diese kosmische Liebe bringt sehr schön der Staretz Sosima in *Dostojewskis* Roman »Die Brüder Karamasow« zum Ausdruck:

> »Liebet die ganze Schöpfung, wie das Ganze so auch jedes Sandkörnchen. Liebet jedes Blättchen, jeden Lichtstrahl Gottes. Liebet die Tiere, liebet die Pflanzen, liebet jedes Ding. Liebst du jegliches Ding, so wird sich Gottes Geheimnis in den Dingen offenbaren. Einstmals wird es dir offenbar werden, und dann wirst du es Tag für Tag mehr erkennen. Und schließlich wirst du das ganze Weltall lieben mit allumfassender Liebe.«[195]

Oder der moderne Mystiker und Dichter *Ernesto Cardenal* in seinem Buch »Von der Liebe« 1976:

> »In der ganzen Natur finden wir die Initialen Gottes, und alle erschaffenen Wesen sind Liebesbriefe Gottes an uns. Die ganze Natur steht in Flammen der Liebe, geschaffen durch die Liebe, um die Liebe in uns zu entzünden.«[196]

6.2 Die Schöpfungsgemeinschaft

Bevor wir Menschen die Erde bebauen und bewahren und irgendeine Weltverantwortung übernehmen, sorgt die Erde für uns. Sie schuf die günstigen Lebensbedingungen für die Menschheit und bewahrt sie bis heute. Nicht uns ist die Erde anvertraut, wir sind der Erde anvertraut. Die Erde kann ohne uns Menschen leben und hat es Jahrmillionen getan, aber wir können nicht ohne die Erde leben. In der Biosphäre der Erde leben wir von der Intelligenz der Pflanzen: Anders als wir Menschen können sie Pho-

---

[195] F. M. Dostojewski, Die Brüder Karamasow, I, sechstes Buch: Ein russischer Mönch, 440.
[196] E. Cardenal, Das Buch der Liebe. Vorwort von Thomas Merton, München ⁴1976, 28; vgl. ders., Cantico Cosmico, Wuppertal 1993.

tosynthese und produzieren damit den Sauerstoff, den wir atmen, um zu leben.

Die *anthropozentrische Lesart der Schöpfungsgeschichte* Genesis 1 ist die traditionelle. Nach ihr ist der Mensch das letzte Geschöpf Gottes und wird darum »die Krone der Schöpfung« genannt. Alles ist um des Menschen willen geschaffen, denn allein der Mensch ist das »Bild Gottes« in der Schöpfung. Darum ist er auch zur Herrschaft über die Erde und alle Erdbewohner bestimmt. Das *imago-Dei*-Konzept wurde zur theologischen Signatur des modernen Lebens in der Westlichen Welt.

Nach der *ökologischen Lesart der Schöpfungsgeschichte* Genesis 1 ist der Mensch das letzte Geschöpf Gottes und darum das abhängigste Geschöpf. Der Mensch ist auf die Existenz der Tiere und Pflanzen, auf die Luft und das Wasser, auf Tages- und Nachtzeiten, auf Sonne, Mond und die Sterne und auf das Licht angewiesen. Es gibt den Menschen nur, weil es alle diese anderen Geschöpfe gibt. Sie alle können ohne Menschen existieren, aber Menschen können nicht ohne sie leben. Also kann man sich den Menschen nicht als allmächtigen König der Erde oder als einsamen Gärtner im Gegenüber zu allen anderen Geschöpfen ansehen. Der Mensch ist zuerst ein Geschöpf in der großen Schöpfungsgemeinschaft Gottes. Nur innerhalb dieser Schöpfungsgemeinschaft kann er sich seiner Stellung und Bestimmung bewusst werden.

Bevor dem Menschen nach Genesis 2 der göttliche Atem eingehaucht und er eine »lebendige Seele« wird, ist er »Erde vom Acker«, und wenn Menschen die Erde bebauen, wissen sie, dass sie »von der Erde genommen sind und wieder zu Erde werden«.

Hat Gott nach Genesis 1 in sechs oder sieben Tagen die Welt geschaffen? Das ist eine theologische Examensfrage.

Die »Krone der Schöpfung«, so habe ich in einem Dialog mit dem katholischen Sozialethiker *Alfons Auer* in Tübingen 1985 behauptet, ist nicht der Mensch, sondern der Sabbat, mit dem Gott alle seine Geschöpfe, nicht nur den Menschen, segnet: »Und so vollendete Gott am siebten Tag seine Werke, die er machte« (Gen 2,2). Der Sabbat gehört zur Vollendung der Schöpfung »im Anfang« und weist auf die messianische Vollendung dieser anfänglichen Schöpfung hin.[197]

»Schöpfungsgemeinschaft«: Das deutsche Tierschutzgesetz von 1986[198] hat nach einem neuen Begriff für das Tier gesucht. Ein Tier ist kein Rechtssubjekt wie der Mensch, aber es ist auch kein Objekt wie eine Sache. Das Tier ist ein »Mitgeschöpf«, sagt der deutsche Gesetzestext und beschwört damit die Schöpfungsgemeinschaft zwischen Tier und Mensch und führt Gott als »Schöpfer« dieser Schöpfungsgemeinschaft ein. Alle Geschöpfe sind auf Gemeinschaft angelegt. Symbiose ist das Geheimnis alles Lebendigen.

Alfred North Whitehead schreibt in »Process and Reality« 1929:

> »Another characteristic of a living society is that it requires food ... *Life is robbery*. It is at this point that with life morals become acute. The robber requires justification.«[199]

Leben ist Raub? Volkstümlich vermenschlichen und moralisieren wir das Tierreich: Es gibt »Raubtiere« und

---

197 A. J. Heschel, Der Sabbat. Seine Bedeutung für den heutigen Menschen, Neukirchen Vlyun 1990.
198 N. Gerick, Recht, Mensch und Tier. Historische, philosophische und ökonomische Aspekte des tierethischen Problems, Baden-Baden 2005; A. Lortz, Tierschutzgesetz, Kommentar, München 1987.
199 A. N. Whitehead, Process and Reality. An Essay in Cosmology, Corrected Edition, hg. von D. R. Griffin u. D. W. Sherburne, New York 1978, 105.

friedliche Pflanzenfresser, den »bösen Wolf« und das Lied »Fuchs, du hast die Gans gestohlen ...«. An der menschlichen Nahrung wird nicht »die Moral akut«, sie hört vielmehr an dieser Naturnotwendigkeit auf. Moral gibt es nur im Reich der Freiheit, nicht im Reich der Notwendigkeit. Man kann zwischenmenschliche Moral nicht auf das Tierreich anwenden: Löwen sind keine »Raubtiere«; Raub ist ein zwischenmenschliches Verbrechen, der Löwe folgt einer Naturnotwendigkeit. Man kann zwischenmenschliche Moral nicht auf menschliche Naturnotwendigkeiten anwenden, so wenig, wie sich Naturgesetze moralisch beurteilen lassen. Alles Lebendige lebt vom Lebendigen, das ist ein Naturgesetz. Menschen müssen atmen und müssen essen, wenn sie leben wollen – sie können über das Was und Wie frei entscheiden, ob sie vegetarisch oder vegan essen wollen, aber essen »müssen« sie. Erst kommt das Essen, dann die Moral. Whitehead moralisiert die Natur des Menschen und gibt einem landläufigen Irrtum statt.

6.3 Eine Theologie der Erde

Widerspricht der Schöpfungsauftrag »Macht euch die Erde untertan« der Schöpfungstatsache »Von Erde bist du genommen«? Jesus Sirach 40,1 nennt die Erde »unser aller Mutter«. Kann man seine eigene Mutter untertan machen?, fragt *Leonardo Boff*. Muss man sie nicht lieben, wie ein Kind seine Mutter liebt? Aber was ist die Erde?

Nach dem modernen Paradigma ist die Erde eine geistlose Ressource von materiellen und energetischen Gütern, voller »Bodenschätze«, die es auszubeuten gilt. Nach den heutigen Erdwissenschaften aber ist der Planet Erde ein »lebendiger Organismus«, weil er Leben hervorbringt. Ich werde hier nicht auf die Gaja-Theorie von *James Lovelock* eingehen, sondern die biblischen Ansichten von der Erde zusammenstellen.[200]

Nach dem Schöpfungsbericht ist die Erde ein einzigartiges schöpferisches Geschöpf: »Es lasse die Erde aufgehen Gras und Kraut ...« (Gen 1,11); »sie bringe hervor lebendiges Getier ...« (Gen 1,24). Die Erde reproduziert sich nicht selbst wie alles Lebendige, sondern sie »bringt« anderes Leben »hervor«. Von keinem anderen Geschöpf wird das gesagt, auch vom Menschen nicht. Die Erde bietet nicht nur »Lebensraum für eine vielfältige Gemeinschaft von Lebewesen«, wie die Earth-Charta von 2000 sagt, sondern sie ist auch der hervorbringende Schoß allen Lebens. Alles Lebendige verdankt sich der hervorbringenden Fruchtbarkeit der Erde.

Die Erde steht im Bund mit Gott. Hinter dem Noahbund Genesis 9 steht ein Bund Gottes mit der Erde ohne menschliche Vermittlung. Der Bogen in den Wolken soll »ein Zeichen des Bundes zwischen mir und der Erde sein« (Gen 9,13). Dieser göttliche Bund ist das Geheimnis der Erde: Gott liebt diese Erde, bevor er die Menschen liebt.

Die blutgetränkte Erde ist ein Zeuge des ersten Brudermordes der Menschen: »Die Stimme des Blutes deines Bruders schreit zu mir von der Erde«, und Kain wird verflucht: »Verflucht seist du auf der Erde« (Gen 4,10.11).

Die Rechte der Erde kommen in der Sabbatgesetzgebung Israels zum Ausdruck: »Im siebten Jahr soll das Land seinen großen Sabbat dem Herrn feiern« (Lev 25,2). Das ist die »Religion der Erde«.[201] Wer sie verachtet, macht das Land zur Wüste und muss das Land verlassen. Im Buch Leviticus gibt es eine ökologische Deutung des babylo-

---

200 J. Lovelock, Gaja – A New Look at Life on Earth. With a new Preface by the Author, Reprint Ed., London 1982.
201 J. Moltmann, A Common Earth Religion: World Religions from an Ecological Perspective, in: The Ecumenical Review, 63, 1 March 2011, 16–25.

nischen Exils Israels. Im siebten Jahr soll die Erde von menschlicher Nutzung frei bleiben und aufatmen und ihre Fruchtbarkeit regenerieren.

Für die großen Propheten Israels birgt die Erde auch das Heilsgeheimnis der Erlösung: »Die Erde tue sich auf und bringe Heil, Gerechtigkeit wachse mir zu« (Jes 45,8). Das erinnert an die dritte Strophe des Adventslieds »O Heiland, reiß die Himmel auf ...«:

»O Erd, schlag aus, schlag aus, o Erd,
dass Berg und Tal grün alles werd.
O Erd, hervor dies Blümlein bring,
o Heiland, aus der Erde spring.« (EG 7,3)

Die Ankunft des kosmischen Christus wird vom Himmel und aus der Erde erwartet. »Aus der Erde wird Gott uns entgegenkommen«, schrieb Christoph Blumhardt, der Karl Barth und Dietrich Bonhoeffer tief beeinflusst hat: »Ganz tief unten fängt die ewige Wiedergeburt des Lebens an.«[202]

Bonhoeffer schrieb 1944 aus dem Gefängnis an seine Braut Maria von Wedemeyer:

»Gott schenke uns den Glauben täglich, der es in der Welt aushält und die Erde trotz aller Not, die sie uns bringt, liebt und ihr treu bleibt. Unsere Ehe soll ein Ja zu Gottes Erde sein.«[203]

Die Autobiographie meiner Frau *Elisabeth Moltmann-Wendel* trägt den Titel »Wer die Erde nicht berührt, kann den

---

[202] J. Harder (Hg.), Christoph Blumhardt. Ansprachen, Predigten, Reden, Briefe: 1865–1917, Neukirchen-Vlyun 1978, Band 2, 295.
[203] R.-A. von Bismarck/U. Kabitz (Hg.), Brautbriefe Zelle 92. Dietrich Bonhoeffer und Maria von Wedemeyer 1943–1945, München 1999, 38.

Himmel nicht erreichen«[204] – von ihr habe ich das Berühren der Erde mit allen Sinnen gelernt.

Jetzt fand ich bei *Karl Marx* einen Ausdruck, der meine Ansicht bestätigt und auf neutestamentliche Grundlage stellt: »Die Religion ist der Seufzer der bedrängten Kreatur.«[205] Das geht bei Marx sicher auf Jakob Böhme, den er gelesen hat, zurück. Dieser zitiert den Apostel Paulus: »Denn das ängstliche Harren der Kreatur wartet darauf, dass die Kinder Gottes offenbar werden ... Denn wir wissen, dass die ganze Schöpfung bis zu diesem Augenblick mit uns seufzt und sich ängstet.« (Röm 8,19–23) Das Seufzen und das Sehnen nach der Erlösung unseres Leibes verbindet uns mit der ganzen Schöpfung. In der Schöpfung ist Religion verwurzelt, nicht nur im Menschen. Das ist der kosmologische Begriff der Religion. Im Seufzen unter der Endlichkeit und in der Sehnsucht nach der Unendlichkeit ist jede Religion lebendig. Die Glaubenden und Hoffenden sind die »ersten Freigelassenen der Schöpfung« (J. G. Herder), der Rest wird zur Freiheit folgen, die in der neuen Schöpfung liegt, in der der Tod nicht mehr sein wird.

Laut der christlichen Versöhnungslehre hat Gott durch die Hingabe Christi an den Tod und seine Auferstehung ins ewige Leben zuerst »den Kosmos versöhnt«, bevor er unter den Menschen »aufrichtet das Wort von der Versöhnung« (2 Kor 5,19). Worin besteht die Versöhnung des Kosmos? Da sind als Äquivalent zu den Sünden der Menschen die gottlosen »Mächte, Gewalten und Herrschaften«. Sie wird der auferstandene Christus zusammen mit dem Tod »vernichten«, wenn er das Reich dem Vater übergibt (1 Kor 15,24–26). Nach dem Epheserbrief

---

204 E. Moltmann-Wendel, Wer die Erde nicht berührt, kann den Himmel nicht erreichen. Autobiographie, Düsseldorf 1997.
205 K. Marx, Die Frühschriften, Stuttgart 1953, 28.

hat Gott Christus als Kosmokrator über »alle Reiche, Gewalt, Herrschaft und Macht« eingesetzt, nicht allein in dieser, sondern auch in der zukünftigen Welt. Der kosmische Christus ist das »Haupt aller Mächte und Gewalten«. Durch ihn und zu ihm hin sind sie geschaffen, und durch ihn ist alles versöhnt im Himmel und auf Erden, sagt der Kolosserbrief 1,15–20. Denn »er hat die Mächte und Gewalten ihrer Macht entkleidet und sie öffentlich zur Schau gestellt und hat einen Triumph aus ihnen gemacht in Christus« (Kol 2,15). Ob sie nun »vernichtet« werden oder »versöhnt« und unter der Herrschaft des kosmischen Christus zurechtgebracht werden, sie können in der Schöpfung von Himmel und Erde kein gottloses Chaos mehr anrichten, denn ihre tödliche Macht ist durch die Überwindung des Todes in der Auferstehung Christi zur Kraft des Lebens gewandelt.

Ökologische Spiritualität ist eine Spiritualität der Sinne und der Heiligung des irdischen Lebens. Menschliche Spiritualität entwickelt sich immer dort, wo der Geist Gottes erwartet und erfahren wird. Wird der Geist Gottes »ausgegossen in unsere Herzen« (Röm 5,5), dann entsteht eine Frömmigkeit der Herzen. Wird der Geist Gottes »ausgegossen auf alles Fleisch« (Apg 2,17), dann entsteht eine Spiritualität des irdischen Lebens. Für diese Spiritualität des Lebens »atmet Gott durch die ganze Schöpfung«. Ergreift uns sein Geist, dann erwacht eine unbändige Liebe zum Leben und alle unsere Sinne werden wach. In der Intensität des erlebten Lebens spüren wir einen Hauch Gottes.

Wir sollten das Doppelgebot der Liebe um die Erde erweitern:

> »Du sollst den Herrn, deinen Gott, lieben von ganzem Herzen, von allen Kräften und von ganzem Gemüt, und deinen Nächs-

ten wie dich selbst (2 Mose 19,18; Lk 10,27) – und diese Erde wie dich selbst.«

6.4 Die neue Schöpfung

Warum fällt uns immer die Schöpfung »im Anfang« ein und nicht die »Schöpfung im Ende«, die alte Schöpfung und nicht die neue Schöpfung? Ich glaube, es liegt an zwei Umständen:

1. Unser Wort »Schöpfung« meint mit seiner Endsilbe »-ung« den abgeschlossenen Vorgang des Schaffens und sein Ergebnis. Darum denken wir bei dem Wort unwillkürlich an einen Urzustand der Welt, den Anfang aller vorhandenen Dinge und stellen uns einen abgeschlossenen, fertigen Zustand vor.

2. In der Theologie überlagerte die Ursprungssymbolik die Aussagen der biblischen Heilsgeschichte. Die Dogmatik nannte Adams Zustand im Paradies den *status integritatis*. Aus diesem vollkommenen Zustand vertrieb ihn seine Sünde, in diesen Zustand bringt ihn die Erlösung zurück. Was also ist die Heilsgeschichte? Im ersten Akt *paradise lost*, im zweiten Akt *paradise regained*. Sünde verkehrt die gute Schöpfung, Gnade stellt sie wieder her. Das ursprüngliche Schöpfungsverhältnis wird wiederhergestellt. Das ist ein *protologischer Schöpfungsbegriff*.

Diese Vorstellungen lassen sich nicht länger aufrechterhalten. Die Schöpfung im Anfang ist erst der erste Akt in einem offenen Schöpfungsprozess, der auf ein Ziel zuläuft und der erst von Ziel und Ende her richtig verstanden werden kann. Wir können nicht länger die Eschatologie im Licht der Schöpfung, sondern müssen die Schöpfung im Licht der Eschatologie verstehen, sonst verstehen wir die »neue Schöpfung« überhaupt nicht und verwechseln sie mit der Wiederherstellung der alten Schöpfung. Das ist der *eschatologische Schöpfungsbegriff*. Die neue Schöpfung vollzieht sich in drei Bewegungen:

1. Die *Auferweckung Christi* in ein neues Leben, das den Tod überwunden hat.
2. Der *lebendigmachende Geist* der Auferstehung, der lebendige Hoffnung schafft.
3. Die *große Transformation* dieser vergänglichen Schöpfung in die neue, ewige Schöpfung, in der der Tod nicht mehr sein wird, weder der gewaltsame noch der natürliche Tod.

Das Christentum gibt es, weil es diese neue Schöpfung gibt, darum ist die Neue Schöpfung der *christliche Schöpfungsbegriff*. Die Verheißung einer neuen Schöpfung geht auf den Propheten Jesaja zurück:

> »Denn siehe, ich will einen neuen Himmel und eine neue Erde schaffen, dass man des vorigen nicht mehr denken soll.« (Jes 65,1)

Was ist neu in der neuen Schöpfung?

> »Er wird den Tod verschlingen auf ewig.« (Jes 25,8)

Ist das jetzt schon erfahrbar?

> »Gedenket nicht an das Frühere, achtet nicht auf das Vorige, denn siehe, ich will ein Neues schaffen. Jetzt wächst es auf. Erkennt ihr es nicht?« (Jes 43,18f.)

Im weiten Raum dieser Hoffnung Israels nehmen die Zeugen des Neuen Testaments das Kommen Christi in diese Welt und seine Auferweckung in die neue Welt Gottes wahr.

Die *Inkarnation* ist nicht nur die Menschwerdung Gottes, sondern auch die Fleischwerdung des ewigen Logos.

»Fleisch« meint hier das Leben, nicht nur das menschliche Leben, sondern das Leben alles Lebendigen. Gemeint ist, was *Johannes Paul II.* in seiner Enzyklika »Dominum et Vivificantem« am 18. Mai 1986 schrieb:

> »Die Menschwerdung des Gottessohnes bedeutet nicht nur die Aufnahme der menschlichen Natur in die Einheit mit Gott, sondern gewissermaßen alles dessen, was ›Fleisch‹ ist: der ganzen Menschheit, der ganzen sichtbaren und materiellen Welt. Die Menschwerdung hat also auch ihre kosmische Dimension.« (III, 50)

Es gibt im Neuen Testament einen personalen Blick auf die Auferweckung Christi: Christus ist »von den Toten« auferweckt und der »Erstling der Entschlafenen« geworden. Es gibt aber auch den kosmischen Blick auf die Auferweckung Christi: In ihm hat Gott den Tod überwunden und neues, ewiges Leben in die Welt gebracht. Christus ist »der Anführer des Lebens«. Darum sagt Paulus im zweiten Korintherbrief:

> »Ist jemand in Christus, so ist er eine neue Kreatur. Das Alte ist vergangen, siehe, es ist alles neu geworden.« (2 Kor 5,17)

Mit der Auferweckung Christi beginnt die »neue Schöpfung«, das ist das »Leben der zukünftigen Welt«, wie das Bekenntnis von Nizäa sagt.[206]

6.5 Der kosmische Christus: »at home in the universe«

Das Schweigen des Weltraums und die Kälte des Universums können Menschen in Schwermut versetzen. »Das

---

[206] J. Moltmann, Der Gott der Auferstehung. Christi Auferstehung – Auferstehung des Fleisches – Auferstehung der Natur, in: Ders., »Sein Name ist Gerechtigkeit«. Neue Beiträge zur christlichen Gotteslehre, Gütersloh 2008, 45–82.

ewige Schweigen dieser unendlichen Räume macht mich schaudern«, bekannte *Blaise Pascal*.[207] Sind wir Menschen im Universum vorgesehen oder nur ein Zufallsprodukt der Evolution des Lebens auf dem kleinen und belanglosen Planeten Erde? Hätte die Natur ein »starkes anthropisches Prinzip«, dann könnten wir uns »at home in the universe« fühlen, wie das Buch von *Stuart Kauffman* sagt.[208] Aber das ist wissenschaftlich umstritten. Wie können wir das Leben lieben und unser Dasein bejahen, wenn wir in einer sinn- und zwecklosen Welt leben?

Nach der Versöhnungslehre des Apostel Paulus hat Gott durch die Hingabe Christi an den Tod und durch seine Auferweckung in die neue Schöpfung zuerst den Kosmos versöhnt, bevor er unter den Menschen den »Dienst der Versöhnung« aufgerichtet hat:

> »Gott war in Christus und versöhnte den Kosmos mit sich selbst.« (2 Kor 5,19)

Sein »Blut am Kreuz«, wie der symbolische Ausdruck lautet, dient nicht nur der Versöhnung gottloser Menschen mit Gott, sondern zuerst der Versöhnung des gottentfremdeten Kosmos mit Gott. Da sind »die Throne, Fürstentümer und Gewalten«, die offenbar die Grundfesten des Weltalls zerrütten (Ps 82,5). Diese »herrenlosen Gewalten«, wie *Karl Barth* sie nannte, waren offenbar das kosmische Problem der frühen Christenheit in einer Umwelt, die diese Mächte fürchtete, sie vergötterte oder dämonisierte. Sie antwortete mit der Botschaft der »Versöhnung des Alls«:

---

[207] B. Pascal, Über die Religion und über einige andere Gegenstände, Heidelberg 1946, Nr. 206, 115.
[208] S. Kauffman, At Home in the Universe, Oxford 1995.

»Und Gott hat durch Christus alles mit sich versöhnt, es sei auf Erden oder im Himmel, indem er Frieden machte durch sein Blut am Kreuz.« (Kol 1, 20)

Wir leben in einer mit Gott versöhnten Welt und können uns insofern im Universum »zu Hause« fühlen. Das ist heute so aktuell wie damals, denn das Leben ist bedroht von Erdbeben, Tornados und Tsunamis von außen und von innen von Krankheiten wie Covid-19, Krebs, Alzheimer und Demenz. Es macht aber einen Unterschied, ob Menschen sich den unberechenbaren Naturgewalten ausgeliefert fühlen oder ob die Erde, die Luft und die Meere zu Müllhalden unverantwortlicher Menschen verderben: die Erderwärmung, die Luftverschmutzung, die Plastikkatastrophe der Weltmeere. Es ist jedoch das gleiche Evangelium vom kosmischen Frieden in Christus. Wir leben in einer versöhnten Welt. Im Alter hat *Karl Barth* sich getröstet, indem er sagte: »Es wird regiert.«

Im Epheserbrief wird der zweite Akt, der auf die Versöhnung des Kosmos »durch sein Blut am Kreuz« folgt, die *anakephaleíosis tōn pánton* genannt: »dass *alles zusammengefasst* werde in Christus, was im Himmel und auf Erden ist« (Eph 1,10). Es beginnt die Neuschöpfung aller Dinge mit der Erhöhung Christi zum Herrn über »alle Reiche, Gewalten, Mächte und Herrschaften« (Eph 1,33). Der erhöhte Christus bekommt alle Macht im Himmel wie auf Erden, um alles in die neue Welt Gottes zu führen.

Das wird auch »die Wiederbringung aller Dinge« genannt. Der kosmische Christus erfüllt nicht nur alle Räume der Schöpfung mit seinem Frieden, sondern auch alle Zeiten der Geschöpfe mit seinem ewigen Leben. Nichts geht verloren, nichts wird vergessen, alles, was war, wird wiedergebracht, geheilt, zurechtgebracht und in das Leben der zukünftigen Welt versammelt. Die christliche Auferstehungshoffnung ist die einzige Hoffnung, die eine Zukunft für die Vergangenheit verheißt.

6.6 Der neue Himmel und die neue Erde

In Offenbarung 21 werden die Verheißungen der Neuen Schöpfung aus dem Propheten Jesaja in einer Vision Johannes' auf Patmos am Auferstehungstag aufgenommen:

> »Und ich sah einen neuen Himmel und eine neue Erde, denn der erste Himmel und die erste Erde sind vergangen.« (Offb 21,1)

Das klingt so, als werde die erste Schöpfung durch eine zweite ersetzt, aber es sind von der ersten Schöpfung der Himmel und die Erde erhalten. Darum ist es besser, von einer *Neuschöpfung* von Himmel und Erde zu reden. Darauf weist auch die paulinische Betonung hin: »*dies* Verwesliche muss anziehen die Unverweslichkeit, und *dies* Sterbliche muss anziehen die Unsterblichkeit« (1 Kor 15,53).[209]

Wie neu ist die Neue Schöpfung? In den prophetischen und apokalyptischen Visionen finden sich zwei Formprinzipien: a) die Negation des Negativen, b) die Vollendung des Antizipierten. Im Sinne der Negation des Negativen geht es an allen Stellen um den Tod: »Und der Tod wird nicht mehr sein.« Im Sinne der Vollendung des Antizipierten geht es um die Schechina, die Einwohnung Gottes: Wie im Volk, wie im Tempel, wie in Christus und im Heiligen Geist verheißen und vorweggenommen, wird Gott in seiner Neuen Schöpfung universal einwohnen: »Siehe da, die Hütte Gottes bei den Menschen, und er wird bei

---

[209] C. Janssen, Anders ist die Schönheit der Körper. Paulus und die Auferstehung der Körper, Stuttgart 2005.

ihnen wohnen und sie werden sein Volk sein« (Offb 21,3). Von einer solchen Einwohnung Gottes in allen seinen Geschöpfen und ihrer Gemeinschaft war in Genesis 1 noch nicht die Rede, aber der Sabbat öffnet die alte Schöpfung für ihre Neuschöpfung zum kosmischen Tempel der Einwohnung Gottes. Auch bei Paulus im ersten Korintherbrief gehört beides zusammen: a) »der letzte Feind, der vernichtet wird, ist der Tod« (1 Kor 15,26), und b) Christus wird das vollendete Reich dem Vater übergeben, »auf dass Gott alles in allen« (1 Kor 15,28) ist.

6.7 Welt ohne Tod

Für alle Geschöpfe bedeutet die Neue Schöpfung die Teilnahme an der unerschöpflichen Lebensfülle Gottes: Sie sind in Gott und Gott ist in ihnen. Das ist die vollendete kosmische *Perichóresis*. Sie führt die Geschöpfe auch zur vollendeten Kommunikation untereinander, zur ungehinderten Schöpfungsgemeinschaft und zur »Sympathie aller Dinge«. Das kommt in den prophetischen Verheißungen vom Frieden zwischen Menschen und Tieren zum Ausdruck. Offenbar haben die Propheten nicht nur das Töten von Menschen und das Töten von Tieren als Störungen der guten Schöpfung Gottes angesehen, sondern auch das Töten der Raubtiere. Im messianischen Friedensreich wird der Säugling mit der Schlange spielen und der Löwe Stroh fressen (Jes 11,6–11). Wenn der Tod keine Möglichkeit mehr ist, hört auch das Töten bei Menschen und Tieren auf. Da wir uns keine Evolution des Lebens ohne Sterben und Geborenwerden vorstellen können, ist eine *Welt ohne Tod* eine unvorstellbare, qualitative Alternative zu dieser Welt. In der Menschenwelt ist das Streben nach »ewigem Frieden« auch im Atomzeitalter angezeigt: »Eine andere Welt ist möglich« (attac). Aber in der Tierwelt scheinen das Fressen und Gefressenwerden ein Naturgesetz zu sein. Und doch gibt es kleine Zeichen:

Am Ende seiner Versuchungen durch den Satan wird erzählt, war Jesus »bei den wilden Tieren und die Engel dienten ihm« (Mk 1,13). Jesus herrschte nicht über die Tiere, wie es Menschen nach Genesis 1,26 tun sollen, er war »bei den wilden Tieren« wie bei seinen Freunden. Und die Engel des Himmels »dienten ihm«. Das ist die Umkehrung des Erwarteten: Er war nicht »bei« den Engeln und die Tiere »dienten« ihm nicht. Die wilden Tiere mögen den Frieden ihrer Erlösung gerochen haben, der von Jesus ausging. Von einigen Heiligen wird auch berichtet, dass sie »bei den Tieren« waren. *Franz von Assisi* predigte den Vögeln (aber hörte er ihnen auch zu?); *Sergius von Radonesch* lebte »bei den Bären« in den russischen Wäldern und heilte sie. Wenn die »Engel« ihnen »dienten«, ist es ein Zeichen, dass sie die verheißene kosmische Schechina vorwegnahmen und schon in ihr lebten. Denn die kosmische Auferstehungshoffnung schließt auch die Tiere ein:

> »Gott gibt ihm einen Leib, wie er will, einem jeglichen Samen seinen eigenen Leib. Nicht alles Fleisch ist das gleiche Fleisch, sondern ein anderes Fleisch haben die Menschen, ein anderes das Vieh, ein anderes die Vögel, ein anderes die Fische. Und es gibt himmlische Körper und irdische Körper ... Einen anderen Glanz hat die Sonne, einen anderen Glanz hat der Mond ... So auch die Auferstehung der Toten.« (1 Kor 15,38–44)

Es geht nichts von der ersten Schöpfung verloren. Alles, was war und ist und sein wird, ist mit Hoffnung getränkt auf »die Auferstehung der Toten und das Leben der zukünftigen Welt«.

NAMENREGISTER

Adorno, Theodor W. 26
Althaus, Paul 48
Anders, Günther 97
Aner, Karl 82
Assmann, Aleida 192
Athanasius 187f.

Bakunin, Michael 177–179
Barth, Karl 71, 174, 222f., 232, 244, 250f.
Bauckham, Richard 38, 55, 75, 81
Bedford, Nancy E. 229
Bellah, Robert N. 105
Benjamin, Walter 67, 85, 87, 91, 93
Benne, Robert 106
Beyreuther, Erich 60
Biehl, Peter 54
Bloch, Ernst 48, 65, 76, 78, 92, 182-185, 237
Block, Hans 198
Bonhoeffer, Dietrich 21, 194f., 244
Boorstin, Daniel J. 116
Bousset, Wilhelm 56

Cardenal Ernesto 239
Cherry, Conrad 106, 108, 110, 112f.
Cone, James H. 230ff.
Cowley, Malcolm J. 86

Delgado, Mariano 58, 79
Descartes, René 31ff., 77, 100, 207, 236
Dietschy, Beat 76
Dostojewski, Fjodor M. 239
Dussel, Enrique 76

Fast, Heinold 50
Feuerbach, Ludwig 174–179, 183, 189

Galeano, Eduardo 86
Gehlen, Arnold 100

Gerick, Nicole 241
Gerlich, Fritz 65
Goez, Werner 49, 59
Griffin, David R. 241
Gutierrez, Gustavo 78, 179, 228

Harari, Noah 19, 23–27, 180ff., 189, 198, 200ff., 204, 208
Harder, Johannes 244
Harnack, Adolf von 49, 224
Hart, Tevor 75
Hefner, Philip 106
Hegel, Georg Wilhelm Friedrich 76, 84, 144, 183, 225
Heit, Alexander 70
Herder, Johann G. 100, 245
Heschel, Abraham J. 241
Hölderlin, Friedrich 20, 52, 161
Horkheimer, Max 26, 77

Janowski, Johanna C. 70
Janssen, Claudia 252
Jewett, Robert 106, 109

Kabitz, Ulrich 244
Kalb, Marvin 106
Kant, Immanuel 33f., 65, 69–72, 78, 82f., 149, 155, 168, 195f., 225f., 232
Kaplan, Robert 74
Kauffman, Stuart 167, 250
Keller, Bill 104
Keller, Catherine 237
Kim, Grace Ji-Sun 238
Koch, Klaus 58
Koster, Hilda P. 238

Lawrence, John S. 106, 109
Lee, Jung-Young 191
Lessing, Gotthold Ephraim 64–71, 82, 169
Lindsay, Hai 119

Link, Hans-Georg 223
Lochman, Jan M. 54, 96
Lovelock, James 242f.
Löwith, Karl 48, 81
Lübbe, Hermann 220
Luther, Martin 51, 59, 63, 187f., 232

Maclear, James E. 108
Mannix, Daniel P. 86
Marx, Karl 65, 84, 123ff., 127, 189, 205, 245
Meier, Heinrich 97
Menk Gerhard 52
Merchant, Carolyn 77
Merk, Frederick 111
Metz, Johann Baptist 16, 97
Mirandola, Pico de la 236
Moltmann, Jürgen 47, 49, 53, 60, 67, 80, 96, 101, 114, 157, 159, 176, 182, 190, 192, 210f., 227ff., 232, 237, 243, 249
Moltmann-Wendel, Elisabeth 244f.
Müller-Fahrenholz, Geiko 100, 104, 212, 223

O'Connell, Mark 196, 198f.
Ong, Walter J. 53

Packard jr., Frederick C. 106
Packard, Vance 117
Pannenberg, Wolfhart 58, 100
Pascal, Blaise 250
Peterson, Erik 222
Plessner, Helmuth 100
Precht, Richard David 198

Reagan, Ronald 103, 106, 119, 164
Reulecke, Dr. Marlies 202
Riesewieck, Moritz 198
Ritter, Joachim 83
Rothe, Richard 225f.

Schaller, Klaus 54

Scheler, Max 29, 100, 237
Schleiermacher, Friedrich 224f., 232
Schlette, Heinz R. 77
Schmitt, Carl 97, 179, 221f.
Schröer, Henning 54
Sherburne, Donald W. 241
Skriver, Ansgar 136
Smith, Elwyn A. 106, 108
Smith, Henry N. 112
Spener, Philipp Jakob 60–64, 81
Stahel, Walter 98
Strunk, Reiner 225

Taubes, Jacob 64, 81
Taylor, Charles 220
Theophrast 176
Tillich, Paul 94, 232
Tuveson, Ernest L. 65, 79, 105, 107f., 112

Vergil 81
von Bismarck, Ruth-Alice 244
von Lüpke, Johannes 180

Wallmann, Johannes 60
Walter, Christian 225
Walzer, Michael 107
Wartenberg-Potter, Bärbel 237
Weiss, Johannes 226
Welker, Michael 43
Werth, German 87
Whitehead, Alfred N. 241f.
Winthrop, S. Hudsen 106
Wittram, Reinhard 93

Zakai, Avihu 53f., 57, 81, 108
Zilleßen, Dietrich 54
Zimmerling, Peter 60